国家社科基金后期资助项目

语言类型学探索

金立鑫　著

商務印書館
创于1897 The Commercial Press
2018年·北京

图书在版编目(CIP)数据

语言类型学探索/金立鑫著.—北京:商务印书馆,2017(2018.7重印)
ISBN 978-7-100-12631-1

Ⅰ.①语… Ⅱ.①金… Ⅲ.①类型学(语言学)—研究 Ⅳ.①H003

中国版本图书馆CIP数据核字(2016)第240669号

语言类型学探索
金立鑫 著

商 务 印 书 馆 出 版
(北京王府井大街36号 邮政编码100710)
商 务 印 书 馆 发 行
北 京 冠 中 印 刷 厂 印 刷
ISBN 978-7-100-12631-1

2017年3月第1版　开本787×1092 1/16
2018年7月北京第2次印刷　印张16
定价:48.00元

国家社科基金后期资助项目
出版说明

后期资助项目是国家社科基金设立的一类重要项目，旨在鼓励广大社科研究者潜心治学，支持基础研究多出优秀成果。它是经过严格评审，从接近完成的科研成果中遴选立项的。为扩大后期资助项目的影响，更好地推动学术发展，促进成果转化，全国哲学社会科学规划办公室按照“统一设计、统一标识、统一版式、形成系列”的总体要求，组织出版国家社科基金后期资助项目成果。

全国哲学社会科学规划办公室

自　　序

语言研究的终极目标之一是回答“人类语言究竟是什么样的?”这一问题。但据一般的估计,世界上目前尚存5000种左右的语言,显然,要回答这5000种左右的语言“都是什么样的?”这样的问题,是任何一位语言学家都无法企及的。这只能依赖世界上每种语言的语言学家对自己的母语的研究。因此我们说,任何一位语言学家都有义务和责任对自己的母语进行描写、研究和报道。因为对某一语言中什么样的结构或分布是合格的、好的或不太好的,只有母语者才能准确判断。语感上一般外语者无法与母语者比肩。因此,只有当每一种语言的语言学家都对自己的母语做出应有的、非常充分细致的描写和研究,世界语言的整体面貌才能完整地呈现在我们面前。当今国际语言学界似乎只有语言类型学研究是以“大规模跨语言比较”作为最主要的研究范式的。当今国际语言类型学界的绝大部分工作者的实际分工便是如此(这不排除某些学者对母语以外的其他语言有兴趣进行细致的调查和研究)。如今语言类型学已经与其他经典科学一样开始走入众包(crowdsourcing)时代,全世界的语言类型学家都坐在同一张桌面上,各自分工负责,描写并及时报道每一种语言的实际状况。所有这些调查的成果和描写的结果都能及时反映到语言类型学界,一些较为可靠的成果都能在“世界语言地图集”或类似的数据库中反映出来。因此,任何一位中国语言学工作者都有责任和义务对自己的母语(当然,最好是自己的方言)做出应有的描写和分析,向世界报告自己所观察到的研究对象的真实面貌。

我们知道,描写任何一种语言的前提是理论和方法(包括工具)。没有这些理论和工具,语言描写是不可想象的,同时对所描写的结果进行系统分析也是不可想象的。作为语言类型学的描写和研究,我们需要了解语言类型学的一般理论、方法和假设,惟其如此,我们才有可能在即使描写某一种具体语言时,也能具有“语言类型学的眼光”,在语言类型学的关照下审视我们所描写出的所谓的“语言事实”。

本书是我们在语言类型学研究领域内所做的一些探索性的工作。主要是三部分内容，一是有关语言类型学一般理论方法的探索和思考，第二是有关语序类型学的一些探索，第三是有关语言中的“时体”问题的探索。大致分工如下：第一章至第四章，属于一般理论，讨论语言类型学研究的目的、方法和任务以及语序类型学中有关VO和OV语序相关的基本原则问题。第五章至第七章，讨论普通话的语序类型，证明普通话是一种较为典型的VO-OV混合语语序类型，同时讨论这种混合语序类型所带来的收益和所付出的代价。第八章和第九章，就语序类型以及普通话混合语序类型背后的动因等进行部分系统内的讨论和解释。第十章至第十三章，主要讨论语言中的时体类型问题，同时也讨论与汉语有关的时体类型问题，这也是笔者近十多年来的研究兴趣所在。

自格林伯格以来，语序类型一直都是语言类型学中研究得最充分的领域。格林伯格提出的语序类型问题吸引了世界众多语言学家的关注。他们在格林伯格建立的研究范式的基础上观察和验证本族语的语序类型，这些研究有些进一步验证了格林伯格提出的蕴涵共性，也有一些研究修正了格氏提出的蕴涵共性。人类语言在语序上的类型和共性一时成为学界的重要课题。这些课题的研究在不少方面与生成语言学的研究形成互补与对勘，另一方面也为功能语言学的研究提供了大量的课题。对这些语言类型学研究所揭示的普遍存在的语序类型做出功能解释，成为众多功能学派学者的兴趣之一。因此，可以说，语言类型学在生成语言学和功能语言学之间开辟了一条新路径，语言类型学所揭示的不少语言现象，包括一些罕见的语言现象（类型上的个性）和一些极为普遍的现象（类型上的共性）不仅为生成语言学，也为功能语言学提出了新的课题。

本书主要讨论了语序类型学中最为基本的一些问题：为什么人类语言在语序结构上总体表现为左分支或右分支？贯彻左分支或右分支是遵循了什么样的结构原则？左右分支结构在功能上到底有何合理性？如何解释与VO语序或OV语序相关或相对应的一系列语序现象？又如何解释一系列与VO或OV语序不相关或无对应性的语序组合？汉语普通话到底属于VO语序还是属于OV语序？如何或者用什么标准来测量？

本书通过一系列与VO和OV语序相关的语序参数测量了汉语普通话，得出的结论是，汉语普通话是较为典型的VO-OV混合语序。这一结论也与徐丹(2006)考察古汉语（古汉语也是VO-OV混合语序语言）得出的结论一致，也与桥本万太郎在《语言地理类型学》中的结论基本一致，汉语从地理分布上看，从南到北，语序上由VO到OV。地理上，中国板块处于北部阿尔泰较为典型的OV语言到南部一系列较为典型的VO语言（如泰国、菲律宾、马来、缅甸等境内的语言）之间，呈现出中间混合状态，似乎也属自然（或许与语言接触和人口流动有关）。此外，藏语是典型的 OV 语序，汉藏同源，汉语因此而带有 OV 语序特征，也很自然。

由普通话的混合语序我们可以解释以往长期以来都无法解释的所谓的汉语普通话的“特异性”，例如，为什么汉语普通话的比较结构形容词在比较基准之后成为 VO 语序语言的唯一例外？为什么汉语普通话的定语关系小句在所有 VO 语言中成为极个别的少数或例外？为什么普通话中既有前置词又有后置词？为什么普通话中的方式副词既可以出现在动词之前，也可以出现在动词之后？为什么普通话中的介词短语既可以出现在动词之前也可以出现在动词之后？此外它甚至可以解释为什么汉语普通话倾向于动词处于倒数第二位置这一类型特征。

有意思的是，通过普通话的混合语序我们还能解释不少普通话中特有的诸如“咬死了猎人的狗”以及“进口汽车”之类的结构歧义。这些结构歧义大都与普通话的 VO-OV 混合语序有关。英语中也存在大量歧义句，但根据对这些歧义的分析可以发现，英语中的多数歧义并非由语序混合导致（参见本书第七章）。本书还讨论了汉语普通话采用 VO-OV 混合语序所付出的代价和收益。研究显示，总体而言，混合语序所带来的收益远远大于代价。或许现代英语中所表现出的某些很有限的混合语序的现象也由此得到解释。

研究过程发现，普通话混合语序类型背后的动因可能有两个。一是内部动因，与汉语中存在大量施格动词和通格动词有关。在施通格动词的论元配置中，通语的句法位置有两个，即“通语 V通语”，它导致了“王冕死了父亲”和“王冕父亲死了”以及“台上坐着主席团”与“主席团坐在台上”这样的结构。这种句法构造在汉语语法史上一直是个难题。无法解释其中的“父亲”和“主席团”到底是主语还是宾语。从施通格句法配置来看，这些在动词前后自由的名词性成分既不是主语也不是宾语，它是施通格句法配置中的通语成分。因此研究它们到底是主语还是宾语本身是个伪问题。正是由于汉语普通话中存在大量的施通格动词（藏语是施格语言，汉藏同源，汉语句法中有施格句法配置也很自然），使得其通语成分在动词前后较为自由，这才形成了普通话 VO 和 OV 混合语序现象。

本书还涉及语言类型学中最为难做的一个课题：句法结构中的时、体（tense & aspect）范畴。这部分的工作是基础性的。众所周知，语言中的时体问题是最为棘手的，无数前辈才俊在此课题上皓首穷经，但从类型学角度来看，学者们至今对人类语言中的时体范畴的系统性描述并不满意。本课题试图从时体范畴的最基础部分出发，讨论时体语义范畴的本质，对时体进行定位分析，引进并优化、系统化 Reichenbach 的系统，通过细化事件时间(E)、说话时间(S)和参照时间(R)，试图对时和体进行统一性解释。本书将人类语言的体从类型上分为两大类：一类是事件界限体，另一类是时间进程体。语言样本中前者以俄语和芬兰语为代表，后者以汉语和英语为代表。此外，我们还根据动词的“行为类型”和动词短语所表达的“情状类型”，将语言分为三类：行为类型凸显的语言（动词的行为类型直接投射到句子的体范畴上），情状类型凸显的语言（动词短语所表达的情状类型投射到句子的体范畴上），行为和情状混合的语言（动词的行为类型和动词短语的情状类型都（两种混合）会在句子的体范畴上表现出来）。这部分的研究还是基础性的，更进一步的、更为细致和系统的研究陆续由我们的研究团队推出（部分成果已经发表），希望能得到学界同仁的批评和帮助。

本书是在于秀金和杜家俊同学的协助下完成的。其中第二章至第五章以及第八章在于秀金的协助下完成，第六章与第七章在杜家俊的协助下完成，第九章在博士生王红卫的协助下完成。

本书的不少内容还得益于与陆丙甫先生的交流，得益于上海外国语大学语言研究院的同行同事王芳、张炜炜等老师的指教，还得益于笔者与上海外国语大学小语种老师、2010 级、2011 级、2012 级、2013 级语言学类各个语种的博士研究生，以及上海外国语大学语言研究院外国语言学和应用语言学专业的博士生以及硕士生的交流，他们是西班牙语系的唐雯老师，阿语系的陈杰老师，法语曲辰老师、俄语王翠老师、日语李波老师、韩语白莲花老师，以及当时还在在职读博的下列老师：丛迎旭、郑连忠、卢军羽、毛帅梅、李国宏、陈林俊和陈舜婷等同学，还有当时在读硕士的盛亚南和陈佳颖同学等。这本书中的不少内容是在与他们一起学习交流和讨论中形成的。感谢他们给我的帮助，我要感谢为本书提供过各种帮助的学界同仁和朋友，最后感谢太太——上海外国语大学国际文化交流学院邵菁老师给予的帮助和支持。

本书得到全国哲学社会科学规划办后期项目的资助，特此表达感谢！

目　录

第一章　语言类型学的目标、任务和方法

1.引言

当代语言学在研究范式以及研究旨趣上基本上形成了形式语言学、功能语言学和语言类型学三分天下的格局。

“形式语言学”有两个含义，一是主要研究语言形式，是典型的“形式之学”，二是其研究方法是形式化的。形式语言学与其他自然科学看待世界的方式基本一致，他们都认为构成世界乃至人类语言的物质是有限的，世界之所以如此丰富多彩都因由这些有限的物质及其有限的组合规则的无穷使用形成的。形式语言学所要揭示的就是这些有限物质的组合的条件和规则。

功能语言学在研究方法上显然要比形式语言学宽松自由得多。在对语言事实的描写上继承了结构主义语言学分布操作的方法，在解释由描写得到的规则时，功能主义语言学主要依赖语言赖以存在的社会、交际、文化和人类的认知等外部因素。

无论是形式语言学还是功能语言学，它们的研究目标都是“人类语言”。这一点语言类型学与其完全一致，但语言类型学在研究范式上更强调、更突出跨语言的比较，试图在尽可能多的跨语言的比较中寻求人类语言的一般共性或某些语言的个性。所谓“类型”其本身已经隐含了“个性”的意思，因为只有个性之间的差异才可能形成不同的类型。并且，不同类型之间也同样存在类型之间的“个性”。然而要判断该语言或某些语言的某些表现确实属于个性却又必须建立在对人类语言共性充分了解的基础上，否则很容易将某些人类语言中并不罕见的共性误以为某些语言的个性。因此，对语言类型学而言，共性研究和个性研究是相辅相成的，发现共性为发现个性提供前提和解释。

形式语言学和功能语言学在国内已经为绝大多数学者所熟知，但语言

类型学的研究在国内尚未形成规模，还处于“小众”状态。这一章简要介绍语言类型学研究的目标、任务和方法，希望能引起更多语言学年轻学者的关注和兴趣。

2.语言类型学研究的目标和任务

语言学作为一门科学，其研究宗旨纯粹出于对世界的解释，即：语言世界为何如此？其背后的机制、机理和动因是什么？到底是哪些物质构成这个世界以及这些物质是如何组配的？形式语言学和功能语言学都试图解释语言世界到底是由哪些基本成分构成，这些基本成分又是根据哪些规则进行组配的，但它们的基本假设或理念大不相同。

语言类型学与其他科学以及形式语言学和功能语言学在追求目标上并无二致。但语言类型学在研究方法和解释语言对象的具体做法上与形式语言学和功能语言学并不相同。

如前面引言所说，语言类型是建立在语言共性和个性的基础上的。语言个性和语言共性是相对而言的。我们知道，只有一定语言量所表现出来的共同的个性才能形成不同的类型。因此，同一语言类型内部所具有的“同一性”是该语言类型的共性。而这一共性相对其他语言类型而言，却又是一种个性。

因此，从某种角度来说，语言类型学就是寻求不同层级上的相对共性。

语言类型学研究在建立语言共性方面一个比较突出的理论意识是，“哪些语言形式是人类可能有的，哪些语言形式是人类语言不可能有的”（更多情况下，这些所谓的“不可能”并非绝对，而是一种明显的倾向性，或强烈的、压倒性的倾向性）。关注语言中“哪些表面不同的现象之间存在蕴涵关系”（不同参项之间的相关性），即某类现象的存在决定了另一类现象的存在或不存在，或某一类现象的存在以另一类现象的存或不存在为必要条件或充分条件。

在对人类语言共性的描述和解释上，语言类型学并不像形式语言学或功能语言学那样主要通过对有限语料的描写之后建立或描述某种与之对应的理论假设的方法来完成，语言类型学主要是先通过大样本（或较大样本）的跨语言现象的对比和描写，从中发现并抽象蕴涵共性，然后再对该共性进行理论解释，理论解释可能是形式的，也可能是功能的，但功能的更为基本或直接（陆丙甫、金立鑫，2010）。当然，这一原则并不排斥在极其有限的语言样本的基础上提出某些蕴涵假设、再通过更多语言样本进行证明或证伪的"假设-验证"的推理方法。这或许已经成为语言类型学研究的一个特点。这一研究传统主要是由现代语言类型学之父格林伯格倡导的。他在他的那篇著名的论文中(Greenberg,1963)仅以相当有限的语言样本就提出了45条语言共性,其中绝大部分都是蕴涵共性。例如他提出的第25条共性(简称:GU25):

如果代词性宾语后置于动词,那么名词性宾语也同样后置

这条共性的意思是,不存在"代词宾语后置而名词宾语前置的语言"。因为根据逻辑蕴涵规则,充分条件蕴涵命题是"三缺一"的,只有前项为真,后项为假的命题不成立,其他三种命题都成立。因此,人类语言的名词宾语和代词宾语与动词之间的前后关系也有四种逻辑可能,其中只有一种不成立(斜杠"/"表示"或"),如下:

(1)代词宾语/名词宾语　动词
(2)动词　代词宾语/名词宾语
(3)代词宾语　动词　名词宾语
(4)*名词宾语　动词　代词宾语

其中(1)(2)(3)的句法组合都可能存在,唯独第(4)种句法组合不可能存在或基本不存在。我们已经知道,第一种句法组合的语言有日语、韩语和土耳其语等OV语言,名词宾语和代词宾语都在动词之前;第二种有英语、德语、阿拉伯语这样的VO语言,名词宾语和代词宾语都在动词之后;第三种语言有法语、古汉语(否定句和疑问句中,代词宾语在动词前,名词宾语在动词后)。但是第四种至今没有发现。

上面这条语言共性告诉我们,人类语言中宾语和动词位序总共有三种类型:宾语在动词前的语言、宾语在动词后的语言以及名词宾语和代词宾语分列在动词两边的语言。但只有代词宾语在动词前,名词宾语在动词后才是可能的,相反的配置不存在或极为罕见。根据这些宾语与动词之间的位序关系,语言分为不同的类型。上面我们说,共性是相对的,这里同样表现出来:相对全人类语言而言,宾语在动词之前(或动词之后),都是一种个性。但是对所有宾语在动词之前的语言来说,宾语在动词之前是这些语言的共性(如果说这种语言的人从来没有考察过其他语言,那么他很有可能认为世界上所有语言的宾语都一定在动词之前,从而将这种共性扩大到全人类的语言。这就把个性当共性了)。

类似GU25这样的蕴涵共性还有很多,截至本书写作时,全世界语言类型学家已经发现的语言内部各个层面各个分支领域内的共性已经达两千多条。这些都是语言类型学家通过对跨语言的对比调查或者根据某些语言样本以及逻辑可能性提出的。当然,这些共性大都是理论假设,很多是建立在不完全归纳的基础上的,需要更多语种和语料的验证或证伪。语言类型学研究的重要目标之一便是揭示或发现类似的语言共性。

如果说语言类型学仅仅是为了追求共性,那它与形式语言学在追求目标上差别不大。实际上,语言类型学并不满足于此。语言类型学在理论上的追求目标是解释语言"为何如此"。一种语言,无论是在语音上还是在词汇系统上或者在语法形式上,为何呈现出这样的形式而不是那样的形式,这背后的机制到底是什么?语言类型学解释这些机制的视角与形式语言学或功能语言学不太一样。语言类型学首先考虑从语言内部的"一系列蕴涵规则"的推导中来解释某一语言之所以如此。这"一系列蕴涵规则"如同生物学中的基因。我们知道,生物不同种群之间的差异、个体与个体之间的差异(如人与人之间的不同)是由基因的不同决定的。语言与语言之间的差异也是由某些"语言基因"(这是一个比喻的说法)造成的。某一语言如果具有某一"语言基因",那么它在某些方面就一定表现为某一特定的形式而不是另一种形式。如果从语言内部无法求得解释,这才转向寻求语言外部的功能解释。

在寻求语言内部解释方面,语言类型学家发现,宾语和动词之间的位置关系是一组最重要、最基本的语言基因,它至少在15项句法配置上决定了一个语言采取什么样的句法策略。如果一个语言的宾语在常规状态下处在动词的后面,那么这种语言就会表现出一系列整齐的倾向。

相反,如果一种语言的宾语在常规状态下处于动词之前,那么这15个句法配置就倾向于相反(Dryer,1992/2008;Haspelmath,2006)。如采用后置词(如日语),系动词在形容词之后(日语),"想""要"之类的心理动词也在动词之后(日语),等等。

可见,一种语言的基本语序到底是VO型的,还是OV型的,非常重要,它至少在15个项目上决定了一个语言采用什么样的句法配置。因此,我们就可以将VO和OV看作是人类语言中最重要的、区别性最显著的两条基因。

问题来了,几乎所有的VO语言都采用前置词,所有的OV语言都采用后置词,并且该命题的逆反命题也成立:所有的前置词语言都是VO语言,所有的后置词语言都是 OV 语言。那么，到底是 VO 或 OV，还是前置词或后置词，哪一个才是决定性的真正的语言基因？

我们知道，由于基因是“是控制生物性状的基本遗传单位 ”，因此，基因必须是触发体。那么是 VO 或 OV 为触发体，还是前置词或后置词是触发体？这一点我们只能从发生学角度来考察。在人类语言的词汇发生学上，首先出现的词类是动词，其次是名词，再次是形容词，然后才出现副词。介词则是在副词之后才产生的。从这一点上我们可以确定，是动词和名词之间的关系决定了一个语言采用前置介词还是后置介词，而不是相反。这不仅因为介词是在动词名词之后才产生的，还因为介词是为了适应动词和名词之间的关系来选择自己的句法位置的。我们知道，介词引导名词，介词所引导的名词实际上是动词的一个旁格论元，它的句法地位低于宾语，但本质上它与宾语属于同一类(都是动词的论元，但不是控制动词的论元)。那么根据结构经济原则(相近的句法成分采用相近的句法手段)，介词引导的论元应该在宾语的同一边。介词作为将其论元介绍给动词的“中间人”，它的句法位置应该处在论元与动词之间才是最合理的。因此，VO 语言中，介词出现在名词之前(V＋adp＋N)是最合理的，例如英语中的 put on the table，on 在 table 前面。OV 语言中，介词出现在名词之后(N＋adp＋V)是最合理的，例如日语中的“学校 で 勉強する”介词で在名词“学校”的后面。出现在名词之前的就是前置词，出现在名词之后的就是后置词。

因此，VO 和 OV 是人类语言中最重要的两条基因。它能够解释一种语言中含有的 15 条句法配置中的任何一条句法配置(并非每种语言都具有这 15 条句法配置)。但是，除了 VO 和 OV 以外，还有哪些句法配置是“决定性”的，具有类似基因这样的功能呢？这是语言类型学家们正在追求的重要目标之一。

语言类型的外部解释，如语言中某些结构或单位的演变，或某种特殊形式，其背后的动因可能来自语言接触，或者来自地理气候因素。如赤道附近的索马里语中名词有“时”的区分，这就与当地的气候条件有关。

当某种语言中的类型基因被发现得足够多，我们对这种语言“为什么是这样的”的解释力也就足够强大。当某种语言中的类型基因被描写得足够充分，我们对这种语言的整体特征及局部特征的描写和解释也将足够充分。同时也有可能预测某些结构是这个语言可能被接受的(隐性基因)，或者不可能被接受的。

基因有两个特点，一是能忠实地复制自己，以保持生物的基本特征；二是基因能够“突变”，突变使生物可以在自然选择中被选择出最适合自然的个体。同理,语言的基因也可能存在突变,某些外来语因素的进入可能造成基因的突变,以致影响这个语言系统的局部甚至整体改变。例如英语这种语言的整体句法配置就发生了重大的改变,古英语原来是 OV 语言,但现代英语却演变为 VO 语言。当一种语言处于演变过程中时,也会出现某些似是而非的中间状态或模棱两可的混合类型状态。有意思的是,语言总是处在不断演变的过程中,没有静止不变的语言系统,这也给语言研究以及语言类型学研究带来不少困难。

我们将语言类型学研究的任务和目标简单概括为:寻求人类语言各种表现形式背后蕴藏的共性以及导致某种语言表现出某种特殊性背后的原因。这种共性类似于生物学上的基因,该基因表达式将人类语言与其他信息系统或其他动物的"语言"区别开来(凡人类语言都具有共同的基因),并能将每一具体语言与其他语言区别开来(每一具体语言都有其独特的基因)。语言类型学通过寻求隐藏在千变万化的表面现象背后的有限的基本基因来解释世界的语言。语言类型学研究中常见的蕴涵共性表达是众多语言基因中的一种表达式。

3.语言类型学的研究方法

刘丹青(2003)认为语言类型学"主要在研究对象和方法上形成了特色,在语言哲学方面持较为谨慎的态度,大多属于温和的功能派,也不排除形式主义倾向"。"典型的类型学家从来不在单一语言内部提出关于语言共性的假设。只有被许多语言验证的现象、规律或倾向才被看作语言共性或占优势的倾向,所以类型学所总结出来的共性具有更加牢固的经验基础"。

如果说形式语言学在寻求人类语言共性的研究中并不在乎语种样本的多少,他们很自信地认为任何一种个别语言的研究,只要研究得足够深入,也一样能够寻找到人类语言的共性。因为所有语言都必然由语言共性(或普遍语法)所制约,都是普遍语法的具体表现。好像地质勘探,只要将一个井打得足够深,就能获得地球上所有的元素。功能语言学对语言样本的多少并没有要求。但语言类型学不同,语言类型学有意识地要求研究者主动进行跨语种的比较和研究,在跨语种的比较研究过程中发现语言的个性和共性。在研究过程上,语言类型学大致上可以分为五个步骤:

(1)根据现象确定研究对象和研究目标,预计研究结果;

(2)确定研究范式：从范畴出发，还是从形式出发(例如刘丹青先生创导的语言库藏类型学)；

(3)搜集样本：确定样本范围，搜集样本，根据研究目标或语言共性建立鉴别样本的标准；

(4)描写样本，抽象并假设样本背后存在某种共性或特殊性，对假设的共性进行验证或论证；

(5)寻求共性或特殊性(现象)的动因。

下面逐一简要说明。

科学研究的原动力是好奇心或研究兴趣。不同的语言学家对不同的语言现象有不同的兴趣，有些关注于语音，有些关注于句法，个人兴趣都不太相同。但他们对语言的好奇心大都集中在“这些现象为什么是这样的?”这类基本问题上。语言类型学家可能多了一层兴趣：这种现象是偶然的吗？其他语言中也有吗？它们之间有共同的制约因素吗？如果它们是不同的，这种不同是什么原因导致的？这种现象与其他哪些现象之间有相关性？诸如此类的问题，或许是其他语言学流派并不特别关注的，而这些恰恰是语言类型学所特别关注的。这些所谓的“问题”就是上面第一点所说的“研究目标”。语言类型学家们首先发现某些引起他兴趣的语言现象，这些现象或许是他感觉其他语言中少有的，或者很可能是所有语言都有的，这种所谓的特异性或共性的可能存在足够吸引他对这类现象做深入观察。他或许就将这种现象作为研究对象，试图通过或透过这些现象去发现隐藏在这些现象背后的与其他语言甚至人类语言相关的问题或规律。

例如，假如有一位语言学家发现有的语言中人类名词、动物名词和非动物性的名词有的用不同的标记加以区别，有的不用标记。比如越南语、汉语等这些语言中的这三类名词都没有标记区别，但是也有些语言这三类名词都用不同的标记来表示，比如匈牙利语。如果他对这个问题有兴趣，就会继续考察其他语言，看看这三种名词在其他不同的语言中到底有哪些不同的标记形式。这就是研究的第一步：从现象出发确定研究内容以及初步的研究目标。

由于这位语言学家首先发现的是形式上的问题，即名词和某些标记之间的关系，到底哪些名词在哪些语言中需要标记，而又在哪些语言中不需要标记，如此等等。这些都属于形式上的问题，因此他就可以从形式出发做进一步的考察和研究。

但也可能某些问题并不是形式触动引发的，而是由表义范畴引发的。

例如某些学者可能通过文献发现绝大多数语言都有表达“致使”这一语义范畴的需求。他或许先审视自己的母语,看母语中的“致使”是如何表达的:是通过词汇手段、形态手段还是分析手段,或者既有词汇手段也有形态手段或分析手段?如果大致弄清楚了母语中表达致使范畴的形式,作为语言类型学的研究,这位学者还会继续考察其他语言中致使范畴是如何表达的,是否也有词汇手段或形态或分析手段等等,这些不同语言在表达致使范畴的手段上都有哪些共性或个性,这些手段与语言中的其他形式或范畴之间是否有相关性或什么样的相关性等等。这种研究方式就是从范畴出发的。

无论是从范畴出发还是从形式出发,其研究目标都是一致的:在不同语言之间寻求共性或个性,并试图寻找它们与其他因素之间的相关性,最后对其做出尽可能普遍的统一解释(第五步,详下)。这是上面说的研究步骤的第二步。

第三步是搜集和处理样本。比如上面的那个例子,如果有一位语言学家发现有的语言中人类名词、动物名词和非动物性的名词有的用标记表示,有的不用标记表示,假如这个问题引起了他的兴趣,那么他就可以通过语种库(参见本章第 4 节)、文献资料等搜集相关语料,或者对不同语言中的不同类型的名词进行调查。调查之前他先要确定哪些属于人类名词、动物名词或非动物名词,好在这些特征都比较容易确定。接下来他就可以着手进行调查。通过对不同语言的调查,他可能发现西班牙语中只有人类名词用特定的标记,而其他两种名词都没有标记。再后来又发现俄语中人类名词和动物名词都用标记,无生命的名词不用标记。

第四步就是根据上面所调查的结果进行描写。根据对这四种语言在这三种名词中使用还是不使用标记的方式的排列,他得到了一个连续的是否使用标记的分布图:

	人类名词	动物名词	无生命名词
越南语	无	无	无
西班牙语	有	无	无
俄语	有	有	无
匈牙利语	有	有	有

(Haspelmath,2008)

有意思的是,这位语言学家可能同时发现竟然没有任何一种语言是:无生命的名词有标记,有生命的名词无标记,或者动物名词有标记而人类名词没有标记。于是，他据此可能提出一个理论假设，这个理论假设可以用连续蕴涵命题的方式提出：

如果一种语言无生命名词有标记，则动物名词有标记，如果动物名词有标记，则人类名词有标记。

将这个连续蕴涵命题用形式化的方法来表达就是：

无生命名词标记⊃动物名词标记⊃人类名词标记

类似的研究还有语言中主语（subject）、直接宾语（direct object）、间接宾语（indirect object）、其他论元成分（other）在一致关系和格标记上的一般共性。如果有学者突然发现，有的语言在主语和动词之间有一致关系，可是主语没有格标记，而另一些语言在其他论元成分上有标记，主语也没有标记，经过对很多语言的观察，他发现其中存在一种有意思的对应关系，Whaley（1997/2009：154）的总结是：

在一致关系上存在一个等级链条：

主语＞直接宾语＞间接宾语＞其他

该等级链上右边的成分蕴涵左边的成分，即如果一种语言，该等级上任意一个成分如果有与动词的一致关系，那么该成分左边的成分也与动词有一致关系。而格标记等级则正好相反：

其他＞间接宾语＞直接宾语＞主语

任何语言，如果该等级上某一成分有格标记，那么该成分左边的所有成分都有格标记。通过对更多语言的考察，如果没有发现反例，那么一理论假设或蕴涵共性就能成立。

对语言类型学研究来说，接下来的第五步就是要对这一假设或蕴涵共性进行解释。例如，为什么人类名词最需要标记而无生命的名词最不需要标记？为什么在一致关系上首先是主语然后是直接宾语等其他成分，在格标记上却正好相反？这种解释可能要从语言外部来寻求答案。研究者可以从各个角度来假设，从中选择最合理、最符合逻辑、最具有必然相关性的解释作为最可能合理的理论解释。当然这些解释也可能像形式语言学那样在结构内部进行解释的方法，也可能采用功能语言学通过结构外的其他功能因素来解释的方法。在解释的方法上，语言类型学似乎并没有强烈的一致的理论诉求。有些类型学家更偏爱形式解释，而有些类型学家更偏爱功能解释。

根据以上描述，我们可以说语言类型学研究是基于多语种调查或跨语言对比进行研究的。没有多语种调查或跨语言对比，或没有已有的语言类型学研究成果作为理论基础（或参照）就无法进行类型学的研究。

4. 语料或样本的获得

很多人可能会提出这样的问题，做语言类型学研究是不是要会说多种语言？这就好像一般人常常以为语言学家应该是会说很多语言的人一样。其实这是一个很大的误会。语言学家和“语言博物学家”或“语言家”是两个不同的概念。虽然二者间可以有交叉，虽然作为语言学家如果能说的语言越多则越好，懂得的语言越多越好，但这并不是作为一名语言学家的必要条件。会说多少语言与一位学者研究语言的能力和水平之间并无必然联系。

如果研究语言类型学必须学会多种语言，那要学会多少种语言才能研究？世界上目前尚存的语言大约有五千种左右，一个普通人一辈子要学会10种左右的语言都是极其罕见非常困难的事情，更不用说几十种上百种。更何况，任何一种语言，作为一个外语者来说，他对该语言的语感无法与母语者相提并论。而深刻准确地描写一种语言需要对这一语言有非常好的语感才能进行，有些语言现象之间的区别连一般的没有受过专业训练的母语者都觉得困难。因此，那种要求语言类型学家必须会说多种语言的要求是不合理的并且是不可能的。

那么接下来的问题显而易见，语言类型学者既然不是其他语言的母语者，或者甚至根本就不懂得另一种语言，类型学家是如何进行跨语言的比较和研究的？

这就不得不提大数据时代的科学家之间的众包（crowdsourcing）合作了。随着科学的发展，以往许多相对简单的、单个研究者就能独立完成的研究项目或课题将越来越少，科学家面对的课题越来越艰深复杂，多学科多交叉以及牵涉到的不同领域的问题越来越多，许多研究课题已经不是单个研究者们独立工作所能完成的。多学科多学者之间的合作、科研项目的大团队合作已经成为当代科学研究的发展趋势。语言学同样如此，语言类型学尤甚。面对世界上几千种语言，每一种语言的母语学者之间必须进行紧密的互惠合作，否则要进行语言类型学的研究几乎没有可能。

我们知道，对任何一种语言的描述或研究，最可靠的是以该语言为母语的语言学研究者所做的研究。百年前或者更早的时代，信息交流不便，学者之间的信息交流非常困难，要从事语言类型学研究，迫使学者不得不自己亲自去做非母语的语言田野调查，即便如此，这种非母语的调查结果是否忠实地再现了该语言的真相还不得而知。但在互联网普及到全世界的今天，全世界每一种语言的语言学家都近在咫尺，他们对自己的母语所作的描述和研究，其他任何一位语言学家唾手可得。根据科学研究的诚信原则，除非特别，我们有理由相信任何一位语言学家对其母语所作的描写是忠实的、客观的。他们对其母语的研究所发表的报告或文献最有理由成为其他非母语者研究该语言所依据的样本。

我们坚信，如果全世界所有语言的语言学家都能忠实地描写刻画自己的母语并将其描写的结果及时发表出来，再经过语言类型学家的系统抽象概括，世界语言的画卷或许就能呈现在我们面前。语言类型学家就能根据这些不同语言的母语者所作的描写在各语言之间进行对比和抽象，从中发现局部共性或全局共性，发现局部个性并形成不同范畴的类型。语言类型学研究的目标就能达到。

因此，理论上我们已经没有必要强求每一位语言类型学家都要会说数种语言，即使只会自己的母语和学术通用语言（通常是英语），他同样可以借助用英语发表的各种语言的文献和资料进行语言之间的对比和研究，进行类型学的研究。

目前多数学者获得其他语言的样本或资料的方法主要有如下几种途径：

各种语言的教科书（尤其是对外语言教学的教科书，如法语、西班牙语、阿语、葡萄牙语等教科书等）。很多语言的教科书都有外文版本或英文版本。例如日语、韩语、法语、德语、意大利语、西班牙语等语言就有很多中文版本和英文版本。语言教科书通常都能对该语言进行较为细致的描写。

各种语言的描写语法或参考语法专著，这些专著也同样有研究者母语的版本和通用语版本，例如国内出版的很多少数民族语言的参考语法（例如《景颇语参考语法》）等。

互联网语料库。很多语言都有相应规模的语料库，但是用这类语料库需要查询者具备对这一语言的基本知识，或略懂该语言则比较方便。通过在线翻译方式可靠性不能保证，需谨慎小心。

学术文献，已经出版和发表的对某些语言研究的学术文献，以及很多涉及语言对比或语言类型学研究的文献中也常有各种语言的例句或样本，这些论著中的语言样本大都比较可靠，并且有较为详细的标注和解释，使用更为方便，有些直接可以转引。

利用“世界语言结构地图集”（World Atlas of Language Structures，简称 wals），有互联网在线版本，地址是：wals. info，全世界任何人都可以访问。免费使用，免注册。这是目前最为权威也是最为齐全、更新最快的类型学资料库。其中搜集了众多学者对各种语言现象所作的类型学研究的成果（论文相关内容、语料以及分析结果和数据等）。wals 体现了大数据时代的众包合作精神，也体现了科学的无私和接受来自任何方面的学术挑战的严谨开放的精神。它将所有可资我们借鉴的成果一览无余地展现在我们面前，接受每一位学者审慎和怀疑的目光，不断修正自己的理论假设。它不仅代表了国际语言类型学研究的开放模式，也代表了当代科学研究的基本走向和基本精神。

除了 wals 以外，还有其他一些与类型学研究相关的互联网数据库也值得我们使用借鉴，例如：世界借词数据库（World Loanword Database（WOLD）），网址是：http://wold. livingsources. org；世界语言中的计数系统（Numeral Systems of the World's Languages）网址是：http://lingweb. eva. mpg. de/numeral/；语言共性档案（Sprachwissenschaft Universität Konstanz），网址是：http://typo. uni-konstanz. de/archive/intro/index. php；皮钦语和克里奥尔语语言结构地图集（The Atlas of Pidgin and Creole Language Structures），在建数据库，网址：apics-online. info

当然，世界上还有很多为多数人不知的很少有人或几乎没有人描写过的语言，如果有学者对这些语言有兴趣，唯一可靠的方法就是田野调查。据我们所知，已有不少国外学者到中国对不少民族语言或方言进行田野调查，某些调查报告已经通过一些国际学术会议发表。这种研究精神值得我们学习效仿。

5. 研究分支领域

语言类型学目前所涉及的分支领域并取得较为突出成就的主要在语音学、词汇学和语法学。限于篇幅下面简单介绍一二。

现代语音学研究更多地与实验和应用结合得更紧，尤其是结合语音教学、语音识别和语音合成等领域。只有纯理论的音系研究才具有类型学意义。语言类型学对语音的关注更多地集中在不同语言在音系配置上的共性与个性,探求共性和个性背后的动因。

例如类型学家发现,人类语言的基本元音,一般情况下至少有三个(有个别学者报道说有两个元音的语言,笔者存疑),多数语言的基本元音在7个左右(如我们熟知的汉语、英语和日语等),有文献报道说,元音最多的语言有24个(笔者存疑)。但无论如何,人类语言元音的多少和元音的个体之间有蕴涵关系。

如果一个语言有三个基本元音,则它最有可能是:一个低元音[ɑ],一个前高元音[i]和一个后高元音[u];或者是一个低元音[ɑ],一个前中元音[e]和一个后中元音[o]。

如果一个语言有五个基本元音,则它最有可能是:一个低元音[ɑ],两个高元音(一前一后)和两个中元音(一前一后)。

如果一个语言有七个元音,则它最有可能是:一个低元音,两个高元音,两个中高元音和两个中低元音。当然也有可能在高元音中区分圆唇和非圆唇。

这种蕴涵共性主要受发音难度和区别度的控制。在舌位上高元音很容易区分出前后(低元音相对不容易),低元音[ɑ]最容易发音,元音的圆唇则是可选的,并且是在高元音被选之后才可能选择的。

绝大部分语言都有清辅音[p][t][k],但是不一定都有同样位置的浊辅音[b][d][g]。因此可以假设,一个语言中如果有浊辅音[b][d][g]的话,那么这种语言也一定会有清辅音[p][t][k],而反过来则不一定。

发音部位之间的蕴涵关系,例如[l]和[n],[g] [k] [h]与[p] [t] [k]可能构成蕴涵关系。

送气和不送气也构成蕴涵关系,一般情况下送气音蕴涵不送气音。如[p'] [t'] [k']蕴涵[p] [t] [k]。

吸气音,如果一个语言有吸气音,那么也应该有相同位置的呼气音。有少数反例,例如赣方言中表示肯定意义的独用词(仅仅为口腔的吸气音[d~])和否定形式独用词(口腔内吸气音[Φ]),但是没有相同部位的呼气音。这是极少数情况。

大部分语言的辅音数在20—30范围内,极端低于或高于这一范围的语言很少。

根据以上难易度原则和区别性原则,我们还可以发现,任何语言中如果有不带声的鼻辅音,就一定会有带声的鼻辅音;如果有带声的擦音,就一定会有不带声的擦音;如果有鼻化元音,就一定会有口腔元音。等等。

在韵律特征上，语言大致可以分为如下三种：

重音节拍语言(stress-timed languages，如英语和德语)；音节节拍语言(syllable-timed languages，如法语、西班牙语和汉语)和莫拉节拍语言(mora-timed languages，如日语)。

此外，语言还可以根据调律分为声调语言和非声调语言，其中声调语言有三种，一种是平调型的，第二种是斜调型的，第三种是折调型的。当然也可能出现其中两种或三种的混合型的。例如汉语普通话就是这三种调型都有的混合型。有学者认为我国少数民族的纳西语、越南语等是平调语言。平调语言中的平调还可以有三种区别：高平、中平和低平。例如泰语中既有高平、中平和低平，还有斜调(升调和降调)。

有意思的是，声调系统类型与地理地域之间可能存在相关性。例如折调语言多数存在于东南亚和中美洲地区，而在北美和南美就很少见。澳洲大陆几乎都是没有声调的语言，这是一个很有意思的现象。为什么折调和特定地域相关？

关于词汇类型及其研究。

词汇类型研究本质上属于概念范畴和形式之间的组配类型的研究，它研究哪些语言的哪些词与其所表达的概念之间有什么样的关系。我们知道，词是对概念的反映，而概念是对世界的抽象。因此，词的所指所对应的是一定范围(一定广度)的世界。那么，不同语言之间所对应的词(比如翻译时所对应的词，如汉语的“米饭”和英语的 rice)，它们所各自对应的世界完全一致是罕见的，不完全对应才是常见的。那么，不同语言之间的某些词在所反映的世界方面哪些是重合的交叉的，哪些是不交叉不重合的，这就是一个很有意思的问题。

在概念的外延上，不同语言之间的词与词之间会形成一种“链条”，有些链条是单向延伸的，有些链条是向多个方向延展的。如果我们能仔细刻画出不同语言的某类词和词之间在语义上的连续关系，可能就会得到一个很有意思的语义图。从这个图中我们会发现语言和语言之间在表达概念和使用的词这个问题上，表现出某些“国家特色”(本质上是语言或民族、文化、认知心理等特色)，从而形成某种“语言类型”。例如，“树”“木头”“木柴”“树林”“森林”这五个名词都对应五个不同的概念，但在德语和法语中只有三个名词，也就是这些概念的总和在德语和法语中是三分的，但德语的三分和法语的三分不同(词汇覆盖的概念区域不同)，在丹麦语中是二分的，在西班牙语中是五分的。如下：

<table>
<tr><td></td><td>tree</td><td>wood(stuff)</td><td>firewood</td><td>small forest</td><td>large forest</td></tr>
<tr><td>德语</td><td>树</td><td colspan="2">木头/木柴</td><td colspan="2">树林/森林</td></tr>
<tr><td>丹麦语</td><td colspan="3">树/木头/木柴</td><td colspan="2">树林/森林</td></tr>
<tr><td>法语</td><td>树</td><td colspan="3">木头/木柴/树林</td><td>森林</td></tr>
<tr><td>西班牙语</td><td>树</td><td>木头</td><td>木柴</td><td>树林</td><td>森林</td></tr>
</table>

(Haspelmath,2000)

但是古汉语又是另一种概念分类,"树"称之为"木"(如:木秀于林,风必摧之),木头称之为"材"(如:无所取材(论语)、此木以不材得终其天年(庄子)),木柴下面分两个小类:"薪"和"柴"(大者可析谓之薪,小者合束谓之柴),树林和森林古汉语都用"林"概而言之[①]。因此古汉语相应的概念切割如下:

古汉语	树	木头	小柴	大柴	树林/森林

除此之外,语言中的代词、动词、形容词、副词、介词、连词等都可以通过类似的、对它们所表达的概念或者它们的句法功能之间的对应性或差异性进行类型比较,通过比较进一步认识这些语言。当然,为什么人类语言在概念表达上呈现出这些差异,这或许要从语言之外寻求解答,例如生活方式、地理位置、气候条件、群体心理、社团文化和社会契约、交际方式等角度做出解释。

语法类型研究的内容最为广泛,成果也最为丰富。

首先是语序类型。我们知道,自从格林伯格发表那篇著名的文章之后(Greenberg,1963),语序类型学就引起了语言学界的广泛关注,对语序类型的研究也随之兴起并迅速展开。本文第一小节所举的两个例子,一个是名词宾语、代词宾语与动词之间的关系,一个是 VO 和 OV 语序与其他 15 组句法组配之间的相关性,这些都属于语序类型的研究。

语序类型学在很多语序问题上都有了较大规模的语言样本,有了相当详尽的描述以及数量统计和地理分布统计。例如主语、宾语和动词之间的语序、主语和动词之间的语序、宾语与动词之间的语序、宾语和旁格成分与动词之间的语序、介词和名词短语之间的语序、领属成分和名词之间的语序、形容词和名词之间的语序、指示词和名词之间的语序、数量词和名词之间的语序、定语从句和名词之间的语序、程度副词和形容词之间的语序、副词性连接词和小句之间的语序等。当代语序类型学研究领域目前做得最出色的学者 Mathew S. Dryer,他(1992)的 The Greenbergian Word Order

① 感谢鹿钦佞先生提供的资料。

Correlations(*Language* 1992,68:81—138)成为当代语序类型学研究中的重要成果。

语序类型学的研究已经开始从描写走向解释。即解释为什么人类语言在语序选择上表现出某种明显的倾向,例如本书第二章所举的15对句法组配,基本语序为VO的表现出某种一致性,而基本语序为OV的则表现出相反的一致性。这是为什么?为什么人类语言在句法组配上明显地倾向于采用某些语序策略而回避另一些语序?还有些语序现象似乎与基本语序VO还是OV没有关系。例如,几乎所有的语言,指示词都倾向前置于名词,否定功能词倾向前置于动词,时体功能词倾向前置于动词,时体语素(词缀等)倾向采用后缀的形式,形容词和名词之间的语序无论在VO语言还是OV语言中都有大量前置于名词和后置于名词的语序(总体上形容词后置于名词略多),这又是为什么?

再比如,句法结构中的三个主要成分主语S(ubject)、O(bject)和V(erb),如果根据逻辑组合规则应该有6种组合形式,但为什么SOV语序的语言最多,约占人类语言总数的近41%左右,其次是SVO语序(约35%),而VSO语序只有约4%[①]?其他三种语序的语言占人类语言总数的比例极少。这又是为什么?Tomlin(1986)的解释是:主题领先、生命度领先、动宾粘合。在所有比例最高的语序类型中,有两种最多的都是S开头的语言。这可以用“主题领先”和“生命度领先”来解释,在两种最多的语序中都是O靠近V的组合(SOV和SVO),这可以用“动宾粘合”来解释。但是陆丙甫和屈正林指出(2008),同样是占少数的语序中,VOS的语序又比OVS的语序多(26:9),这是Tomlin的理论无法解释的(S都后置,O与V的距离一样)。为此,LU Bingfu(2009)提出,这与O与动词的松紧以及名词有前移需求的动因有关。在VOS中由于O的名词性(可别度较高)有前移需求,这样O前移的动力使得它与V之间的距离更为紧密。实际上,在几乎所有VO语序中,V和O之间很难插入其他状语性成分,如英语的状语必须放在宾语之后(如果宾语过分复杂而状语又很简短,则状语可以在动宾之间,如:They saw <u>clearly</u> that it was their duty to prepare it.)[②]。而在几乎所有的OV语序中,O和V之间都能插入状语性成分(例如日语的状语)。这一因素使得VOS语序更接近人类语言共有的动宾粘合普遍原则,因此采用的语言略多。

---

① 参见wals第81A。

② 感谢南昌大学中文系叶爱同学的意见。

此外，在语序类型演变上，大都是 OV 型语言向 VO 型语言演变而不是相反，这是为什么？其背后的驱动因素是什么？

其次是范畴类型，其中包括语法范畴类型和表义功能范畴类型。

语法范畴类型涉及的问题包括，人类语言中的各种语法范畴是否普遍存在？各种语法范畴内部的子范畴是否相似？这些子范畴之间是否存在蕴涵关系或蕴涵等级性？表现这些语法范畴的形式主要有哪些？这些相应的形式和范畴之间是否有选择倾向（即哪些范畴倾向于选择哪些形式）？比如，对主格或句子主语的标示，通常采用附核（标记加在核心上）形式，即主语自身通常不带标志，将句法标志附加在与它相关的动词上（例如英语中的主语与动词的数和人称的一致关系），或者换句话说，主语与动词的关系通常用一致关系来表达，但是宾语和旁语与动词的关系却通常用附从（附加在从属语上）的形式。这是为什么？这也是我们在前文中提及的现象，在主语、宾语和旁语的语法形态选择上，一致性形态选择总是依据“主语＞直接宾语＞间接宾语＞旁语”的顺序，而格标记的选择却总是相反，依据“旁语＞间接宾语＞直接宾语＞主语”的顺序。这又是为什么？

在我们所熟知的“性”范畴中，有的语言名词形容词区分阴性和阳性，或许还有中性。其中，中性蕴涵阴阳性。甚至有的语言还有“通性”（commen，兼表阴性和阳性的标记），那就可能形成一个连续蕴涵：

通性＞中性＞阴性/阳性

有的语言还有所谓的“互惠性”，可能是在“通性”的基础上发展起来的，如果这样的话，那么很可能是“互惠性蕴涵通性”。有些语言阴性没有生命性的区别，但是阳性可能有有生和无生的区别，这就可能形成另一个蕴涵式：

阴性区分有生与无生＞阳性区分有生与无生

性范畴与人称代词之间具有选择上的顺序关系。任何语言中，如果第一二人称代词有性的区别，那么第三人称也有性的区别。而第三人称代词有性的区别则第一二人称代词不一定有性的区别。例如英语第三人称代词区分男女，而第一二人称代词不区分男女。汉语所有的人称代词都没有男女阴阳性的区分。

传统语法中所说的“数”范畴其实并非多数语言所具有，在人类语言中，可能只有少部分语言有“数”的语法范畴(数的形态范畴,或语法标记)。根据 Gil(wals 第 55 章)对 400 种语言的统计,260 种语言没有数的分类标记,62 种语言数标记为可选的,只有 78 种语言的数标记是必选的。

在有“数”的语法范畴或语法形态的语言中,最常见的是单数和复数的区分,但有的语言除了单复数之外,还有双数,甚至三数等更复杂的语法形式。这些数的形态之间也形成了一个形态等级:

三数>双数>复数>单数

有意思的是,类型学家发现,代词和名词以及其他名词在数的形式上存在一种蕴涵等级,大致上是:

如果无生名词有单复数形式,则动物名词有单复数形式

如果动物名词有单复数形式,则人类名词有单复数形式

如果人类名词有单复数形式,则亲属称谓有单复数形式

如果亲属称谓有单复数形式,则第三人称代词有单复数形式

如果第三人称代词有单复数形式,则第一二人称代词有单复数形式

将以上蕴涵关系简单概括起来就是:

无生名词>动物名词>人类名词>亲属称谓>第三人称代词>第一二人称代词

从左到右连续蕴涵。

普通话中的“们”长期以来没能得到最合理的解释,围绕它到底是不是复数标记有不少争论。通过上面的蕴涵共性我们很清楚地看到“们”完全符合人类语言数标记共性。“们”覆盖了该蕴涵共性的后四个项目(从“第一二人称代词”到“人类名词”:我们、你们、他们、叔叔阿姨们、工人们),这在其他很多语言中都有,并非普通话独有。另外北京话中的“俩”和东北话中的“仨”也同样通过这个蕴涵共性得到解释:我俩、你们仨、夫妻俩、父子俩,覆盖到“亲属称谓”。如图:

低生命度------------------------高生命度					
无生名词	动物名词	人类名词	亲属称谓(间)	第三人称	第一二人称
		们	们	们	们
			俩	俩	俩
			仨	仨	仨

这种现象并非北京话所独有。从这里我们也可以假设,“们”“俩”“仨”的使用条件与概念的生命度或可别度相关。

与语法范畴相对的是人类语言的表义功能范畴的类型学研究。其中有些范畴与语法范畴有瓜葛。例如我们常见到的比较范畴、致使范畴、程度范畴、情态范畴、否定范畴、领属范畴、人际距离范畴等。

语言类型学研究功能范畴,主要兴趣在于,不同语言在表达相同(或相似)功能范畴所采用的形式手段上有何相同之处或相异之处。拿致使范畴来说,在形式上至少有分析型手段、词汇型手段和形态型手段(Comrie 1989:165—184;Song 1996:19—72)。在形态手段上不同语言所采用的形式也各不相同,“有些语言用粘附性前缀表达,有的语言用粘附性后缀表达;有的语言用动词词根的屈折变化的方式表达。在用动词词根屈折变化方式表达致使范畴的语言里,有的用声母清浊交替的屈折变化方式表达,有的则用韵母屈折变化的方式表达,也有的用声调的屈折变化的方式表达”;词汇手段上,“有的语言则在动词的前面或后面加虚化动词或助词等方式表达”。也有的语言多种表达方式并存,但在使用时有所侧重。(孙宏开,2013)比如藏语,致使范畴通过前缀 s 来表达,例如:grug(破碎)> sgrut(使破碎),nor(错)>snor(使错),rul(腐烂)>srul(使腐烂)。而林布语(尼泊尔境内)则采用后缀的形式,例如:tha(落下)>thas(使落下),tum(遭遇)>tums(使遭遇)等。(孙宏开,2013)

语言类型学研究也对下面的问题感兴趣:在同一功能范畴上,不同语言如果形式手段相同,那么相同的动因是什么?如果相异,相异的动因又是什么?相同或相异之间是否存在关联?假如同一功能范畴在甲语言中采用 A、B、C、D 四种词汇形式表达,而在乙语言中却采用 B、C、D、E、F 形式来表达,在丙语言中采用的是 D、E、F、G 的形式,那么甲乙丙三种语言在形式上就有交集,有同有异,这之间的关系就很有意思,如果有更多语言样本的观察,或许还能发现更多更有意思的现象。例如,研究者所观察的某一功能范畴的外延将随着语言样本的增加而不断扩大,等扩大到一定范围就能足以囊括所有语言的这一功能外延,至此,所有语言都在该特定外延中得到定位和表达。甲语言分布在该外延的某一特定区域,乙语言所分布的区域大部分与甲语言重叠,丙语言在外延上又与甲乙语言有不少重叠。如此种种,我们便能将其描绘成一幅“图谱”(就是所谓的 semantic map,有人翻译为“语义地图”,我们称其为“语义图”),从这个“图谱”中我们能发现人类语言在表达某一特定功能范畴时在形式上的总体规模，也能发现不同语言在表达某一特定范畴方面的特点（对哪些子范畴比较敏感，对哪些子范畴不那么敏感），不同语言之间真正的差异就能显现出来。

6. 理论系统

任何一门科学学科都有自己的一套理论系统。一个好的理论系统具有更一般的普遍性，具有更广泛的解释力。

理论推导的起点是公理。所谓“公理”是指某种理论体系最底层的、无需证明或不言自明的命题，这些命题可以用来推导出该学科具有解释力的理论系统。我们以为，解释人类语言的公理至少有以下（可能被绝大多数学者接受的）两条：

公理1，语言是思想的映射。

公理2，以最小投入获取最大效益（跨物种的本能驱动）。

以上两条公理体现为两条基本原则：

公理1体现为：语言象似性原则。

公理2体现为：语言经济性原则。

象似性原则至少体现为以下五条准则：

(1)时间或事理顺序准则（其中时间顺序见戴浩一，1988）；

(2)高别度领先准则（陆丙甫，1998，2004a），“高生命度领先（Comrie，1981）”和“已知信息先于新信息（Halliday，1985）”等可以归入这一条准则；

(3)类比象似准则（如意义与口形、音量数量与程度、长度与距离、前大后小象似整体，前小后大像似过程等等）；

(4)语义靠近准则（Behaghel's laws，思想中两个关系密切的概念投射为语言结构中两个最靠近的成分）；

(5) 联系项居中准则（Dik，1997，思想中的两个项目以及连接项结构在语言中的直接投射）；

经济性原则主要由心理加工的经济性驱动，至少体现为以下四条准则：

(1)物尽其用准则（刘丹青，2014）

(2)分支方向一致和谐准则(Dryer,1992)

(3)距离标志对应律(陆丙甫,2011,近距离结构使用结构标记是累赘的、远距离使用标记有益于短时记忆及心理操作)

(4)内小外大准则(LU,2009,短时记忆相对距离最短,心理操作最省力,直接成分尽早识别等)

一般认为,理论是一个层级性解释系统。拿上面的系统来说,从公理到准则,该理论系统由高到低逐层加强。因为理论中的范畴抽象得越高,解释力越弱,理论范畴抽象得越低,解释力越强。以上系统中,最高的是公理,其次是原则,再次是准则,最后是规则。反过来,准则是对规则的抽象,原则是对准则的抽象,公理是对原则的抽象。抽象由低到高。在解释力上,规则的解释力强于准则,准则的解释力强于原则,原则的解释力强于公理。以上解释系统的逻辑构架如下:

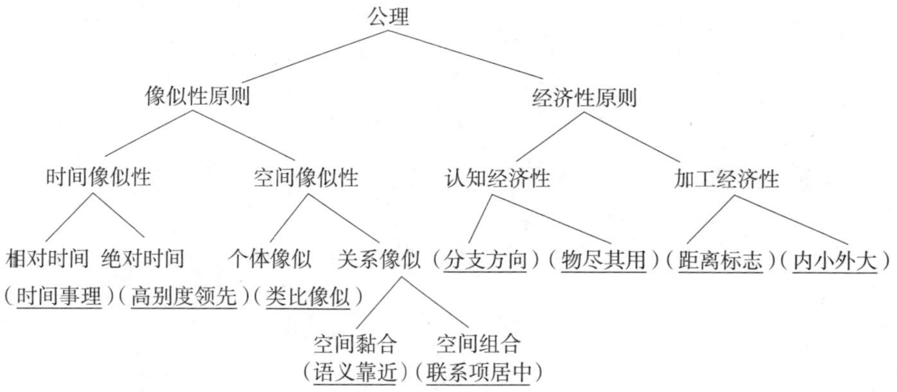

以上公理、原则和准则构成的理论系统还有进一步改善完善的空间,但本书所涉及的问题大部分都可以通过以上理论系统得到解释。

7. 小结

当代语言类型学在研究动机和目标上与形式语言学和功能语言学基本相同,都是寻求人类语言的普遍共性,或对人类语言做出统一性解释,如当代物理学对世界的统一性解释一样。语言类型学不仅要解释人类语言总体上为什么会呈现如此样态,还要解释某一特定的语言为什么会呈现某种特定的样态;人类语言总体上为什么会遵循那些基本原则,某一特定语言在遵循这些基本原则时又有哪些变通或变异，或在一系列基本原则之间采取什么样的策略。因为正是这些基本策略才导致这一语言呈现出某种特定的样态，这些基本策略犹如生物基因，决定了该语言在各个层面上的特定形式。

在研究方法上，语言类型学主要在尽可能多的大规模语言样本的采集、描写和比较的基础上进行抽象或概括，提出可能的理论假设，这些假设大都通过蕴涵共性或语义图等形式来表达。与传统语言学的各个分支学科相似，语言类型学在这些分支领域内有着语言类型学自己的追求，它本着追求相对共性和特异性的宗旨，最后形成的是语音类型学、词汇语义类型学、语法类型学，甚至历时类型学等理论假设。由于语言类型学在方法上表现出大团队合作、大数据共享以及"众包"的特点，其研究成果的普适性似乎是其他语言学研究范式难以与其比肩的，因此它也很可能成为语言学研究最重要的研究范式。

第二章　与VO-OV语序相关的语法项组配

1. 引言

对于人类语言的线性顺序规则以及底层的基本语序究竟是VO还是OV，生成语法学家们观点并不一致。Chomsky(1993)与Kayne(1994)认为是VO，而Fukui & Takano(1998)则认为是OV。这些不同的理论假设是否具有普遍性或许可以通过语言类型的研究进行进一步验证。无论生成语言学家如何假设，语言类型学学者对与VO-OV语序语言相关的一系列语法参项组配进行了抽象与概括。Dryer(1992)根据Greenberg(1963)针对VO语言和OV语言呈现出的一系列倾向性，通过更大规模的语言调查，对这两种语序中相关的句法组配进行了梳理。以下是Haspelmath(2006)以及Dryer(2008)在Dryer(1992)基础上进行总结后得到的与VO和OV语序相关的句法蕴涵组配：

VO语序相关	OV语序相关
1)附置词—名词短语	名词短语—附置词
2)系动词—述谓词	述谓词—系动词
3)'want'—动词短语	动词短语—'want'
4)时/体助动词—动词短语	动词短语—时/体助动词
5)否定助动词—动词短语	动词短语—否定助动词
6)标句词—句子	句子—标句词
7)疑问词—句子	句子—疑问词
8)副词性从属连词—句子	句子—副词性从属连词
9)冠词—N′	N′—冠词
10)复数词— N′	N′—复数词
11)名词—领属词	领属词—名词

12)名词—关系小句　　　　关系小句—名词
13)形容词—比较基准　　　比较基准—形容词
14)动词—附置词短语　　　附置词短语—动词
15)动词—方式副词　　　　方式副词—动词

此外,与VO-OV语序不相关的句法组配有形容词(以及数词及指示词)—名词,程度副词—形容词,还有否定功能词—动词等等。这些成分之间在语序上与VO-OV不相关。也就是说,VO还是OV语言在上面这些成分的语序先后方面没有明显的倾向性。

下面我们先简要介绍一下以往学者们对人类语言的线性顺序规律以及基本语序的探讨(Chomsky & Lasnik 1993;Kayne 1994;Epstein 1998;Fukui & Takano 1998),以及对与VO-OV相关或不相关语法参项组配的解释(Dryer 1992,2008;Hawkins 1994,2004;Haspelmath 2006),然后在此基础上提出认知心理上的"结构优化组配"策略,以此解释与VO-OV相关或不相关语法参项组合的合理性。

2. 生成语法语序研究简述

中心语管辖的方向性在管约论时期是决定语序的一个重要参数。Chomsky & Lasnik(1993:518)认为,语序是由中心语的参数设定决定的,如英语是右分支语言,中心语前置于其补足语,日语是左分支语言,中心语后置于其补足语。但事实上,如上面第一小节所列举的(1)—(15)的句法组配来看,与VO-OV具有相关蕴涵的组合并非全是由中心语管辖的方向决定的,某些相关蕴涵组合成分之间的关系并非体现为中心语—补足语关系(详下)。在与VO-OV相关语法参项组合的解释中,如果说与V位置平行的成分为中心语,其他成分与中心语的顺序依赖于V与O的顺序,但在与VO相关的"副词性从属连词—句子"及"复数词—名词"等组配中,前者并非为生成语法上的中心语,"动词—方式副词"也并非构成中心语—补足语关系。另外不少语言违反了相关蕴涵组配,依据中心语管辖的方向性,这些语言应具有不可学性,但事实并非如此。因而仅仅依赖中心语管辖的方向无法一以贯之地解释跨语言的普遍语序现象,以及各种语法成分顺序为何与VO-OV相关。

Kayne(1994:33)提出了线性对应律(Linear Correspondence Axiom,LCA),以结构层次的高低来决定成分的线性顺序,从而取消了中心语参数。LCA 可表述如下：设 X，Y 为非终端符号，x，y 为终端符号，满足于 X 支配 x，Y 支配 y，如果 X 非对称性 c-统制 Y，那么 x 前于 y。Kayne(1994：18)区分了范畴(category)和片段(segment)，c-统制中的统制成分与被统制成分必须为范畴，片段不能进入 c-统制关系。如下列(1)中三种结构：

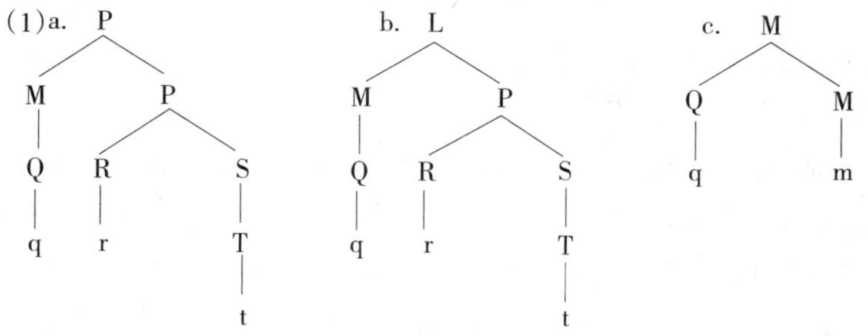

设 A 为有序对集合，d 为非终端—终端支配关系。在(1a)中，M，Q，R，S，T 均为范畴，M 非对称性 c-统制 R，那么 A=〈M，R〉，d(A)=〈q，r〉；R 非对称性 c-统制 T，那么 A=〈R，T〉，d(A)=〈r，t〉，因此 q 和 t 分列 r 的左右两侧。下位的 P 为[P，P]的一个片段，不能进入 c-统制关系，因此 P 不能非对称性 c-统制 Q，也就不存在〈r，q〉的情况。而在(1b)中，M 非对称性 c-统制 R，P 非对称性 c-统制 Q，出现了〈q，r〉和〈r，q〉并存的情况，无法排序，因而(1b)不合法。在(1c)中，下位 M 为[M，M]的片段，且 M 包含 Q，因此 M 不 c-统制 Q；但 Q 不包含 M，Q 的上位节点 M 也支配下位的 M，因此 Q 能够 c-统制 M 且为非对称成分统制，因而 A=〈Q，M〉，d(A)=〈q，m〉，q 总是居于 m 前。这样一来，只存在左向嫁接而不存在右向嫁接的情况，这显然与世界语言的事实不符。Epstein(1998：140)认为 Kayne 的 LCA 对于再合并(remerge)或移位来说是有问题的，因为再合并或移位会改变移位前的非对称 c-统制关系，从而在语音层进行重新排序，如下列(2)：

(2)

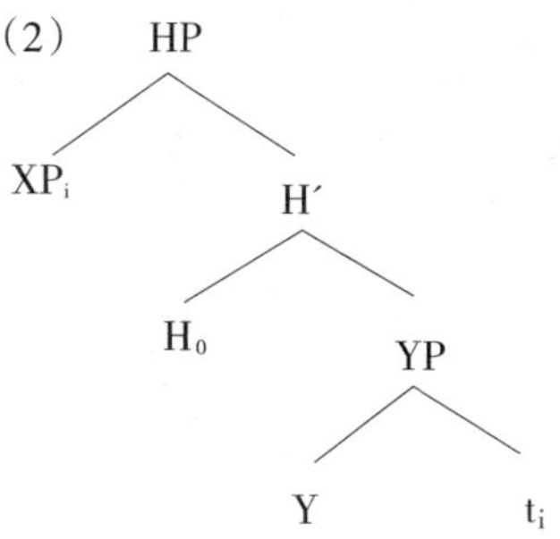

上例 H_0 非对称 c-统制移位之前的 XP，因而 H_0 的终端符号前于移位前 XP 的终端符号；当 XP 移位至[Spec，HP]位置后，XP 非对称 c-统制 H_0，因而

XP 的终端符号前于移位前 H_0 的终端符号，这显然形成了矛盾。因此戴曼纯(2004)认为，语序只依赖于非对称性 c-统制关系，线性对应律对于语序不起作用，因为如果某语类 X 在合并操作结束后非对称性 c-统制 Y，则 X 前于 Y，X 留下的语迹不进入决定顺序的非对称性 c-统制关系。Epstein(1998:151)将 LCA 修正为：如果 X c-统制 Y，那么 X 的终端符号前于 Y 的终端符号。但由于这个定义无法解决姊妹节点之间的对称性 c-统制关系所造成的排序矛盾问题，Epstein(1998:152)进一步提出了先后分辨原则(Precedence Resolution Principle，PRP)，即如果句法操作 O 使得两个语类(不一定为不同语类)对称性相互 c-统制，那么在利用 LCA 确定语序时忽略其中一个语类的所有 c-统制关系。对于中心语和其补足语之间的位置来讲，如果某语言的语音层忽略能投射的中心语的 c-统制关系，那么该语言是中心语居后语言(OV)，如果某语言的语音层忽略不能投射的补足语的 c-统制关系，那么该语言是中心语居前语言(VO)(Epstein 1998:156)。PRP 显然是一条强制性规定，并且也忽视了中心语总是非对称性 c-统制其补足语的最小投射词项的情况。

Kayne(1994)认为，[Spec，XP]位置实际是一个嫁接位置，X′层并不存在，或者 X′只是 XP 的一个下位片段，X′不能进入 c-统制关系，这个观点与 Chomsky(1994，1995)认为 X′是不可见的观点异曲同工，因此标志语非对称性 c-统制中心语，即所有语言的标志语都前于中心语，而中心语总是非对称性 c-统制其补足语的最小投射的终端符号，那么世界所有语言以合并操作生成的语言都是“标志语—中心语—补足语”的顺序(Spec-Head-Comp)，即 SVO 语序，其他非 SVO 语序都由移位形成，如日语等形态丰富的 SOV 语言是通过强特征触发移位生成的，这与 Chomsky(1993)认为存在潜在的无标记 VO 语序的观点相同。

Chomsky(1991，1993)认为，移位需要满足于一定的形态特征，如动词和名词的屈折特征，强特征触发显性移位，弱特征时则发生位于逻辑层的隐性移位。因此 Chomsky(1993)将类似 VO 与 OV 的语言类型差异归于 AgrOP 特征的强弱程度，在某些语言中这些特征弱，可以在拼读后核查，尽管 O 可以移位于 AgrOP 的标志语位置，但移位是隐性的；而在某些语言中这些特征强，必须在拼读之前进行核查，从而触发显性移位。但问题是，跨语言移位的参数如何设定？根据 Haspelmath(2006)，不同语言之间存在大量的不对称现象，如只有后置词与其 NP 补足语存在一致关系，SOV 语言中通常不存在 wh-移位，以及动词只能前移而不能后移等等。

语序在最简方案的架构中与语音层有关，而与显性的句法运算以及隐性的逻辑层无关。Fukui & Takano(1998)基于光杆短语结构理论(bare phrase structure theory)(Chomsky 1995)提出了推导对称性原则(symmetry principle of derivation)，在语音层建立了一套与句法运算显性合并顺序相反的自上而下的分解(demerge)操作程序。语音层的分解操作与最大投射相关，自上而下的最大投射依次分解，这样一来，作为最大投射的标志语与补足语先被分解，而非最大投射的中心语则在最后与标志语和补足语按照分解顺序进行联结，从而推导出“标志语—补足语—中心语”(SOV)为世界语言基本语序。Fukui & Takano(1998)抛弃了只有短语语类才能移位至标志语位置的限制，认为轻动词的特征在 VO 和 OV 两种语序的语言中不同。

在 VO 语言中，轻动词具有吸引动词提升移位的特征，动词 V 需提升至[Spec, *v*P]位置，从而使动词 V 成为最大投射的标志语，按照自上而下的分解顺序 V 最先被分解，而其底层的补足语最后分解，因而 VO 语序语言的底层结构实际上是 OV 语序。

但是这种最大投射分解操作无法解释英语 DP 中 D 与 NP 的顺序以及 CP 中 C 与 IP 的顺序，首先分解的应是作为最大投射的 NP 与 IP，而非中心语 D 和 C。Fukui & Takano 不得已假设像英语中的限定词 the 以及标句词 that 是分别位于 DP 和 CP 标志语位置的核查成分，分别核查限定词和标句词的特征，这样限定词 the 与标句词 that 摇身变成了首先被分解的最大投射。

邓思颖(2000)认为，虽然英语 CP 内部词序的问题解决了，但是无法区分标句词 whether 和 if 在句法中的差异。另外，我们认为，Fukui & Takano(1998)提出的 VO 语言中动词 V 受轻动词的吸引提升移位至 *v*P 的标志语位置假设违反了 EPP 特征核查和中心语移位的限制，移位动因明显不足，存在主观使动词 V 成为最大投射的嫌疑。

对于人类语言的基本语序究竟是 VO 还是 OV，学者们众说纷纭。熊仲儒(2002)曾以汉语“V-R”和“V-P”为例论证了基本语序可能是[S[h[C[H]]]](SOV)，而[S-H-C](SVO)语序是由前者推导出的。

一个比较合理并且可行的理论假设是，如果根据 Koopman & Sportiche(1991)的 VP 内部主语生成假设(VP-Internal Subject Hypothesis)，假设底层是 SOV 语序，可以移位生成 VSO 和 SVO 语序，但底层如果是 SVO 语序，可以生成 VSO 语序，但不能生成 SOV 语序，因为 O 不能移位至 VP 的标志语位置，O 的非解释性特征已经得到核查，从经济性和利己性原则来看,没有移位的动因。另外,从儿童语言习得、聋哑人的自然手语以及世界多数语言的语序演变倾向来看,SOV 或许是比 SVO 更普遍的基本语序。

3. Dryer 的 BDT 理论解释

Dryer(1992)试图建立"中心语—依附语理论"(Head-Dependent Theory,HDT)和"中心语—补足语理论"(Head-Complement Theory,HCT)来解释与 VO-OV 对应的一系列句法配置。从 HDT 与 HCT 理论来看,与 VO-OV 对应的句法组合中,与 V 位置平行的成分为中心语,与 O 位置平行的为依附语或补足语,这与生成语法中的中心语参数的思路一致。然而,不同语言学流派或学者对中心语—依附语或补足语的区分在很多情况下无法达成共识,比如标句词和句子,冠词和名词等等。为此,Dryer(1992)提出左右分支方向理论(The Branching Direction Theory,BDT)试图对相关组合进行预测。该理论由三组定义构成:

定义(i) (Dryer 1992:109):
与 V 位置平行的成分为非短语(非分支、词汇)语类,与 O 位置平行的为短语(分支)语类。即,有一对成分 X 和 Y,如果 VO 语言比 OV 语言显著地采用 XY 语序,当且仅当 X 是一个非短语语类,Y 是一个短语语类。

定义(ii) (Dryer 1992:114):
与 V 位置平行的成分是不能完全递归的非短语或短语语类,与 O 位置平行的成分是主要成分树中能够完全递归的短语语类。即,有一对成分 X 和 Y,如果 VO 语言比 OV 语言显著地采用 XY 语序,当且仅当 X 是主要成分树中不能完全递归的短语语类,Y 是主要成分树中能完全递归的短语语类。

定义(iii) (Dryer 1992:116):
与 V 位置平行的成分是中心语,与 O 位置平行的成分是能够完全递归的短语依附语。即,有一对成分 X 和 Y,如果 VO 语言比 OV 语言显著地采用 XY 语序,当且仅当 X 是中心语,Y 是 X 的短语依附语。

定义(i)是针对 HDT 提出的,用非短语语类和短语语类分别代替了中心语和依附语,非短语语类和短语语类表示分支方向。定义(iii)是一个可选定义，前提是规定了与 V 位置平行的成分必须是中心语。定义(ii)是定义(i)的修正版，因为在与 VO-OV 相关的参项中，与 V 位置平行的成分有的是短语语类(如名词＋领属结构 a picture of John 中的 a picture)，而有的是非短语语类(如冠词＋名词 a picture 中的 a)，在表示分支方向上，用能否完全递归的概念代替了非短语语类和短语语类。

但是问题来了，在名词＋领属结构 a picture of John 中，a picture 与 V 位置平行，领属结构 of John 与 O 位置平行，光杆名词 picture 前面可以添加无穷多的形容词做修饰语，这是否也是能够完全递归的短语语类？答案如果是肯定的话，由于 John 后面也可以接无穷多的修饰成分，那么 a picture of John 就成了一个左右都可以无穷分支的结构。Dryer 给出的解释是，名词前无论添加多少形容词，前置形容词与名词的组合不是短语语类，只有与冠词 a 合并才能形成短语语类，因此"不能够完全递归的短语语类"是针对冠词 a 和名词 picture 的组合来讲的，前置形容词不在考虑范围内。例如 Dryer 对下列 a good picture of John 的树形图分析：

(3)
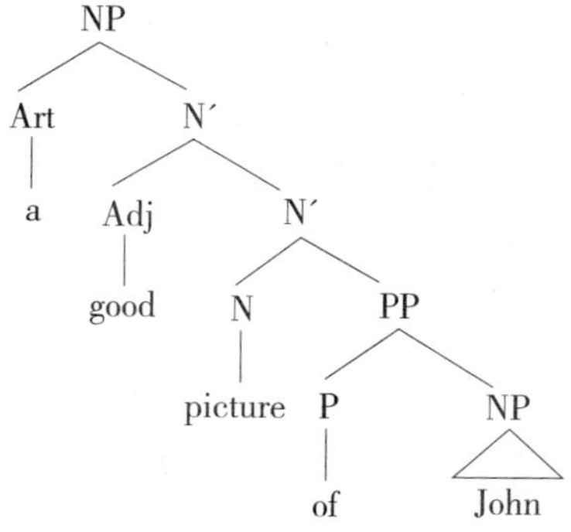

在(3)中，节点 Adj 与其同层节点 N′合并后形成上位节点 N′，形容词的添加并没有改变 N′的语类(比如最大投射 NP)，只是增加了一个层次而已，在这种情况下，下位的 N′成分被定义为"次要成分(minor constitutes)"。次要成分可以具体表述为，如果某一节点被同一语类的另一节点支配，并且该节点作上位支配节点的中心语，那么该节点成分为次要成分。次要成分与其姊妹节点成分之间的顺序超出了 BDT 的预测范围。冠词 a 与最上位节点 N′成分合并后成为 NP 语类，Art 与最上位节点 N′成分被称为"主要成分(major constitutes)"，主要成分之间的顺序是 BDT 所能够预测的。因此 Dryer 认为，冠词和名词的顺序与 VO-OV 相关是 BDT 能够预测的，形容词和名词的顺序与 VO-OV 不相关则是 BDT 所不能预测的。同样的道理，BDT 也能够正确预测，时/体助动词(tense/aspect auxiliary verb)和 VP 之间的顺序与 VO-OV 相关，而时/体功能词（tense/aspect particle）和 VP 的顺序与 VO-OV 不相关。如下列树形图分析：

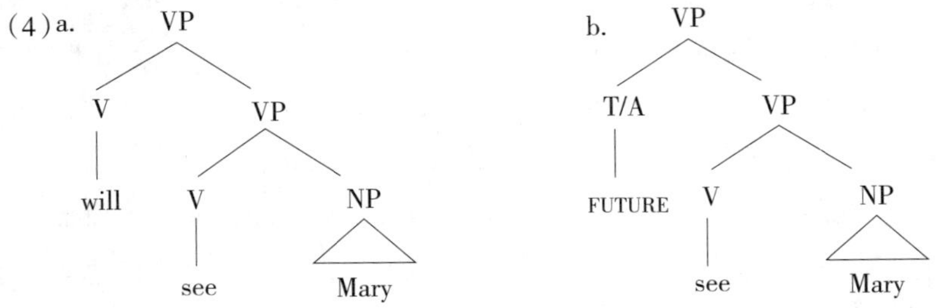

在（4a）中，助动词 will 是中心语，下位 VP（see Mary）是补足语，树形图中的任何成分都不满足"次要成分"的定义，都是"主要成分"，因此 V-VP（will see Mary）的顺序以及 V-NP（see Mary）的顺序都与 VO-OV 相关均是 BDT 能够正确预测的。但是在（4b）中，T/A 节点的时/体功能词（FUTURE）是附加语，下位 VP（see Mary）是中心语，下位 VP 受同一语类的上位 VP 直接支配，同形容词和名词的合并类似，下位 VP（see Mary）是次要成分，因此时/体功能词 T/A（Future）与下位 VP（see Mary）之间的顺序是 BDT 不能预测的。

Dryer 认为，由于次要成分节点与其姊妹节点之间的顺序不在 BDT 的预测范围内，因此次要节点可以删除，使次要节点的女儿节点直接成为次要节点母节点的女儿节点，从而使原来包含次要节点的树扁平化，扁平化的树被称为主要成分树。如下图（5a），如果 C 受 A 支配，且 C 和 A 为同一语类，并且 C 为中心语，那么 C 节点为次要成分，忽略节点 C，就得到扁平化的主要成分树（5b）。

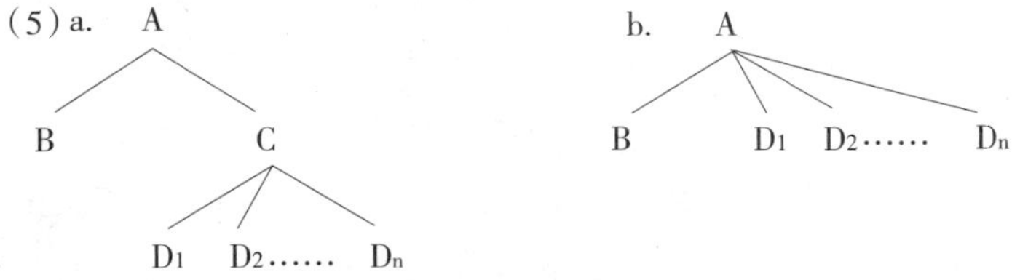

同理，在（4b）中删除作为次要成分的下位 VP 节点，得到主要成分树（6a）；在（3）中删除作为次要成分的下位 N′节点，得到主要成分树（6b）。Dryer 强调 BDT 适用于主要成分树的解释。如在（6a）中，由于时/体功能词与动词皆为非短语语类，根据 BDT 定义（ii），两者的顺序与 V 和 O 的顺序不相关；在（6b）中，我们先看 N′支配的节点，形容词（good）和名词（picture）都是非短语语类，两者的顺序与 V 和 O 的顺序不相关，而 N 和领属结构 PP 则符合 BDT 定义(ii),两者的位置分别与 V 和 O 平行,因此 N-领属 PP 与 V-O 相关。实际上在例(3)中,名词(picture)为中心语,介词短语(of John)为补足语,虽然 N′支配 N,但两者不属于同一语类,不满足次要成分的定义,因此名词和领属成分的顺序也是 BDT 所能预测到的。再看(6b)中最上位节点 NP 支配的节点 Art 和 N′,冠词是不能完全递归的非短语语类,N′虽然是介于 N 和 NP 之间理论上的层次,但不等同于 NP,也是非短语语类,因此 Art 和 N′的顺序预测又被 BDT 定义(ii)排除在外,这显然与 Dryer 所规定的"主要成分"之间的顺序能够被 BDT 预测相矛盾,也与语言事实不符,Art 和 N′的顺序与 V 和 O 的顺序呈显著相关。

(6) a.　　　　　　　　　　　　b.

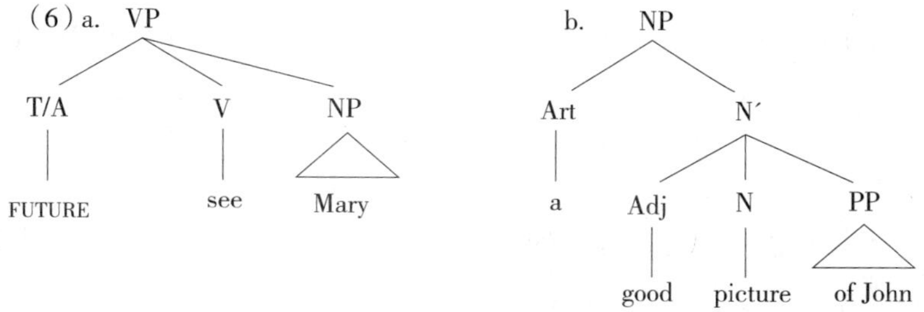

总体上看,Dryer(1992)的 BDT 理论实际上既规定了分支方向,也说明了 BDT 所能够解释的范围,在与 V 和 O 相关的语法参项组合顺序方面作了一定程度上的正确预测,但 Dryer 的解释仍然存在问题,比如他的解释排除了(6b)中 Art 和 N′的顺序,此外,BDT 也无法预测 VO 语言中的动词—方式副词以及复数词— N′的顺序与 VO-OV 相关,因为方式副词在 VO 语言中是与 O 位置平行的非短语语类,但事实上 VO 语言中依旧有不少语言的方式副词处在动词之前(14:44)。更重要的是,BDT 理论只是对某些特定的句法组配是否与 VO-OV 相关的一个预测,但本章开头所列举的那些句法组合为什么与 VO-OV 相关或不相关,Dryer(1992)的解释还不很充分。

4. Hawkins 的 CRD-EIC-MiD 理论解释

Dryer(2008)认识到了BDT 理论的局限性,借用了 Hawkins(1994,2004)的成分识别域(Constitute Recognized Domain,CRD)理论对我们前面讨论过的一些与 VO 或 OV 语序相关的句法组合作了补充解释。CRD

是指识别短语或句子直接成分需要处理的词语范围，一个短语或句子的成分识别域越小，该短语或句子就越受到偏好。Hawkins(1994:57)提出了直接成分尽早识别原则(Early Immediate Constitutes，EIC)以及领域最小化原则(Minimize Domains，MiD)(2004:31)，这些原则可以用来解释核心词毗邻现象。EIC 是从人对自然语言进行心理加工的角度，或者从认知心理角度来解构短语或句子的，而 MiD 则是基于 EIC 原则来建构短语或句子的，实际上是同一个问题的不同侧面。MiD 要求，在表达相同意义的不同结构中，选择领域最小的结构，其大小根据直接成分数与单词数的比例计算，比例越高，效率越高，处理就越容易，越受到心理加工的偏好。以下列表达相同意义的两个句子为例(Hawkins 1994:57)：

(7) a. I $_{VP}$[gave $_{NP}$[the valuable book that was extremely difficult to find] $_{PP}$[to Mary]]

1 2 3 4 5 6 7 8 9 10 11

b. I $_{VP}$[gave $_{PP}$[to Mary] $_{NP}$[the valuable book that was extremely difficult to find]]

1 2 3 4

(7a)有 3 个直接成分(VP，NP，PP)和 11 个词语，处理效率为直接成分数与单词数的比例，3/11＝27.27％；(7b)有 3 个直接成分(VP，PP，NP)和 4 个词语，处理效率为 3/4＝75％。因此(7b)的处理效率高，所以更容易受到说话人的偏好。

Hawkins 的这一理论存在两个问题：其一，该理论离不开 the，a，以及介词这样的“构件范畴”(constructing category)，如果没有构件范畴就无法应用；其二，过分依赖于成分的重度(heaviness)，对于相关成分的重度没有差别的语序无法解释 。Lu(2009)指出，a big white dishwasher 与 a dazzlingly white，big dishwasher 两个短语中的 CRD 及直接成分数与单词数的比例均相同，但语序不同，究其因应是前者遵循了“语义靠近原则”，后者是“内小外大”或“内轻外重”原则压倒了“语义靠近原则”，“内小外大”的优势在于，语序的选择不过度依赖于各相关成分的标记词(构件成分)，并且“内小外大”能够概括 Hawkins 用 CRD 分析的所有现象。

那么 CRD-EIC-MiD 理论能否对与 VO-OV 相关的语法参项组合做出合理的解释？请看下列(8)中对 V-O 顺序与附置词-NP 顺序的分析(Haspelmath，2006)：

（8）a.

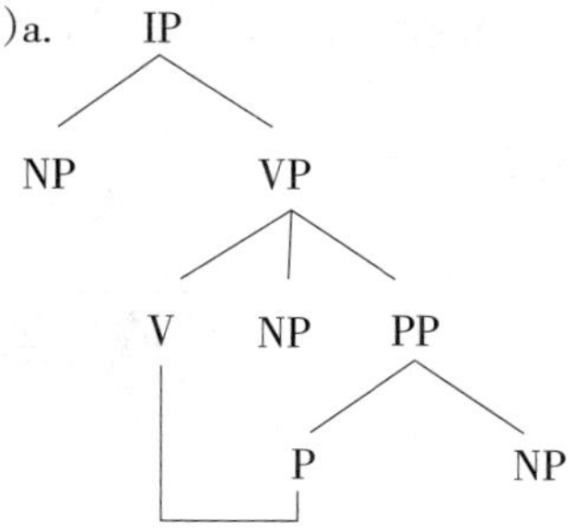

SVO-前置词（常见）
直接成分数/词语数：3/4（75%）

b.

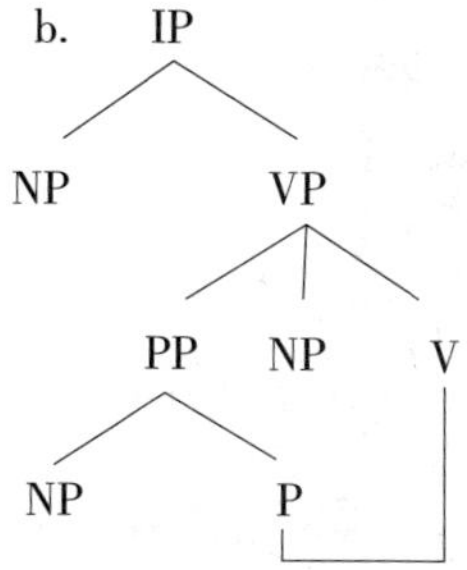

SOV-后置词（常见）
直接成分数/词语数：3/4（75%）

c.

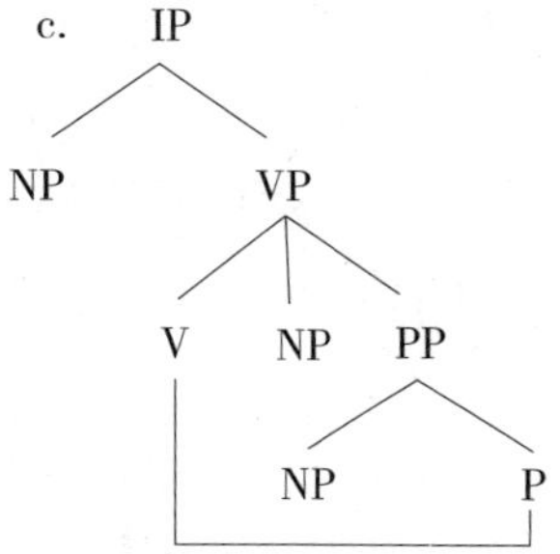

SVO-后置词（罕见）
直接成分数/词语数：3/6（50%）

d.

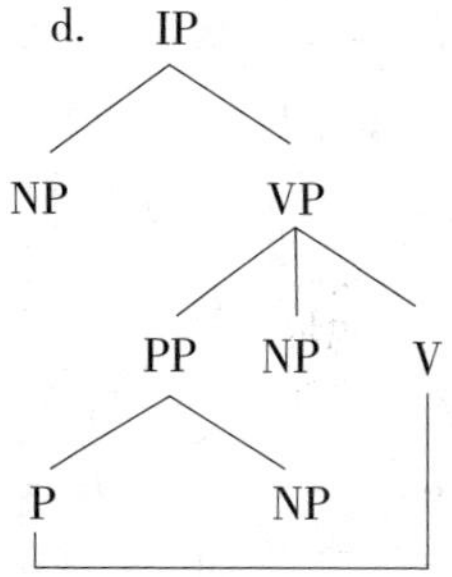

SOV-前置词（罕见）
直接成分数/词语数：3/6（50%）

在(8)的四个树形图中，直接成分都为 3 个，即 NP(S)、VP(V+O)、PP(P+NP)。但对于 CRD 的词语数，SVO-前置词少于 SVO-后置词，SOV-后置词少于 SOV-前置词，因此前者的处理效率高于后者。实际上(8)的四个树形图既说明了附置词是与 V 位置平行的成分，附置词补足语是与 O 位置平行的成分，也说明了在 V 与附置词短语的位置关系中，相对于 V 来讲，附置词短语是与 O 位置平行的成分。

Dryer(2008)认为，句法结构的建构与解构都是基于语义单位的组配做出的，较难处理的结构是因为语义成分的组配难以识别，因此如果 BDT 只依赖独立于语义的句法结构进行成分组配分析，那么它就不适宜作为一种解释理论。且不论句法结构是扁平的还是有层级的，扁平树形图实际上体现的是语义结构，如果 BDT 理论不能有效解释扁平树形图结构，也就无法解释语义结构，更无法对语序相关组配做出合理解释。Dryer 抛弃了有层级结构树形图中次要成分的定义，主张在扁平树中进行成分组配分析，比如下列(9a)的扁平树结构为(9b)，那么 BDT 能否对其做出合理的解释？

(9)

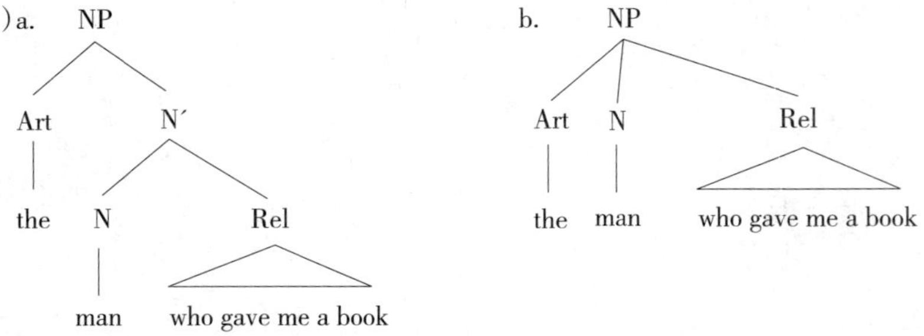

扁平树(9b)显示,与冠词合并的是光杆名词和短语语类关系小句,但是一般认为,与冠词直接合并的并非是短语语类,而是光杆名词,当然光杆名词前可以添加作为修饰语的非短语语类如形容词及数词,从语义单位的组配角度来看,关系小句只是冠词与名词合并后成分的附加修饰,即[[ArtN]Rel],该组配方式与形容词或数词+名词+关系小句([[Adj/NumN]Rel])的组配方式相似,这样一来便出现了问题,为什么在与 VO-OV 相关的语法组配中,冠词是与 V 位置平行的成分,而形容词或数词却不是,因而 Dryer 不得不承认,这种情况 BDT 无法解释。

Dryer(2008)将 CRD 应用到了与 VO-OV 相关蕴涵的语法参项组合解释中,首先看下面以冠词、名词及关系小句的位置关系为例两个扁平树的 CRD 情况:

(10)

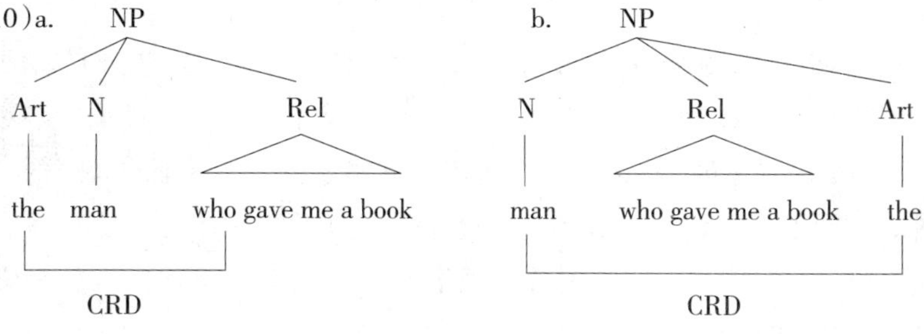

(10a)的 CRD 很明显小于(10b)的,即(10a)优于(10b),但是这个论证存在问题,因为结论似乎是,无论是 VO 语言还是 OV 语言,(10a)总是受偏好的结构,Art 与 N 的位置关系证明并没有涉及 V 和 O 的位置关系,问题是为什么 VO 语言倾向于 ArtN(冠词—名词),而 OV 语言倾向于 NArt(名词—冠词)。根据 Dryer(1992)的统计,VO 语言倾向于 ArtN 及 NRel(名词—关系小句),OV 语言倾向于 NArt,而实际上 NRel 与 RelN 在 OV 语言中并没有绝对的倾向性,RelN 略占优势。从 CRD 的大小来看,一种语言如果是 OV 且为 RelN 语序,CRD 预测的偏好结构就会有两种情况,即 RelNArt 或者 RelArtN,但绝不是 ArtRelN,因为 Art 和 N 之间隔了整个内嵌关系小句。一种语言如果是 OV 且为 NRel，那么根据 CRD 的大小，它偏好的结构应该也是两种情况，即 ArtNRel 或者 NArtRel，ArtNRel 语序与 VO 的偏好结构相同，即（10a），但不论是 ArtNRel 还是 NArtRel，CRD 对于 OV 且为 NRel 的预测结果都是错误的，事实上是 OV 且为 NRel 语言仍然弱倾向于 NArt 顺序，这一点与 OV 且为 RelN 语言相同，OV 且为 NRel 语言既没有采用 ArtNRel 也不倾向于 NArtRel（Koyraboro Senni 语采用了后者，但极为罕见），而是倾向于 CRD 较大的 NRelArt，比如藏缅语族的雷布查语（Lepcha）就采用了 NRelArt 语序。

从逻辑上讲，冠词、名词、关系小句三个成分如果并存的话，共有 3×2×1=6 种可能，即下列（11），（12）是分别对（11）的 CRD 图示：

（11）a.Art-N-Rel；b.Art-Rel-N；c.N-Art-Rel；
d.N-Rel-Art；e.Rel-Art-N；f.Rel-N-Art。

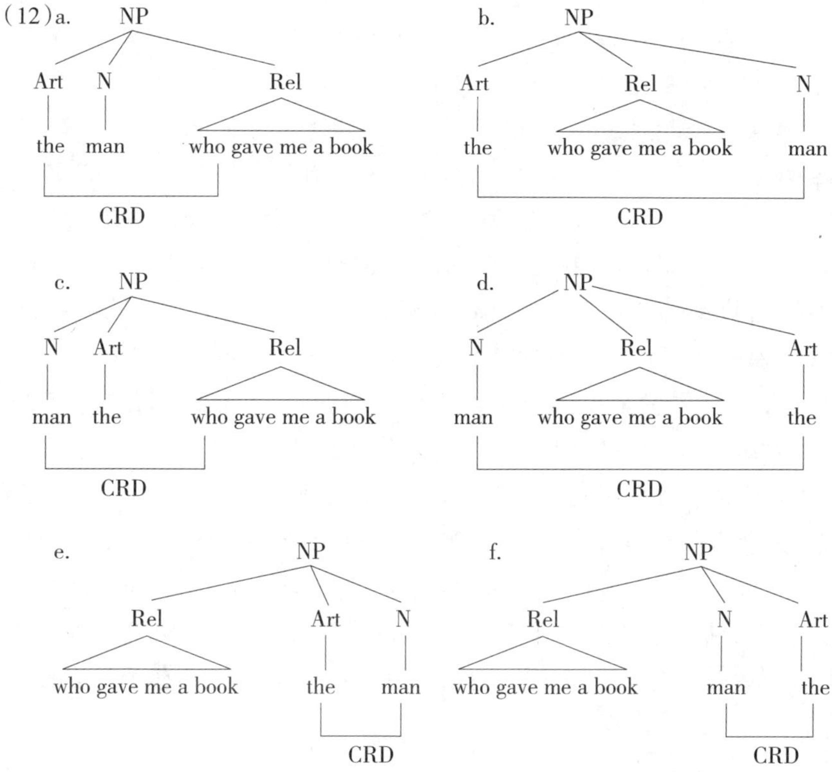

首先看 VO 语言冠词前置于名词（ArtN）的情况，（12a），（12b）及（12e）均是 VO 语言的可选项，根据 CRD 中词语的数量大小，（12e）应是优选项，（12b）应是排除的，但 VO 语言大都选择了（12a），那么需要寻求优于 CRD 的其他因素。Dryer（2008）认为，学者们比较一致的观点是，在名词的修饰

成分中，修饰语靠近名词的距离与修饰语表达名词的内在属性程度相关，越是表达名词内在属性的修饰语越靠近名词。而冠词通常置于名词的边缘位置，因为它不表达名词的内在属性；另一个佐证是，很多语言中缺少冠词这个范畴，Dryer(2008)的统计是：在 OV 语言中，有冠词和没有冠词的语言比例为 183/101，而 VO 语言中则为 312/57。基于以上原因，VO 语言中拥有最小 CRD 的(12e)就被排除了。

我们再看 OV 语言中冠词后置于名词(NArt)的情况，OV 语言可选项是(12c)，(12d)及(12f)。(12c)与(12e)的情况相同，首先排除。在(12d)和(12f)中存在 NRel 和 RelN 两种搭配，符合 OV 语言的实际情况，(12f)的 CRD 最小，是 OV 语言中 RelN 语序的优选项；但是(12d)尽管 CRD 包含了整个内嵌关系小句，却是 OV 语言中 NRel 语序最后的选择。实际上，采用 NRelArt 语序的 OV 语言很多，Dryer(2008)的解释是，如果将 OV 中的 O 替换为 NRelArt，那么得到 NRelArtV，冠词在 OV 这种结构中起了标示关系小句结尾的作用，有助于认知心理上的处理。

从以上分析中可以看出，CRD 并非是决定语法参项组合是否与 VO-OV 相关的唯一因素，是否相关蕴涵还有其他因素在起作用。另外，Art 与 Rel 两者与名词的顺序为何与 VO-OV 相关存在着循环论证。CRD 对汉语中关系小句与名词的位置关系也无法做出解释。CRD-EIC-MiD 只是 Hawkins(2004)提出的衡量语法效率的三个准则之一，另外两个准则是形式最小化(Minimize Forms，MiF)与在线处理最大化(Maximize On-line Processing，MOP)，形式最小化是指力求以尽量少的语言形式表达尽可能多的语值，与领域最小化类似，也是涉及语言输出，形式最小化不可避免地会导致语言形式的歧义和含糊。而在线处理最大化是指将尽可能多的语值赋予每个语言形式，与直接成分尽早识别原则相似，在语言解读上，在线处理最大化可能会引起错误赋值，花园幽径句是典型的例子，例如在处理英语句子 The horse passed the barn fell 时会对 passed 错误赋值，解决方法是将 S 的关系小句前置，但是关系小句在 SVO 语言中，不可能倾向于“前置于 S 而后置于 O”，因而只能选择在关系小句前添加关系代词加以标示。

5. 语序类型与结构优化组配

针对以上问题，我们试图从语序的结构优化角度提出新的解释。

我们已知，由 S、V、O 三个成分组成的 6 种语序中，SVO、SOV、VSO

是优势语序，三者相加占目前所调查统计到的 1377 种语言中的 83%强（参见 wals 第 81 章），而 VOS、OVS、OSV 是劣势语序。一般认为，相对于 S，V 与 O 倾向于先组合为一个结构体，O 为 V 的内部论元，与 V 的关系更为紧密，它所遵循的是语义靠近原则（Bybee 1985；Givón 1991；Lu 1998）；相对于 S 和 O，V 为结构核心；从可识别度上讲，S 通常高于 O。那么，SVO 与 SOV 都遵守了高可别度领先原则（陆丙甫 1998）和语义靠近规则，VSO 语言则遵守了高可别度领先原则但违背了语义靠近原则。VOS 与 OVS 语言遵守了语义靠近规则却违背了高可别度领先原则，OSV 语言则同时违背了这两项原则。这两项原则的竞争与合作是决定上述 6 种语序优劣的重要动因，其中高可别度领先原则是比语义靠近原则更高的原则（金立鑫 2007：287—288）。

由于一系列语法参项组合与 VO-OV 直接相关，可以认为 V 与 O 的组合方式是决定语序的一个重要基因。但问题并非如此简单。从分支方向来讲，V 与 O 的组合决定了语言语序是左分支还是右分支，根据结构和谐理论（Greenberg 1963），VO 语序中的修饰语[①]应该向右分支，而 OV 语序中的修饰语则应向左分支，但事实是，在 SVO、SOV、VSO 三种优势语序语言中，修饰语的左右分支方向并非是整齐划一的。在与 VO-OV 相关或不相关的一系列语法参项组合中，动词与方式副词的组合顺序与 V 和 O 的组合顺序相关，方式副词相对于动词的语法位置方向与 O 的分支方向一致，根据 Dryer（1992）的数据统计，在 OV 语言中，方式副词—动词与动词—方式副词的组配比例为 64∶6，而在 VO 语言中方式副词在动词前后的比例为 14∶44，总体来看，方式状语本身有微弱前置倾向，可能是因为方式副词不像形容词那样有更为强势的谓语性。

如果说方式副词与动词在语序上还呈现出语序倾向，与 VO-OV 基本相关，那么形容词与名词的组合顺序就与 V 和 O 的组合顺序基本无关了。“名词—形容词”与“形容词—名词”在 OV 语言中的组配比例为 74∶55，在 VO 语言中比例为 55∶40，总体上形容词在两种语言中极弱倾向后置于名词。以上这两种情况均是 BDT 理论和 CRD 理论无法做出合理解释的，我们认为这与左右分支与认知心理上的结构优化组配策略密切相关，其中有多项功能原则或规则在起作用。下面我们在 SVO、SOV 及 VSO 三种优势语序语言中，对形容词定语和副词性方式状语在左右分支语序中的分布

① 这里主要指典型形容词定语和副词性方式状语，为保持简洁性，我们分别用形容词和方式副词代替。

倾向究竟与哪些认知心理上的原则或规则的竞争与合作有关作简单的逻辑推导。

从核心 V 的语法位置上来看，SOV 与 VSO 是两种极端的语序，SOV 应为修饰语左分支，而 VSO 应为修饰语右分支，从结构和谐的角度来讲，这是最合理的语序策略，那么这种和谐语序在认知心理上遵守的结构优化组配规则是什么？

我们认为，这与动词 V 凸显规则与语义靠近规则及名词短语整体化规则①的竞争与合作相关（于秀金、金立鑫 2011）。由于形容词和方式副词在不同语法位置上述谓性强度不同，两者尽可能远离动词 V 的语法位置，以弱化自身的述谓性而凸显 V 的述谓性。如在 VO 语言中，方式副词尽可能后置于 V 以降低其自身的述谓性；而在 OV 语言中，则方式副词尽可能前置于 V 以降低其自身的述谓性。形容词定语的位置同样如此，OV 语言中，形容词尽量居于名词前，而在 VO 语言中，形容词则尽可能居于名词后。那么上述三个认知心理规则在 SVO、SOV 及 VSO 语序中具体是如何互动从而成为决定形容词与名词、方式副词与动词组配顺序的驱动力的，还需要进一步讨论。

在 SOV 语序中，形容词和方式副词尽可能左分支，如果构成[[$_{\text{〈方式副词〉}}$][$_{\text{〈形容词〉}}$S][$_{\text{〈形容词〉}}$O][V]]结构（方式副词也可置于 S 和 O 之间），那么同时遵守了动词 V 凸显规则、语义靠近规则及名词短语整体化规则，三个规则和谐相处；因此在 SOV 中，形容词倾向前置于名词，方式副词也倾向前置于动词是最合理的结构配置。

而在 VSO 语序中，形容词和方式副词尽可能右分支，构成[[V][S$_{\text{〈形容词〉}}$][O$_{\text{〈形容词〉}}$][$_{\text{〈方式副词〉}}$]]结构，这种语序策略遵守了动词 V 凸显规则，但同时违背了语义靠近规则与名词短语整体化规则，在规则竞争中动词 V 凸显规则为更高规则，那么 VSO 的优势语序是：形容词倾向后置于名词，方式副词也倾向后置于动词。

在 SVO 语序中，由于 VO 为核心，形容词和方式副词应尽可能右分支，即构成[[S$_{\text{〈形容词〉}}$][V][O$_{\text{〈形容词〉}}$][$_{\text{〈方式副词〉}}$]]结构，可以看出，方式副词尽可能后置于动词同时遵守了动词 V 凸显规则与语义靠近规则。但形容词后置出现了问题，S 和 O 的定语形容词均能够对各自的核心构成强述

① 陆丙甫（2011），与金立鑫的通讯交流。即人类对语法结构具有“前重后轻结构紧凑，前轻后重结构松散”的认知心理倾向。定语成分通常比名词复杂，形成“前重后轻”格局，该格局具有更强的整体性；相反，“前轻后重”格局具有更显著的分离性。

谓，尤其是 S 的定语形容词后置直接影响了动词 V 的述谓凸显，如果使 S 的定语前置就能避免这种情况，但问题是，在特定语序语言中不可能出现 S 的定语前置而 O 的定语后置的倾向，那么更优或更和谐的语序是使 S 和 O 的定语形容词均前置，从而构成[[〈形容词〉S][V][〈形容词〉O][〈方式副词〉]]结构，这种语序遵守了名词短语整体化规则，但却违背了语义靠近规则，可以看出，该语序的构成实际上是更高规则动词 V 凸显规则起了深层推动作用。那么在 SVO 中，形容词倾向前置于名词，而方式副词则倾向后置于动词。

通过以上 SVO、SOV 及 VSO 三种语序语言中的结构优化组配策略来看，在 SOV 语言中，优势语序是形容词倾向前置于名词，在 SVO 与 VSO 语言中，形容词与名词的优势顺序有前置和后置两种情况，由于采用 SVO 语序的语言远远多于采用 VSO 语序的语言，我们可以得知，形容词倾向前置于名词的优势语序理论上应该多于形容词后置于名词的配置。那么，在 SOV、SVO 和 VSO 三种语言的优势语序中，总体数量上应该是形容词倾向前置于名词。

但是这种理论推导与 Dryer(1992)所统计的结果是形容词极弱倾向后置于名词并不一致，我们认为有两个方面的原因：一是 Dryer 照顾了语言选取的地理均衡性，数据中包含了 VOS、OSV 及 OVS 三种劣势语序语言，忽略了 SVO、SOV 及 VSO 语序语言在人类语言中的压倒性数量优势，假如 VOS 和 VSO 选多了而 SVO 选少了(VO 语序)，或者 OSV 和 OVS 选多了而 SOV 选少了(OV 语序)，统计结果都会有很大的偏差；二是我们只讨论了形容词具有谓词性的语言，还有语言中的形容词是体词性的，在这些语言中可以忽略述谓性限制，如果根据分支方向的和谐性来看，形容词在 SVO 和 VSO 语言中应后置，而在 SOV 中应前置，而 SVO 和 VSO 两种语言的总数量与 SOV 的数量不相上下，如果在语言选取上只考虑地理的均衡性，就有可能造成在 SVO、VSO 及 SOV 语言选取上的数量不均衡，从而作为体词的形容词前置于名词或者后置于名词的统计结果均有可能发生。因此，在语言选取上，统计数据中不同语序语言的数量均衡性在某种程度上要比地理均衡性更重要。这个问题还需要进一步讨论和验证。

无论如何，我们在 SOV、SVO 和 VSO 三种语言中形容词具有述谓性的情况下，证明了形容词与名词的顺序与 VO-OV 不相关。但是方式副词在 OV(SOV)语序中倾向前置于动词，而在 VO(VSO 与 SVO)语序中倾向后置于动词，这说明方式副词与动词的顺序与 VO-OV 相关。因此，对于形容词与名词的顺序以及方式副词与动词的顺序是否与 VO-OV 存在相关性，目前我们的论证结果与 Haspelmath(2006)及 Dryer(1992)总结的相关或不相关语法参项组配倾向是一致的。

其他与VO和OV语言相关语法参项组配中，两个语法成分的组配顺序与V和O的顺序呈现出明显的倾向性对立，其深层动因并非是由BDT或CRD所能够阐释的，从结构配置的功能角度讲，与结构和谐原则（Greenberg 1963）、高可别度领先原则（陆丙甫 1998）、高生命度领先原则（Croft 2003）、语义靠近原则（Bybee 1985；Givón 1991；Lu 1998）以及句法象似性原则等各原则之间的互动关系密不可分；另外，语言的线性特征及分支方向的和谐因素不可避免地也会导致一些结构问题，如歧义现象。语言的左右分支方向与相关或不相关语法参项组合的功能动因可以从上述各原则之间的竞争和合作角度得以解释（金立鑫、于秀金 2012）。

6. 小结

本章回顾了生成语法学者对人类语言基本语序的推导，以Dryer为代表的语言类型学家运用左右分支方向理论（BDT）以及Hawkins的成分识别域理论（CRD）对VO-OV相关或不相关的语法参项组配所进行的预测和解释，学者们在推导和解释中或多或少存在着不够完善之处，这也说明，单一理论无法对所有语序现象进行完美的阐释。我们最后运用动词V凸显规则与语义靠近规则及名词短语整体化规则的互动关系，对与VO-OV相关的方式副词和动词的组配以及不相关的形容词与名词的组配进行了解释，表明了左右分支方向与认知心理上的结构优化组配策略在决定语法参项顺序组配方面扮演了重要角色，为运用多项认知功能原则或规则的互动关系对类型学家们所总结的VO与OV语序中其他语法参项组配进行进一步解释做出了一些努力，希望这种解释能得到更强的逻辑和数据的支持。

第三章　左右分支结构配置的功能分析

1. 引言：两组最重要的语言基因 VO-OV

人类语言的语序根据动词和名词宾语之间的语序顺序来看，只有两种逻辑可能，不是 OV 就是 VO。与此相似的是，人类语言结构中的核心成分和非核心成分（暂且称之谓从属语）之间的语序顺序也只有两种逻辑可能，不是 M-H 就是 H-M。语言学家认为，从属语是核心的分支成分。既然如此，一个核心成分要分支出从属语也就只有两种可能的逻辑方向，要么向左分支从属语，要么向右分支从属语。在前一章我们讨论过，学者们认为动词和宾语之间的语序关系与核心及其从属语之间有相关性。本章从功能角度讨论这一问题。

本质上动词和宾语之间的位序关系也是分支关系。因为动词的宾语可以看作是动词投射出来的一个内部论元，它的出现决定了动词的语义内容。对一个多义动词来说，宾语如果不出现，其意义是难以确定的。可以认为，宾语是已经被包含在动词语义域内的一个成分。它被投射出来的一个重要作用就是确定动词的基本语义。由于宾语是与动词语义关系最为密切的成分，因此，宾语向左还是向右从动词中投射出来是一个最重要的语言结构的基因，它在结构的最底层决定了其他从属成分与核心的位置关系。根据这个句法逻辑，理想状态下，左分支语言的名词大多向左分支出各类定语性从属成分，同时动词也大多向左分支出状语性从属成分；右分支语言则大致相反。但实际情况并非如此简单，违背这种理想的句法逻辑的现象很多。本章要讨论的是，左右分支两种语言类型的句法配置何以至此，背离左右分支方向的所谓的例外的句法组配背后有何更高的句法动因。

首先，左分支语言核心在后，极端状态下所有从属成分都在核心的左边，结构规则整齐单一，体现了规则系统的经济性。但它的不方便之处也很明显，如果核心前有较长的从属成分，听话人必须等到听完所有从属成分核心出现之后，整个短语才能得到整合理解。这对结构复杂的多重修饰或结构较长的修饰语来说，心理上的负担是不言而喻的。对这种语言来说，一个稍稍能减轻一些心理操作负担的弥补手段是增加标志该短语句法功能的标记，用这些标记来“封装”前面的修饰语，使得修饰语本身成为一个相对完整的、并有功能标记的语块，如采用 N-Rel-Art 语序的 OV 语言。这或许是几乎所有 OV 语言都有发达的格标记系统的主要原因之一。此外，左分支语言需要更多句法标记的另一个解释是，所有从属成分都在动词左边，这些成分如果不加标记，其身份无法辨别，为了不造成结构混乱，每个从属成分都需要标明自己的身份。（陆丙甫 2011）

右分支语言相反。核心成分先出现，然后出现从属成分，由于最核心的概念已经清晰，要表达的概念外延基本确定，因此说话人和听话人的心理负担远远低于左分支语言。看起来右分支语言在心理操作上具有天然优势，按理说应该为人类大部分语言所采用，然而事实并不强烈倾向这一选择，SOV 型语言至今为人类语言总数中被使用得最多的语言。这里有两个问题需要回答：第一，VSO 语序是极端强烈的右分支语言，为什么只有不到10%的语言采用？第二，SOV 语言是左分支结构，为什么它是被采用最多的语言结构？下面我们分别讨论。

VSO 语序确实是极端的右分支语言，但是人类语言中存在一条更普遍的共性倾向，那就是高可别度领先（陆丙甫 1998）和高生命度领先原则（Croft 2003：166）。如果说左分支和右分支是语言内部机制的规则，那么高可别度领先和高生命度领先是语言外部机制的规则。外部机制通常更为强势，它会迫使语言内部机制做出适当调整，以适应外部条件。这与生物学中的生物变异机制相似。

任何生物的任何变异或演化都是为了适应外部环境。语言首先是用来交际和认知世界的工具系统。交际和认知是它存在的条件，任何语言形式必须适应交际和认知的需求才能得以存在。语言所表达的对象如果是已经知道的或识别度高的，总是倾向于先说，不知道的或识别度较低的，倾向于后说。这与交际中的另一条原则有关：“从旧信息到新信息”或者“从已知到未知”原则（这也是一条很强势的外部机制，根据说话的合作原则，说话人尽量要让听话人听懂，为了照顾听话人，他会选择听话人熟悉的或已知的对象先说，然后说听话人未知的。如果颠倒过来就很容易让听话人产生理解困难）。高可别度的对象倾向于已知的，高生命度的对象也倾向于已知的。那是因为人类天然对有生命对象给予足够的关注（在有生命对象中，会对人类给予较高的关注度，在人类对象中又会给与自己相关的或熟知的对象给予更高的关注度），而且有生命对象的数量也远远少于无生命对象的数量。

回到语言结构上来看，在 V、S、O 三个成分中，可别度最高以及生命度最高的通常都是 S。因为句子是用来叙述的，而叙述总是由已知信息到新信息过渡的，句子如果用来表达一个事件，事件中的施事总是倾向于生命度高的，受事总是倾向于生命度低的。而 S 通常是旧信息和高生命度的，这两个要素的合力使得 S 强烈要求前置。而 VSO 语言中句首的是可别度和生命度无法计量的动词，基于这一重要原因，多数语言没有采用这一语序策略，而且，几乎所有 VSO 语言的 S 都能移动到 V 的前面。

再来看 SOV 语序语言。SOV 语序极有可能是人类语言最底层的基本语序，至少有以下三个证据可以证明：第一，就已有的研究儿童语言习得的资料来看，几乎全世界儿童语言的最初始状态的句法结构都是 SOV 语序，这也与他们习得语言的词类范畴的进度同步，所有孩子首先习得的都是名词（注意，在儿童实际语言表现中，这些表面上属于名词的词，实际上是用来表示事件或命题的，例如“车车”“饭饭”。这些词通常表达与“车”有关的一个事件或与“饭”有关的一个事件。例如“饭饭”的实际意义可能是“吃饭”）。其次才是动词，无论是数量还是频率，名词都占绝对优势。由于动词后于名词习得，在结构顺序的选择上，孩子也自然将动词安排在名词后面。这也符合从具体到抽象的认知加工策略（具体的存在或对象容易被认知，抽象的、不稳定地存在的或不可见的对象不容易被认知）。第二，全世界聋哑人的自然手语，无论语种或方言，跨地域地显示倾向采用 SOV 语序（Yau 1979）。第三，目前发现的语序演变大都是由 SOV 向 SVO 演变（如英语），反例似乎不多。以上三点不仅可以证明 SOV 语序可能是人类语言最底层的形式，也可以证明它为什么是人类语言采用最多的语序形式。

此外，人类语言结构的复杂度与人类大脑的开发和思维水平的提高、思考和表达问题的复杂度正相关，都是从简单结构向复杂结构演化。在思维相对简单的条件下，极端的左分支、动词居于句子末尾的语序只要其结构足够简单（句法成分极少）便能满足或应付思维和表达的要求，当思维和表达需求演进到相当复杂的水平，人类要求对句子中的某些概念进行较为严格的限定，句法成分开始增多（尤其是修饰成分），这时极端的左分支结构就极大地增加了心理操作负担，除非在这种语序的基础上发展出相应的弥补手段，例如增加功能标记及停顿等手段，否则这样的结构人类在认知加工的心理操作上的负担不可想象。

与以上两种语序类型相对的是 SVO 语序。虽然它可能不是人类语言最底层的语序，但由于它既能满足S领先的要求，又有右分支核心先出现的心理优势，并且相对极端右分支的VSO动词居首和相对极端左分支的SOV动词居尾的语言而言，SVO的动词居于S和O之间，不仅结构上较为平衡，心理操作上也比SOV减轻了不少。此外，SVO语言还能在动词出现后就能将S和其他修饰成分进行整合，不必等待宾语的出现，而且也与事件表达中“施事—行为—加工对象与结果”的心理空间图式、与事件的客观表现或者与事件的逻辑结构基本一致（施事作为行为的主体直接与行为相关，加工对象和结果在逻辑上后于行为）。除此之外，从结构内部来看，SVO语言由于动词居中，其左右两边各有一个论元成分，这两个论元成分与动词的总距离最短，心理上句法加工的成本相对较低，由于动词两边句法位置本身就起着标记的作用，句法位置的特征相对明显，因此主宾语句法标记的必要性大大降低，因此这类语言的句法形态成分逐渐减少（陆丙甫 2011），句法形态操作上的成本也随之降低。这一优势随着人类思维和表达复杂性的发展慢慢显示出来，因此越来越多的语言演变为SVO语序，使得采用SVO语序的语言数量不断增加。

2. 结构和谐与左右分支

2.1 附置词和附置词短语

附置词（adposition）和附置词短语在OV和VO语言中具有严格的句法位置对立。附置词和名词短语的位置在两种语言中的位置对立为：

1）OV语言：名词短语＋后置词（postposition）

VO语言：前置词（preposition）＋名词短语

附置词短语与动词之间的语序对立为：

2）OV语言：附置词短语＋动词

VO语言：动词＋附置词短语

这种对立非常明显。错配的现象很少。现在要问，为什么VO语言强烈倾向使用前置词，且整个附置词短语处在动词之后，而OV语言相反，强烈倾向使用后置词，且整个附置词短语处在动词之前？

我们首先来看附置词短语的位置。从结构优化组配的角度来看，绝大部分前后置词需要与一个名词组合成一个附置词短语PP，附置词短语中的名词是动词的旁格论元，根据结构和谐原则（同类成分采取相同句法策略，这也可以理解为结构规则的经济原则——同类成分或结构，尽可能采用相同的结构规则），如果一种语言以语序作为重要的语法手段，则动词的旁格论元应该与宾语论元尽可能处在动词的同一边。这样，OV 语言的旁格论元尽可能在动词左边，VO 语言的旁格论元尽可能处在动词右边，因而整个附置词短语的位置倾向就得到了解释。

那么为什么 OV 语言倾向于采用后置词，而 VO 语言倾向于采用前置词？上面我们说过，附置词所携带的名词短语是动词的旁格论元成分，与宾语同属一个家族。如果宾格论元和旁格论元分列动词两边，则违背了结构和谐原则和经济原则。假如有语言要做这样的处理，必然有其他动因，或者至少能获得等于或大于违背以上原则所付出的代价的回报。根据结构和谐的经济原则，旁格成分与宾语同处一边，那么假如是 OV 语言的旁格论元 N，其句法位置应该是 N O V（宾格要求更靠近动词，旁格稍远离动词，见下），而附置词的句法功能是标引旁格并将旁格 N 与动词 V 连接起来，作为标引成分，它附加在名词上最为合理，作为连接成分，它的最佳位置在 N 和 V 之间也最为合理。这也是“联系项居中”（Dik 1997：402；刘丹青 2003：127）原则的逻辑解释。因此，“旁格名词＋附置词＋宾语＋动词”（N-P-O-V）的结构是最合逻辑的，这样附置词就附加在名词后与名词构成了一个后置词短语 PP。相反，假如这三个成分与动词之间的配置为 P-N-O-V，“P-N”构成一个前置词短语，P 作为 N 和 V 之间的连接项不处在 N 与 V 之间而处在 N 之前，这显然是不合理的。它违背了联系项居中原则。同理，假定某 VO 语言的旁格论元 N 的位置同样处在 O 一边，构成 V-O-N 语序，根据联系项居中原则，作为连接项的附置词的位置应该在 N 的前面，构成 V-P-N 结构形式。这就是 VO 语言倾向于采用前置词的原因。

综上所述，VO 语言的附置词短语总是处在动词之后，且使用前置词；OV 语言的附置词短语总是处在动词之前，且使用后置词。这明显是一种符合逻辑的、极其经济并且和谐的结构策略。

现在可以确定，根据以上逻辑，附置词短语与该语言中名词相对于动词的位置平行。那么另一个问题产生了，首先，如果在动词的同一边必须同时安排两个论元成分，而不是充分利用动词的前后位置各安排一个论元。因此，为了识别动词的宾语和动词的旁格成分，需要对宾语和旁格论元进行结构编码（如日语的宾格标记を和其他旁格标记助词で、に等）。其次，同一边的论元之间还有个先后次序的问题，这可以用语义和结构紧密度的原则来安排。语义关系上宾语是动词的核心论元，附置词短语中的名词是非核心论元。当然也可以从另一个角度来看，在结构上附置词短语的结构复杂度要超过宾语，根据复杂度小的成分在内层，复杂度大的成分在外层的原则(内小外大)，通常情况下总是宾语靠近动词在内层，而附置词短语在外层。

相对而言，那种利用动词两边的位置各安排附置词短语和宾语的策略就显得相对平衡一些，如汉语的“他在桌子上放了一瓶花儿”，动词的两个论元“在桌子上”和“一瓶花儿”分列在动词的两边。虽然这种结构明显违背了结构和谐原则(该结构中为什么会使用前置词而不使用后置词，我们另外讨论)，但是却获得了结构上的平衡。因此，语言也可能违背结构和谐或分支一致性原则以便在结构平衡等方面得到回报，反过来也可能因照顾结构和谐获得规则上的经济性，却要付出结构不平衡的代价。以下我们还会讨论到与此有关的其他问题。

2.2 比较句

比较结构是语言类型学家讨论得比较多的样本。绝大多数语言都存在比较范畴，而且通常比较范畴都有相对稳定的形式表达。比较句内部有两个主要成分：一个是比较基准(例如“我比他高”中的“他”)，另一个是形容词。这两个成分在OV和VO语言中呈现出较为严格的对立：

3)OV语言：比较基准＋形容词

VO语言：形容词＋比较基准

为什么OV语言中的形容词倾向后置于比较基准，而VO语言中的形容词则倾向前置于比较基准？

我们的假设是，这与形容词的功能属性相关。形容词具有谓词(predicator)的基本属性(Greenberg 1963)。在不少语言中，形容词可以直接做谓语，即使在那些不能直接做谓语的语言中，也可以通过连系动词对主语进行述谓。因此本质上形容词是一个谓词，那么其在句法上具有和动词相似的位置特征也是语言系统内部的一致性特征决定的。因此，如果以宾语为参照，动词在名词宾语之后的语言，它的比较结构中的形容词也在比较基准名词之后；动词在宾语之前的语言，比较结构中的形容词也在比较基准名词之前。如果把形容词看作谓词，那比较基准则像个宾语。

另一种理论假设也可以是把比较结构看作是以形容词为核心扩展出来的偏正结构，那么OV语言是“比较基准＋形容词”，VO语言是“形容词＋比较基准”，这一现象也正好与左右分支结构在VO-OV两种语言中的分支方向原则大致吻合(金立鑫 1999)。OV语言向左分支出比较基准，VO语言向右分支出比较基准。这也符合结构和谐(规则经济性)原则。

附置词标记的比较对象与动词的宾语同处一边，虽然符合分支方向一致性原则，但也可能造成结构上的歧义问题，尤其是表示比较的功能标记如果与其他功能标记形式融合，就有可能造成歧义。例如向右分支的西班牙语[①]：

(1) Juan leyó más libros de los que compró Luis.
胡安 读 more 书 Pre the that 买 路易斯

这是个歧义结构，可以有两种解读：一是“胡安接着在看路易斯买的书”；二是“胡安看过的书比路易斯买的书多”。问题出在状语 más(more)和宾语“书”以及前置词 de、前置词短语的位置同处一边。Más 可以修饰行为“读”，也可能成为比较的数量，前置词 de 可能作为比较对象的标记，也可能作为部分与整体关系的标记。假如附置词短语处在其他位置，与宾语分开，可能不存在歧义，例如：

(2) De los que compró Luis, Juan leyó más libros.
比起路易斯买的书来，胡安读得更多。

西班牙语中的另一种比较句的歧义结构是：

(3) Juan conoce párrocos mejores que Luis.
胡安 认识 神父 好 比路易斯

这个句子的宾语和比较基准同时处在动词右侧，也可以有两种解读：一是“胡安认识的神父比路易斯认识的好”；二是“胡安认识比路易斯好的神父”。在这个右分支结构中，可以将“神父”作为名词短语的核心，后面的形容词和前置词短语都是名词的分支(比路易斯好的神父)，也可以将“认识”作为核心，后面的所有成分都是它的分支，其结构过程可以描写为：(i)“胡安认识神父”，“胡安认识—神父—好”；(ii)“‘胡安认识—神父—好’—‘比路易斯’”，这里的“比路易斯”直接作为“认识”的分支，而且“路易斯”可以作为“认识”的施事，这样就构成“胡安认识的神父比路易斯认识的神父好”的解读。这也可以看作坚持一边分支可能造成的结构麻烦。有点类似汉语中

① 以下两个例句及其歧义分解由上海外国语大学西班牙语系唐雯老师提供，谨致谢意！

“张三生孩子比李四年纪大”这种歧义结构。

2.3 方式副词

方式副词与动词之间的语序关系在 OV 和 VO 两种语言中也是明显对立的：

4)OV 语言：方式副词＋动词

VO 语言：动词＋方式副词

看来，这两种不同语序类型的语言都同时与左右分支方向保持高度一致，在方式副词与动词的位置顺序上，它们更倾向于服从结构和谐的经济原则。左分支的语言向左分支出宾语，同样也向左分支出方式状语；右分支的语言同样向右分支出宾语和方式状语。当然我们似乎还可以说，VO 语言的方式状语处于动词之后是为了避免与主要动词争夺对 S 的述谓位置(参见本书第二章第 5 节)。

3. 高可别度领先、语义结构紧密与左右分支

3.1 领有成分

领有成分与被领有名词的顺序组配在 OV 和 VO 语言中存在如下对立：

5)OV 语言：领有成分＋名词

VO 语言：名词＋领有成分(弱倾向性)

OV 语言领有成分倾向于在名词前，Dryer(1992a)的报告中 OV 语言领有成分在名词前后的比例为 112∶12，而 VO 语言的领有成分弱倾向于在名词之后，比例为 30∶63。根据语义结构紧密原则，动词和宾语之间的距离尽可能地靠近，这一原则可以解释为什么 OV 语言的领有成分倾向于在名词之前，而 VO 语言的领有成分弱倾向于在名词之后。在 OV 语言中，如果 O 的领属成分在后，构成 O G V 结构，增加了 O 与 V 的空间距离，这从心理加工上来看属于尽量回避的句法策略。相反，如果领属成分在 O 之前，构成 G O V 结构，则不影响 O 与 V 之间的空间(口语中是时间或记忆负担)距离。可以看出，语义结构紧密原则在决定 OV 语言的这种组配中是一种相当强势的规则。其背后主要是心理加工难度因素的作用。在 VO 语言中，领属成分后置于名词的结构 V O G 也遵守了语义结构紧密原则，但这却不是非常强烈的结构倾向，VO 语言中还有相当数量的语言领有成分

前置于名词，即 V G O 结构。这似乎形成了一种令人困惑的句法组配：在 OV 语言中，领属成分前置于名词，是一种绝对优势配置，而在 VO 语言中，领属成分后置于名词并不是绝对优势，仅仅是一种非强势倾向。VO 语言中有相当一部分领属成分要前置于名词，这其中必有原因，那么这个原因是什么？

这或许与另一些认知原则相关：高生命度领先原则（Croft 2003：166）以及高可别度领先原则（陆丙甫 1998）。

我们知道，所有者是生命度较高的名词，而且所有者的身份通常是确定的，换句话说，所有者通常是生命度较高而且定指度较高的成分，而被领有的名词则多数为无生命或定指度较低的对象。至少在生命度和定指度上不会超过领有者。由于生命度高和定指度高或者可别度高的成分倾向于领先或前置的驱动，因此在 VO 语言中，即使领有成分处在名词宾语后遵守了语义结构紧密原则，仍然有一部分语言选择了服从高可别度领先原则，这就是我们看到的以上 Dryer 数据中 VO 语言中有 30 种语言采取了领有成分居前的策略。而 OV 语言的领属成分在名词前同时符合四条原则：结构分支和谐原则、语义结构紧密原则、高生命度领先原则和高可别度领先原则，这四条原则在这里完全和谐兼容，造成了 OV 语言领属成分强烈倾向于前置的稳定的句法格局。而 VO 语言中领属成分前后两可的不稳定的句法格局可以说是高可别度领先原则、高生命度领先原则和语义结构紧密原则的竞争导致的。

3.2　关系小句

关系小句修饰名词，两者在 OV 和 VO 语言中也形成对立：

6）OV 语言：关系小句＋名词（弱倾向）

　VO 语言：名词＋关系小句

在 Dryer（1992a）的报告中，OV 语言中关系小句在名词前和在名词后的比例为 26∶37，而 VO 语言关系小句在名词前后的比例为 1∶60[①]。但到 2013 年，wals 上的数据修改为：

OV and RelN（132 languages）

OV and NRel（113 languages）

VO and RelN（5 languages）

---

① Dryer（1992a）将汉语普通话归入 SVO 语言，并且认为汉语普通话是 SVO 语言中唯一采用关系小句前置于名词的语言。对此我们有异议，参见金立鑫、于秀金（2011）。

VO and NRel(416 languages)
Other (213 languages)
total: 879

在421种VO语言中,关系小句前置于名词的仅有5种语言,对比数为:5∶416(比例上升为1∶83.2)。再进一步细看wals上这5种语言的标注,它们分别是:普通话(普通话还不是典型的VO语言,这一点我们将在第四章将做出详细证明)、广州话、客家话、白语、台湾境内的阿眉斯语(Amis)。这些语言集中在中国大陆和邻近的台湾地区,这种地理上的分布,或许与地缘关系、语言接触以及原始汉藏的影响等因素有关。无论如何,VO语言的关系小句强烈倾向于后置,绝非偶然。

关系小句在物理长度上一般都大于简单的修饰成分,结构通常较为复杂。因此在句法策略上应该有一个较为合理的处理策略尽可能使句法结构达到最佳组配状态。在SVO语言中,假如关系小句处在名词(主语和宾语)之前,那么可能出现的结构是Rel+S+V+Rel+O,这样O和V之间就嵌入了一个复杂关系小句,并且S的领先地位被遮掩,违背了高可别度领先原则,也违背了语义结构紧密原则,宾语远离了动词(关系小句前置于名词使得宾语远离动词,增加了人脑短时记忆的负担)。相反,如果采取S+Rel+V+O+Rel的句法组配,在S和V之间虽然嵌入了一个复杂关系小句,但S相对于O而言,与动词在结构上较为松散(甚至允许在二者间有停顿),在句法上并没有与动词紧密结合的需求,而且如果S的从句处于S之后,也使得S的领先地位得以凸显。关键是,在主语与动词隔开和宾语与动词隔开两个不可避免的损失中,牺牲宾语与动词之间的紧密关系损失更大,两害相权取其轻,因此更合理的处理是宾语的关系小句居于宾语之后,这样宾语与动词的距离能最大限度地靠近,满足了宾语靠近动词的要求。因此,高可别度领先原则和语义结构紧密原则和谐合作驱动了SVO语言中关系小句后置于名词,该组合模式实现了句法组配的最大优化。

在SOV语言中,假如关系小句处在名词之后,那么其结构将是S+Rel+O+Rel+V,很明显这种组配遵守了S高可别度领先原则,但却违背了O和V语义结构紧密原则;如果关系小句前置于名词,那么结构是Rel+S+Rel+O+V,该组配遵守了语义结构紧密原则,但却违背了S高可别度领先原则。因此在SOV语言中,高可别度领先原则和语义结构紧密原则处于互相竞争的状态,在决定关系小句和名词的顺序组配上不可能和谐,一种SOV语言究竟采用哪一种组配策略要看哪一个原则在该语言中被看作更高的原则，这也是 SOV 语言中关系小句前置和后置于名词不稳定，两种情况都有且差距不大的主要原因。

关系小句如果违背分支方向原则有可能造成误读或结构混乱，这主要与关系小句中的动词有关。因为它有可能使得从句中原本是修饰成分的动词与该短语名词核心之间形成动宾解读。如果某种 OV 结构的从句后置，或者 VO 结构的从句前置就使这种可能性的机率增大。例如汉语：

(4)进口汽车/补充材料

(5)批评小李的师傅

(4)可以解读为偏正结构或动宾结构；(5)中的“批评”可以将“师傅”解读为动词的宾语，也可以将“小李”解读为动词的宾语。为了避免这种结构歧义，定语关系小句的位置保持分支方向的一致性是一个比较可靠的策略。如英语的关系小句：

(6)The master who criticized Xiao Li(is my friend).

但也并非定语关系小句与分支方向一致就绝对不会出现结构歧义。当定语关系小句所修饰的名词短语与另一个名词短语并列，这种歧义也可能发生。例如典型的右分支语言阿拉伯语[1]：

(7) تحدث محمد مع أحمد جالسا

坐着 艾哈迈德 和 穆罕默德 交谈

这个句子有两个解读(阿拉伯语书写顺序是“右在前，左在后”，本例句请从右向左阅读)：一是“坐着的穆罕默德和艾哈迈德交谈(或者：穆罕默德坐着和艾哈迈德交谈)”；二是“穆罕默德和坐着的艾哈迈德交谈”。原因就在于“坐着”作为定语从句它前面有两个名词，它可能修饰靠近它的艾哈迈德，也可能修饰较远的穆罕默德，当然根据结构语义靠近原则，前者理解的可能性大于后者。

---

① 例句由上海外国语大学阿语系陈杰教授提供，谨致谢意！

4. 高层核心与左右分支

4.1 功能标记和名词

这里涉及的与名词相关的功能标记有两个，一个是冠词，一个是复数词。在某些语言中，名词的复数用专门的词来表达，句法分布上与冠词互补，如果冠词出现，则复数词不出现。冠词和复数词与名词之间同样存在位置顺序关系，它们在OV和VO语言中同样表现出较为明显的对立：

7）OV语言：名词＋冠词

VO语言：冠词＋名词

8）OV语言：名词＋复数词

VO语言：复数词＋名词

语言学家们假设，语言中更为形式化或语法化程度更高的成分具有更高的语法地位。例如句子的基本功能：祈使、疑问、感叹和陈述这些句子的交际功能通常都超越句子结构。这些功能通常都会用形式化的标记来表达，甚至用超音段的形式如语调来表达。一个令人信服的证据是，任何一个人可以听不懂一种他从来没学过的外语，但是他却能够轻而易举地判断对方对他说的这种外语的句子是一个感叹句还是一个疑问句，或者一个祈使句。尽管听话人对其内容一无所知。再如，否定也是抽象度较高的功能性成分，它的地位与它所管辖的结构平行而不属于该结构。如“并非X”中的X可以是一个极为复杂的句子，“并非”与该句子平行，而不属于这个句子。

我们可以假设，在名词短语中，名词的功能标记占据了更高的语法地位。一个名词短语的功能性标记显示了整个名词短语的语法功能。或者说，名词短语的功能标记蕴涵了名词，而反之不必然。例如我们可以从冠词的存在推测出名词的存在，但反过来不一定。同理，复数词也同样标记了整个名词短语的某项句法或语义功能（或更抽象的意义），也预示了名词短语的存在。相对实义名词而言，功能标记占据了更高的语法地位。因此，名词短语中的功能标记可以看作是该短语在更高结构层次上的核心。

根据核心与实义名词的相对位置关系，左分支的OV语言核心在后，根据分支方向和结构和谐原则，具有核心意义的冠词也应该在后，同样，具有核心意义的复数词也在后；而右分支的VO语言核心在前，则冠词在前、复数词也在前。它们同样遵循了同一分支结构的策略，体现了结构和谐的经济原则。

4.2　高层谓词和一般谓词

与动词相关并且比动词结构层次更高的成分主要是 want 类动词、系动词和时体助动词以及否定助动词。它们在 OV 和 VO 语言中表现出如下对立：

9）OV 语言：动词＋**want**

VO 语言：**want**＋动词

10)OV 语言：动词＋时体助动词

VO 语言：时体助动词＋动词

11)OV 语言：动词＋否定助动词

VO 语言：否定助动词＋动词

12)OV 语言：述谓＋系动词

VO 语言：系动词＋述谓

以上四组我们放在一起讨论。因为它们遵守的是同一条原则：高层核心分支和谐原则。与动词结构相关的高层核心分支指的是，在一般认为的 VP 结构内，实际上存在一个相对行为动词而言的语法化程度更高或功能层次更高的成分。这些成分主要是助动词、虚化动词和心理动词等。实际上以上所列举的句法单位的句法属性已经被以往的语法学家们观察到，在此之前的许多语言学理论都认为，类似英语 want 这样的心理动词以及与行为动词关系紧密的"助动词"和表示时体范畴的成分都是比行为动词地位更高的语法成分，很多语法理论都认为它们在动词短语中更具核心价值。在相当多的语言中，如果主语与动词具有一致关系的话，通常主语总是与 want 以及时体成分、系动词等具有一致关系，而不是与实义动词在形态上有一致关系。

根据结构和谐的经济原则，同一种结构分支策略应尽量贯彻到底，同一种语言中采用不同的分支策略是不经济的。根据这一原则，9)—12)四种结构种的 want 动词、时体助动词、否定助动词、系动词都可以看作是高层核心，它们与其所管辖的成分构成的结构模式与该语言类型的同一种分支策略一致，所以本质上属于一种常态结构。

另外需要指出的是，这些句法成分全部处在与宾语对立的一边，即在 OV 语言中它们处在动词后，在 VO 语言中，它们处在动词前。因此它们完全不影响动词与宾语之间的距离关系。因此，这种结构上的合理性造就了它们表现出一种压倒性的倾向。这种倾向在与动词相关的情态成分上也表现得相当明显。VO 语言的情态成分通常处于动词前，而 OV 语言的情态成分则通常处于动词后。并且多个情态成分或标记之间的位序关系也根据

与动词之间的主客观意义表现出轨层顺序：越靠近动词的情态越趋向客观，而越远离动词的情态越趋向主观。（王晓华 2011）

4.3 功能性标记和句子

本节涉及的与句子层次平级的功能标记主要有三类：一是句子的标记词，二是疑问标记，三是连接句子的副词性连接词。这三类词都在结构上与句子平级。既然它们与句子平级，它们与句子的位置关系就成为问题。有意思的是，它们与上面所讨论过的其他成分一样，同样表现出与 OV 或 VO 语序类型相关：

13）OV 语言：句子＋标句词

VO 语言：标句词＋句子

14）OV 语言：句子＋疑问标记

VO 语言：疑问标记＋句子

15）OV 语言：句子＋副词性从属连词

VO 语言：副词性从属连词＋句子

如果我们将句子看作一个实体单位，那么附加在这个实体单位前后的标记词就具有更明显的功能标记性质。通常，一个单位的功能标记都具有更明显的结构代表性，犹如生成语法中的 DP（限定词短语）中的限定词 D、IP 中的 I（形态屈折成分）一样。生成语法中将 DP 中的 D 以及 IP 中的 I 作为功能核心，这并非偶然或拍脑袋。生成语法中有大量的证明。同样，我们将本小节中所讨论的三类句子的功能标记看作它与其管辖的结构构成的更大结构的核心。

既然可以将句子的功能标记看作核心，那么根据前面所讨论过的"结构和谐经济原则"，VO 语言的核心在前，那么与句子平级的所有功能标记都应该在句子之前，OV 语言的核心在后，则与句子平级的所有功能标记在句子之后便理所当然。由此，疑问标记与句子之间的关系就能得到合理解释。

以上结构模式的背后其实有坚实的心理加工的认知基础。以 OV 语言中的"句子＋标句词"为例，通常情况下，"句子＋标句词"是作为一个从句或偏句出现的，它将与一个主句相连接。假如在 OV 语言中，通常情况下是先出现偏句，后出现主句。那么当听话人在听取一个复合句时，如何区分偏句和主句呢？换句话说，听话人如何在偏句和主句之间划出一个界限呢？这个界限的表达，语言机制必须承担，也就是说，语言机制有义务提供足够清晰的标记来标示偏句和主句的界线。我们看到，"偏句＋标记词，主句"这样的结构模式，在 OV 语言中标句词恰到好处地放在了偏句的后面，当听到标句词，意味着偏句结束，接下来的是主句。

与此相对，在 VO 语言中，标句词与句子的结构模式是“主句，标句词＋偏句”标句词在偏句之前，也恰到好处地处在偏句与正句之间，主句在前，偏句在后，听话人听一个句子时，当听到标句词，那就意味着主句结束，接下来的是偏句。因此 OV 语言标句词提示偏句结束，而 VO 语言标句词提示偏句开始。看起来完全相反，其实标引主句与偏句之间界线的功能完全相同。同理，副词性从属连词的功能和句法位置也与标句词类似，这些都不必赘述。

5. 与 OV 和 VO 不相关的句法组配

5.1　句法组配及分类

除了以上与 OV 和 VO 语序直接相关的 15 对句法组配以外，语言类型学家们发现至少有以下一些与 OV 和 VO 语序类型不相关的句法组配，说它们与 OV 或 VO 语序无关是因为它们在这两种语序中具有两种难以与 OV 或 VO 挂钩的倾向：要么基本平均分配，要么一律前置或后置。以下 1)—3)与名词相关，4)—7)与动词相关：

1)无论是 OV 语言还是 VO 语言，指示词倾向前置于名词

2)OV 语言数词前置和后置于名词几乎均等，而 VO 语言数词倾向前置于名词

3)形容词后置于名词(在 VO 语言中倾向较为明显(后置 456 ：前置 114)，OV 语言中极弱较弱(后置 332 ：前置 216))

4)程度副词弱倾向前置于形容词(OV 语言前后几乎均等，VO 语言弱倾向前置)

5)否定功能词(如“不”)倾向前置于动词

6)时体功能词倾向前置于动词

7)时体语素(词缀)倾向使用后缀形式

可以看出，数词和名词、程度副词和形容词在 OV 语言中没有明显对立；如果结构和谐经济原则有足够的解释力，VO 语言的形容词如果作为名词的附加语，应该倾向后置，OV 语言的形容词应该倾向前置，但形容词与名词的语序在 VO 和 OV 中并没有明显的对立。我们认为，有些现象可能与形容词的功能属性有关，也可能与人类认知的主观性因素有关，有些现象

也可能与人类社会的生产方式以及地理等因素有关。以下我们尝试给出一些可能性的解释。

5.2 名词短语与VO、OV基本语序不相关配置的分析

从结构合理性上看，OV语言名词的修饰语"指示词、数词、形容词"如果前置是最合理的，VO语言中这些成分如果后置是最合理的。因为这样遵守了结构和谐经济原则和语义结构紧密原则，但是为何这两条原则在分支方向上的作用非常微弱？形容词为什么整体上略有后置优势？

此外，Hawkins(1983:75)认为(Dryer 1992b)，类型学中有一条与前置词语言(或VO语言)相关的名词短语成分的语法蕴涵等级：

名词—数词＞名词—指示词＞名词—形容词＞名词—属格＞名词—关系小句

该语法蕴涵等级的意思是，如果该等级上左侧的名词后的成分后置于名词，那么该等级上右侧名词后的成分也后置于名词。比如，数词后置于名词蕴涵等级上其右侧的其他所有修饰成分后置于名词。反过来说，如果关系小句前置于名词蕴涵等级上其左侧的修饰成分前置于名词。即，等级上的修饰成分在能够前置于名词的可能性方面由左向右递减。

如果从高可别度领先原则来看，我们还可以就以上序列得出一个修饰语可别度强弱等级("＞"表示"强于")[①]：

数词＞指示词＞形容词＞属格＞关系小句

从这个序列上看，似乎数词的可别度最高，其次是指示词，再次是形容词，或许有人对这个等级序列有怀疑。理由是从可别度上来看，指示词的可别度应该高于数词，其排序列在数词之前才是最合理的。这个问题在这里暂且不论。无论如何，这些都与我们前面讨论的问题直接相关。以上只是修饰语之间的可别度强弱对比，这些修饰语与名词之间的可别度强度对比如何？

我们假设，不论在VO语言还是在OV语言中，数词因其表达的对象的

---

① 对于属格的可别度排在倒数第二，我们认为有两种可能：一是数据出错，二是在统计这一现象时可能将语法化的属格标记计算在内了，语法化的形态标记通常是后置的，如果加入这一参数，其后置的可能性就大大提高了。这个问题有待进一步验证。

数量关系(名词本身没有数,而任何数都总是与一定的对象相联系,数的大小实际上是物的多少。自然数中,最小的数为1,在概念世界中,任何数都比没有数的对象占据更大的概念空间,因此数的可别度高于一般名词。数学上的抽象的数是后来的事情),其可别度高于名词,那么VO语言数词倾向前置于名词表明,VO右分支语言在数词和名词的顺序关系上高可别度领先准则是比分支方向和谐准则(从属修饰语成分后置)更高的准则。而OV语言数词前置和后置于名词几乎均等,数词前置于名词的一部分OV语言同时遵守了高可别度领先准则和分支方向和谐准则,而另一部分OV语言数词后置于名词则同时违背了这两条准则,这说明还有比这两条准则更高的准则在起作用。

我们将OV语言数词后置于名词的情况归因于人类对数词句法功能的认识价值。在某些语言中,数词被视为体词大类,而在另一些语言中,数词则被视为谓词大类。在视数词为体词的OV语言中,倾向前置于名词(即遵守高可别度领先原则);而视数词为谓词的OV语言中,倾向后置于名词(与核心动词V语法位置一致和谐)。即使在普通话这样的混合语序的语言中,这种属性也会在语感中有所表现,如:

(8)a. 三辆宝马
　　b. 宝马三辆

在说普通话的人的语感中,(8a)是典型的偏正结构,NP的整体性较强,而(8b)则很容易理解为主谓结构而非一个名词短语。因此数词与名词的组配在VO和OV中的倾向就可看作是分支方向、高可别度领先原则、与核心动词语法位置和谐合作还是竞争争夺句法意义这三条动因互相博弈的结果。

对于指示词和形容词与名词的语序,我们需要寻求其他解释。我们先看指示词与名词的组配,无论是OV语言还是VO语言,指示词倾向前置于名词。通常来讲,无论VO还是OV语言,指示词均具有空间指示功能,是以"自我为中心"的空间认知,指示词主要是作为名词的空间参照关系而产生的,它主要用于对名词的空间指示,那么就需要先设定一个参照点,然后才能指示要指示的对象,因此,先出现空间参照,然后出现对象,完全符合空间认知的先后顺序,因此可以认为这是空间认知上的顺序象似性原则起了决定作用。当然也可以说,指示词的可别度高于名词。

再看形容词后置于名词。前面提到,VO语言中形容词后置于名词与前置于名词的比例为456∶114,比较明显地倾向后置。OV语言中形容词后置的倾向性较弱，后置与前置的比为：332∶216。我们假设，VO语言中形容词后置于名词有三个主要动因，一是形容词后置不影响宾语与动词之间的紧密关系，二是形容词如果作为名词的分支成分，后置于名词也符合右分支结构和谐原则，三是形容词的述谓性使得它与SV结构保持一致，表现了它的述谓性。因此VO语言中形容词后置表现出明显的倾向。但VO语言中也有部分形容词前置的现象，这很可能与避免形容词直接接在名词之后容易构成主谓关系引起的花园幽径效应有关。这或许主要发生在形容词比较接近谓词的语言中，并且主要发生在句子主语的形容词修饰语上。名词主语＋形容词，假如该语言的谓语没有特定标记，这个形容词就很容易处理为主语的谓语，为避免这种结构误读，让形容词前置或许是一个不得已的句法策略。此外，形容词通常要比名词复杂（形容词还可能携带程度副词），结构复杂的成分在前，相对简单的成分在后，比较容易形成整体效应，这种结构策略可以增强名词短语的整体性，这也促使一部分语言的形容词出现在名词之前。

OV语言中的形容词，如果作为名词的修饰语，作为名词的分支成分，前置于名词才是符合结构和谐准则的，同时也遵守了语义结构紧密准则，避免阻隔宾语与动词之间的关系。但OV语言中还是有将近五分之二的语言的形容词后置于名词。这不得不寻求其他合理的解释。我们假设，OV语言中形容词后置，主要动因可能与形容词的述谓性有关。如果某些语言中形容词的述谓性更为凸显，那么在句法上的结构和谐动因可能推动它与核心动词V语法位置相和谐。除此之外，目前似乎没有更好的解释。在某些OV语言中，甚至形容词和动词就是一个大类，甚至有学者就直接将这种语言中的形容词看作动词。

与名词直接相关的问题主要是定语。无论是左分支语言还是右分支语言，原则上只要有两个以上的定语出现在名词同一边，歧义就可能发生。例如典型的右分支语言阿拉伯语[①]：

(9) باع محمد مفتاح الدرج القديم

旧的　书桌　锁　穆罕默德 卖

名词“锁”的后面有两个修饰语“书桌”和“旧的”，其中“旧的”还可以修饰“书

① 例句由上海外国语大学阿语系陈杰老师提供，谨致谢意！

桌”，因此歧义发生：(i)穆罕默德卖了旧书桌的锁；(ii)穆罕默德卖了书桌的旧锁。同样的情况也会发生在典型的左分支语言日语①中：

(10)小さい書斎の窓

这里的“小さい”可以修饰“書斎”(小书房)，也可能修饰“書斎の窓”(小窗户)。这类歧义结构是人类语言中较为普遍的，大部分语言都可能发生。这也是贯彻分支方向一致性原则无法避免的。假如一种语言的定语可以同时分置于名词的两边，类似的多定语造成的结构歧义就可能避免。当然，其代价也很明显——结构不和谐或规则的不经济。

5.3　谓词短语与VO、OV不相关配置的分析

与谓词短语不相关的句法配置，为讨论方便，我们重抄如下：

4)程度副词弱倾向前置于形容词(OV语言前后几乎均等，VO语言弱倾向前置)

5)否定功能词(如“不”)倾向前置于动词

6)时体功能词倾向前置于动词

7)时体语素(词缀)倾向使用后缀形式

程度副词弱倾向前置于形容词，可以通过结构和谐原则与高可别度领先原则的竞争来解释。在属性和程度上，程度的可别度高于属性。袁毓林(1999)曾提出，成分之间信息量小的、容易加工的对象排在前面，信息量大的、不容易加工的排在后面。如果该假设成立，那么同理，可选项较少的参项其可别度高于可选项较多的参项。在同样抽象的范畴中，某范畴成员少而另一范畴成员多，如果这种对比悬殊足够大，则必然成员少的范畴可别度高于成员较多的范畴。要在成员较多的范畴中确定某一成员的难度大大高于成员较少的范畴。人类语言中，程度副词的数量远远少于形容词的数量。因此程度副词因其可别度高于形容词则其前置于形容词的可能性就大大增加。程度副词后置于形容词的动因可能与程度副词本质上是形容词的述谓词有关。述谓词后置于述谓对象是人类语言中的普遍现象。

5)否定功能词倾向前置于动词、6)时体功能词倾向前置于动词，可以通过顺序象似性原则来解释。在主观世界中，概念依据表达重要性依次先后排列，对用词汇形式表达动词属性的语言而言，动作的某些属性超过动作本

① 例句由上海外国语大学贤达学院日语李波老师提供，谨致谢意！

身，例如动作是否实现（实现还是没有实现，实现前的状态还是实现后的状态等）。例如对动作的否定而言，否定的属性超过动作。如果一个尚未实现的动作，先说出动词再加以否定势必增加心理操作负担（先增加，再删除），而先出现否定再出现动词更接近客观世界在心理中的反映（心理图式）。一个未曾实现的行为在心理图式中最形象的描述应为："未实现—行为"而不是"行为—未实现"。因此，根据这一象似性原则，5）的否定功能词、6）的时体功能词前置于动词可以得到解释（已实现如果不是语法化的表达形式，用词汇形式，前置于动词也符合象似性原则）。时体功能词倾向于前置的另一个可能合理的解释是，某些 OV 语言将时体功能词看作是动词的修饰语，或者某些 VO 语言将时体功能词看作更高的谓词，这两种可能因素都直接导致时体功能词前置于动词。

7）比较好理解，几乎所有的被语法化的成分都是作为后缀形式出现的。同理，动词的时体成分如果被彻底语法化，它们作为词缀或动词的形态后附于动词这也是语法化的必然结果。至于为什么所有被语法化的成分都后置或后附于宿主成分，我们在前面曾经提到过的原则是，前大后小结构具有整体性效应，这是人类认知经验抽象的结果。

6. 小结

以上我们讨论了十五对与 OV 和 VO 语序相关的句法配置以及七组与 OV 和 VO 无关的句法配置。十五对与 OV 和 VO 语序相关的大部分句法配置在遵守结构左右分支及结构和谐准则的同时，也必须照顾到高可别度和高生命度领先准则、语义结构紧密准则以及句法象似性准则。这些建立在人类认知基础上的准则也导致了我们所列举的七组与结构分支方向无关的语序组配。同时，严格或典型的左分支结构或右分支结构都存在某些心理操作上的困难，也可能由此产生某些结构问题，如结构歧义等。为了避免这些问题或降低心理操作上的难度，某些看起来违背左右分支方向的结构策略也具有其合理性，例如汉语普通话（参见本书第五章）。

第四章　修饰语与核心词的结构配置

1. 引言

语序是人类语言最重要的表现形式之一。声音形式几乎是所有动物都具有的信息传递的手段，迄今为止还没有发现人以外的能够利用声音的不同组合或不同次序来表达不同意义的动物。因此语序问题几乎是所有不同语言学理论或流派都最为关注的问题之一。当代语言类型学几乎就是建立在语序类型的基础上发展起来的，语序类型在语言类型学中也是获得成果最多的研究领域。

人类语言中的三个最重要的句法成分 S、V、O 的基本语序已经得到相对充分的研究。但这三个主要成分各自的修饰语成分的语序，总体上呈现何种分布状态，是否存在同一语序类型的语言在修饰成分上却完全不同的现象，这些现象背后到底有何推动因素，对这些现象做如何解释，这些问题已经引起学者们的关注。本章在前两章的基础上就此问题再作进一步的探讨。

2. 理论前提

前一章我们提到的分支方向理论（Dryer，1992：The Branching Direction Theory，BDT）是语序类型学中最重要的理论之一。它成功地解释了极端的 VO 语言和 OV 语言的修饰语与核心词之间的语序配置。例如：

极端的 SOV 语言，修饰语向左分支（如日语和韩语）：定语＋名词，状语＋动词

极端的 VSO 语言，修饰语向右分支（如阿拉伯语）：名词＋定语，动词＋

状语

但是前一章我们也指出过,BDT 无法解释有些 SVO 语言是“名词+定语”和“动词+状语”的配置,但也有一些 SVO 语言有“定语+名词,动词+状语”的配置,甚至还有一些 SVO 语言的状语既有前置也有后置的。还有一些 SOV 语言中定语后置和状语后置。有些 OV 语言同时存在形容词定语前置或后置的现象。

如前所述,与此相关的另一个问题是,为什么形容词位置与 VO 或 OV 基本语序不相关? Dryer(1992)认为“形容词+名词”是非短语范畴,而非短语范畴不受 BDT 的约束。这一解释存在的问题是:为什么名词和形容词的组合是非短语的,而名词和冠词组合是短语的?(冠词与名词之间的语序与 VO 和 OV 相关,VO 语言冠词倾向前置,OV 语言冠词倾向后置)这种解释有规定性嫌疑。Hawkins(1994:58)提出成分识别域(Constituent Recognition Domain)以及直接成分及早识别原则(Pinciple of Early Immediate Constituents,EIC),(Hawkins 1994:77)。但是 Hawkins 的理论似乎难以解释 VOM/P(VO+方式状语或介词短语)的句法配置,也难以解释 MOV(方式状语+OV)的句法配置。

本章尝试在 BDT 以及 EIC 的基础上通过句法成分的合理配置以及名词短语的整体性要求做出解释。解释的程序是,如果结构内的弱解释能够解释的,就不动用结构外的强解释。

基本假设:在多命题组合句中,定语和状语都是潜在的述谓成分。例如:

(1)迟到的张三可怜巴巴地说。

其中“迟到”和“可怜巴巴”都是述谓“张三”的成分,即“张三迟到”“张三可怜巴巴”。句法配置的主要工作就在于如何将底层语义结构中若干命题结构中的若干述谓成分合理地分配在表层句法的最合适的位置上。

本章假设人类句法表层结构最合理的句法配置有两条基本原则:1. 在尽量保持分支方向和兼顾 EIC 的基础上,次要述谓成分避免与主要述谓成分占据相同句法位置;2. 语义靠近(Bybee 1985;Givón 1991;Lu 1998,直接成分尽量靠近,例如:宾语与动词,修饰语与核心)。

第一条原则中的“次要述谓成分避免与主要述谓成分占据相同句法位置”为的是照顾“主要谓语动词凸显效应”。例如形容词定语、方式状语尽可能不插在主谓之间。如果形容词定语和方式状语插在主谓之间就可能与动词争夺述谓核心地位,定语和状语必须通过弱化自身的述谓性以凸显核心动词的主要述谓性。这是结构内合理的句法配置。如果违背这一原则，形容词定语或方式状语就可能与名词构成述谓结构从而干扰主要谓词与名词之间的结构关系，造成结构的混乱。本章主要讨论三种优势语序 SOV、VSO、SVO 中修饰语的句法配置。

3. SOV 语序

3.1　形容词与名词

根据目前调查统计得到的数据显示，形容词与名词之间的语序似乎与 VO 或 OV 基本语序无关。不仅总体上形容词倾向后置于名词(878:373，wals，截止 2014，4，20)，而且无论在 VO 语言还是在 OV 语言中都能见到形容词前置于名词和形容词后置于名词的现象。那么这一表面看起来似乎无法解释的现象是否还能得到其他合理解释？

本章的假设是，无论是从发生学角度还是从句法需求角度，都可以假设形容词本质上是对名词的述谓。发生学上，人类语言的词类，最早出现的是动词，然后是名词，紧接着就是形容词。(Hengeveld，1992)形容词的出现是因为人类对名词有限定或描述的需求(如果动词是对名词所对应的客观对象的外部运动的描述，形容词则是对客观对象内在属性的描述)。因此形容词天然地与名词联系在一起，句法上要求与名词发生结构关系，语义上与名词构成述谓关系。因此本质上形容词是名词的述谓。并且由于形容词是述谓名词内在属性的，根据语义靠近原则，它要比动词更靠近名词。

人类语言中主语与动词的语序，S-V 为压倒性优势(1193:194，wals:82A，2014，4)。如果接受本章前面的假设，形容词作为名词的述谓语，根据结构和谐原则，它应该与 S-V 语序基本平行。这是形容词在名词之后占绝大多数的最重要的动因。但如何解释 878:373 中的那 373 种语言的形容词在名词之前？本章假设有三条可能存在的原则或动因：这些原则或动因之间有可能竞争和合作。除了“结构和谐原则”外，有些语言中其他原则可能会起主导作用。

第一，主要谓语动词凸显规则。形容词需要避免与主要动词争夺主要述谓位置，避免花园小径效应。无论是在 SVO 语言还是在 SOV 语言中，动词总是居后，如果形容词作为述谓词同样居后，这就容易造成一个结构上的麻烦——与核心动词争夺述谓位置。如果形容词作谓语没有其他形式标记(英语中用系动词标记),在"同步组块"的心理操作中,该语言首先会将名词与其后面的形容词组合成一个主谓结构。如果形容词并非句子的核心谓词,而是名词的修饰成分,这就容易造成花园小径效应,徒然增加心理操作负担。这是一个不合理的结构形式。例如下面的结构:

(2)犯人不听劝告的一律关禁闭。

同步组块程序执行到"劝告"时心理加工结果是"犯人不听劝告"这样一个主谓结构,但到"的"时,则撤销前面的句法组合,重新处理为后置定语的句法操作。这显然是不经济的。如果形容词定语在名词之前,则会避免类似的花园小径效应,如:

(3)不听劝告的犯人一律关禁闭。

第二,名词短语整体化驱动。形容词与名词的组合多数情况下是与名词构成一个短语,该短语具有结构整体性。名词短语内部结构越紧密,整体性越强。如何体现名词短语的整体性?形容词前置于名词是体现名词短语整体性的重要手段之一。原因在于形容词通常比名词更复杂,更重,重成分在前也容易形成整体效应。这与语音学上的重音在前整体性强,重音在后整体性弱(过程性强)一致。如英语中很多词的重音可以分别落在第一音节或第二音节上,落在第一音节上的通常是名词,落在第二音节上的通常是动词,如:

′refill n. ,	re′fill v.
′refit n. ,	re′fit v.
′reprint,n. ,	re′print v.
′rebound,n. ,	re′bound v.
′remake,n. ,	re′make v.

另外,根据可别度高的成分前置的原则,名词有前置的动力,而形容词的述谓性则有质量的动力,这两个动力形成"挤压效应"(Lu Bingfu,2009),使得形容词与名词之间的关系更为紧密。相反,如果形容词后置于名词,由于结构上 S-V 的模式解读,其间的分析性或离散性更高,更容易解读为主谓结构(过程性)。

第三,人类语言中 OV 语言略占多数(语言发展早期 OV 占多数的倾向或许更明显),OV 语言的从属成分左分支,形容词如果作为名词的修饰成分而不是谓语成分,那么分支上的一致性原则驱动其前置于名词。

以上主要谓语动词凸显规则、名词短语整体化规则、定语前置满足分支方向一致，这三条动因造成相当一部分形容词前置，约占形容词与名词之间语序总数的 1/3 强。

3.2　状语

OV 语言的方式状语(M)有四个句法位置：

MSOV，SMOV，SOMV，SOVM

MSOV 因为 M 距离 V 太远，严重违背语义靠近原则和 EIC 原则，因此没有被绝大多数语言采用也是情理之中。

从距离上看，SOMV 方式状语靠近动词，按理是合理的句法配置，但由于它前置于主要动词并具有述谓性(如张三满意地睡了)，很容易与前面的名词构成主谓结构的解读(类似上一小节中形容词后置于名词的情况，同样容易构成花园小径)，影响主要动词的述谓地位。从句法内部的组织结构来看，也不是最理想的句法组配模式。

在 SOV 语言中，由于宾语有强烈靠近动词的需求，因此方式状语比较合适的句法配置应该是 SMOV。这种配置一方面可以满足宾语靠近动词的需求，同时也可以满足修饰成分左分支方向的需求，并且状语也尽可能地与核心动词靠近。

当然，另一个也可能是较为合理的句法配置是 SOVM，这个句法配置可以同时满足宾语与动词、状语与动词语义靠近的需求，但可惜违背了分支方向一致原则，分支方向一致或许是 SOV 语言中一个权重极高的原则，尤其是对状语与动词的关系而言，因此 SOV 语言中状语后置的相对少一些。

再看介词短语状语的配置。

根据 Dryer & Gensler(2005)的报告，介词短语在 OV 语言中的三个位置分别为：

PpOV　　43%

OVPp　　35%

OPpV　　22%

以上数据表明，最多的是 PpOV，其次是 OVPp，再次是 OPpV。这如何解释？

PpOV 组合，状语远离核心动词，没有对核心动词产生干扰，同时满足了 O 靠近 V 的语义句法要求和分支方向一致和谐原则，该结构模式应该是一种合理的配置，因此它占 43%，排名第一。

OVPp，满足宾语和状语的语义靠近原则，由于 Pp 状语的述谓性非常微弱，因此对核心动词的干扰相对减少。该结构由于违背了分支方向原则，虽然总体上配置还算合理，但并非最优配置。这种句法配置占 35%，排名第二。

OPpV，该句法配置在将 O 与 V 隔开的同时也阻碍了核心谓词的凸显，在所有句法配置中，宾语粘合动词大概是最强烈的句法驱动，该句法配置恰恰违背了这一最强的句法要求，因此虽然符合从属成分分支方向一直和谐原则，但由于阻碍了宾语粘合动词，所以在三种句法配置中是最差的一种。这种句法配置占 22%，排名最后。

4. VSO 语序

状语：在 VSO 语言中，述谓成分在前，如果动词带方式状语，方式状语为了不与主要动词争夺述谓位置，需尽可能后置于动词，构成 VSOM 语序。人类一般的认知或心理操作顺序是，先出现被陈述对象，然后对其加以陈述（几乎所有的 VSO 语序都可以转换为 SVO 语序）。动词和方式状语的关系本质上是方式状语述谓动词，因此作为述谓成分的方式状语在后，作为被述谓成分的动词在前，也合情合理。并且，方式状语后置也可以通过其自身的弱述谓性来凸显动词的强述谓性，这样的结构布局也与核心在前修饰成分在后的右分支方向一致。

下面看定语。在句法功能上，定语相对其被修饰成分而言都是述谓性的。我们假设如果某一 VSO 语言中，主语和宾语的定语都前置，形成"定语—名词"的句法格局，因此"定语—名词"中定语的述谓性势必得到凸显，因为具有述谓性的定语在前、被修饰成分在后，这种句法格局与该语言的基础成分动词和名词的组配模式"述谓＋体词"相混。换句话说，"定语＋名词"的句法模式干扰了句子"动词＋名词"的基本格局。为了避免这一冲突，唯有定语后置。且定语后置也与该语言的右分支方向保持一致。因此 VSO 语言的合理语序应该是：

V-M　S-Attr　O-Attr

VSO 基本语序似乎有两个不合理的配置：1）宾语与动词距离过远，2）可别度低的动词先出现。但由于 VSO 语序分支方向简单的一致性，所有修饰语全部后置于核心成分，在规则上非常简单一致，大大提高了规则的经济性，还是大约有 9%的语言采用了这种语序。

VSO 语言另一个不方便的地方是，当名词句（话题句）采用 SVO 语序，此时 S 的后置定语可能与主要动词形成主要述谓权的争夺。如果定语述谓性较强，则极有可能形成花园小径效应。如类似的句法布局：S-Attr V O，如果主语的定语是述谓性较强的形容词（或者从句）并且定语没有标志，那么就很有可能形成花园小径效应。这在心理操作上是不经济的。

5. SVO 语序

先讨论主语的定语问题。

VO 语言中不少定语是前置的，根据 wals 的数据，VO 语言中至少有 114 种语言的定语是前置的，456 语言的定语是后置的。定语前置的句法配置并不符合 VO 语言的右分支原则，因此其背后应该有更强的动因。

对定语前置这一句法配置的动因的解释或许应该是：当主语带后置定语、语义指向主语时，后置定语与动词谓语处于相同语法位置，这违背了主要谓语动词凸显规则，定语与主语之间容易形成主谓结构的心理操作形成花园小径效应（如上文例（2）所示），因此，为了避免这一点，较为合理的句法配置应该是：

Attr-S-V

方式状语的情况与此类似，如果方式状语前置于动词，同样容易形成对主语的述谓。例如下面的例子：

（4）张三可怜巴巴地说……

听话者听到“地”之前，句法上最常见的操作是将前面的“张三可怜巴巴”处理为主谓结构，直到“地”出现才放弃这一句法组合的可能性，而此时花园小径已经构成，已经造成了不必要的心力浪费。为避免类似上例方式状语强于动词述谓的可能，方式状语后置于动词是最合理的句法组配。因此，在 SVO 语言中，方式状语与核心动词最合理的句法组配应该是：

S-V-M

那么宾语与方式状语的关系又如何解释呢？

由于方式状语具有述谓性，因此如果方式状语后置于宾语，那便形成O-M组合，这一组合与动宾结构V-O构成对立（一个谓词性成分在后，一个谓词性成分在前），由于OM组合中后置于O的M远离V，这一句法配置使得宾语与动词保持了最近距离，所以也是最合理的句法组配，即：

V-O-M

当然，如果方式状语简单而宾语过分复杂，那也可能作为一种临时性句法操作形成V-M-O的句法格局，这只能是遵循"外大内小"原则的一种临时性句法行为。

下面讨论SVO语言中宾语的定语问题。

先看SVO语言中宾语的定语。如果宾语的定语前置，定语势必将动词和宾语阻隔开来，这不仅违背语义靠近原则（宾语要求尽量靠近动词），也违背主要谓语动词凸显原则（具有述谓性质的定语紧挨着动词）。这有些不太合理。但我们看到确实有不少SVO语言宾语的定语前置，这类定语前置或许是受到下面两个因素的推动：

第一，我们在前面讨论过，SVO语言主语的定语最佳的句法组合是定语前置，如果同一SVO语言中主语的定语前置，宾语的定语后置，显然这在规则的一致性上是不合理的，也是不经济的。

第二，定语前置使名词短语更具整体性。这里进一步发挥一下我们在3.1节中所陈述的两个理由。第一个理由是，一般情况下，定语要比名词更复杂（物理长度更长），前大后小的结构在认知心理上容易看成一个整体。甚至连动物也会利用这一点吓唬对方（羽毛或鬃毛竖立），这与音乐上的先重后轻的音程感知类似（由强到弱容易理解为一个对象整体，由弱到强容易理解为一个过程）。第二个理由是，名词比形容词可别度更高，高可别度的成分有前移的动力，而名词前的定语（通常是形容词）其可别度通常低于名词，具有更强的述谓性，这样的成分要求后置。后置的名词要求前置与前置的形容词要求后置，这二者间形成一种"结构挤压"（LU，2009），使得该结构内部更为紧密，因此整体性更强。

因此SVO语言中无论是主语的定语还是宾语的定语前置，有较高程度上的合理性。

有关形容词定语wals的最新数据表明，在1366种语言中，373种语言的形容词前置于名词，878种语言的形容词后置于名词。其中同为OV语言的，形容词前置的有216种，后置的有332种，同为VO语言的，形容词前置的只有 114 种，而形容词后置的却有 456 种。从比例上看，OV 语言中形容词前置的多于 VO 语言形容词前置的比例。这在很大程度上表明分支方向一致动因所起的作用。

根据 Dryer(1992)，绝大部分介词短语状语(PP)和方式状语在动词的同一侧，比例为：88 ∶ 7，即方式状语与 PP 状语不在同一侧的在 95 种语言中只有 7 种。极少数不一致的语言，例如在 PP-V 语言中，方式状语前置的有 42 种语言，而方式状语后置的只有一种语言(42 ∶ 1)，这种语言恰好是 OV 语言。在 V-PP 语言中，方式状语后置的有 36 种，方式状语前置的有 6 种语言(36 ∶ 6)，这些语言恰好是 VO 语言。

但是如果细心一些会发现，介词短语前置，方式状语强烈倾向前置，极少反例(42 ∶ 1)。但是介词短语后置的语言，方式状语有少数(不是极少数)前置：36 ∶ 6。从 36 ∶ 6 的比例中我们可以提出的问题是，为什么 VO 语言中有少部分语言的 PP 状语后置而方式状语前置？其中有何合理因素？

我们从 VO 语言与方式状语(M)在句法组合上的逻辑可能进行推导：

如果一种 SVO 语言，其方式状语与动词和宾语之间的句法组配模式是：VMO，这种句法组配符合分支方向一致要求，但违背 O 与 V 靠近的要求。因此在方式状语后置的语言中，这种组配是很少的。

如果一种 SVO 语言，其方式状语与动词和宾语之间的句法组配模式是：VOM，符合分支方向一致要求，但违背 M 靠近 V 的要求。虽然 M 与动词之间有直接句法语义关系，有直接靠近动词的要求，但相比宾语这个动词的内论元而言，方式状语是更为外在的因素，因此 VOM 是最为合理的句法配置。也是多数 VO 语言方式状语的句法配置。

如果一种 SVO 语言，其方式状语与动词和宾语之间的句法组配模式是：MVO，同时符合 M 和 O 都靠近 V 的要求。但这种句法组配有两个不合理的因素，一是违背分支方向一致要求，另一个是方式状语插在主谓之间，方式状语很容易与主语构成假性主谓结构进而构成花园小径效应。因此，这种句法模式虽然有部分合理因素，但终因代价过大而导致使用的语言很少。所以在 42 种 VO 语序并且 PP 状语后置的语言中，方式状语前置的只有 6 种语言。

6. 可能的启示

人类语言最原始的句法配置(在句法结构极其简单的状态下)倾向以下

四条基本原则：

1)名词领先，或 N-V 原则；

2)分支方向和谐；

3)宾语与动词靠近；

4)语义靠近和直接成分尽早确认原则。

形容词在原则 1)和原则 2)上互相冲突，造成类型上的不相关。

形容词后置名词略占优势是 N-V 的类推的驱动，也是名词可别度高于形容词的驱动。(Greenberg,1966;陆丙甫,2006)

随着人类思维的复杂化和精确化，导致修饰成分的复杂化。简单的分支策略显示出心理操作的不便，由此产生某些修饰成分违背分支策略的位置移动，主要表现为：

A)VO 语言定语的前置化;B)OV 语言 PP 状语的后置化。

它们受下面因素的驱动：

1)次要述谓尽量远离主要谓词，凸显主要谓词；

2)名词短语的整体化要求，驱使其复杂修饰成分前置。

7. 小结

我们假设:状语严格的左右分支(所有状语成分统一置于核心另一边)因其规则的经济性，成为原始语言的最底层形式。状语分支的不一致配置是后起的。是为了满足结构配置合理的要求。实际数据支持状语依据分支方向。

但是形容词定语数据显示倾向后置，我们假设主要是形容词的述谓性驱动的结果。

形容词定语与 OV、VO 不相关的主要因素为：

1)大部分语言形容词后置是由于形容词具有较高述谓性而仿造主谓结构类推的结果。

2)VO 语言主语的定语前置满足了主要动词凸显要求，而且也满足名词短语整体性要求。但宾语定语前置并不合理。这也使得部分 VO 语言的形容词定语后置。因此：

在 SVO、VSO 语言中状语前置蕴涵定语前置

在 SOV 语言中状语后置蕴涵定语后置

不少 OV 语言定语后置但也可前置。如景颇语(SOV)。根据戴庆厦、

徐悉艰(1992:356—357)以及顾阳、戴庆厦(2003:70—99)的语料,定语在后的内部结构紧密,更像复合词。定语在前的更像典型的定名组合,且小句定语倾向在前。如戴庆厦,徐悉艰(1992:357)。根据李云兵(2008:74—78)的描写,藏缅语中 N+Adj 均为简短构式,与复合词更为接近。如剑川白语、独龙语。类似的现象还存在于下面的民族语言:博嘎尔语、义都珞巴语、苏龙语、格曼僜语,在无标识条件下,定语后置(李云兵 2008:76)。

仔细观察以上现象,这些所谓的定语都是分类性的,更具指称性。但凡复杂定语都表现为 Adj+N 结构。如果说"今天的词法曾是昨天的句法",再结合这些语言中(如景颇语)的形容词与动词同属一个大类,形容词更接近谓词,那么历史上这些语言的强述谓性形容词参照动词置于名词之后或许是早期句法组合的遗留现象。但也有形容词与动词界限不清,而定语前置的,如韩语。

OV 语言中描述性定语修饰语如果处于名词之后可能构成花园小径,因此这些语言中描述性定语置于名词之前应该是一种合理配置,也是一种和谐语序。或许可以预测 OV 语言定语后置的句法配置将日渐衰弱。

OV 语言的小句定语后置,或许主要受"大块置后"原则的驱动。但宾语的定语从句间隔了宾语和动词之间的距离,是一种不合理的配置。但这一因素不至于导致 OV 语言中有太多的定语从句后置,这一现象还需要寻求更好的解释。

第五章　从与 OV-VO 相关和不相关参项考察普通话的语序类型

1. 引言

汉语究竟是 VO 型语言还是 OV 型语言，以往莫衷一是。认为是 VO 语言的有 Light, T.（黎天睦，1979）和 Huang, C. T. J.（黄正德，1982），认为是 OV 语言的有 Tai, J. H. Y.（戴浩一，1973，1976）和 Li, C. N.（李纳）及 S. Thompson（1974，1975）。大汉语区（包括各小方言区）存在 VO 和 OV 两种并存的句法成分排列是不争的事实。问题是数量上的优势与劣势。桥本万太郎（1985/2008：2.3—2.4 节）认为整个汉语区的语序从中国南部到北部呈现一个由顺行的 VO 结构向逆行的 OV 结构逐渐过渡的状态。刘丹青（2001）所搜集的材料证明汉语存在下列等级序列：吴闽（最弱的 VO）——官话等（温和的 VO）——粤语（强烈的 VO）。如果用传统方法总结以往的研究，汉语几个主要的方言语序大致如下：

(i) 北方方言（VO＋OV）

(ii) 湘方言（VO＋OV。OV 主要是湘西，可能受土家语影响）

(iii) 赣方言（倾向于 VO）

(iv) 客家方言（倾向于 VO）

(v) 粤方言（倾向于 VO）

(vi) 吴方言（VO＋OV）

(vii) 闽方言（VO＋OV）

以上这些所谓的倾向并没有经过严格的定量甚至计算性的考察，多数是根据局部的语言事实进行的不完全归纳的结果。要对这些方言进行语序类型的可靠定性，必须在相当可靠的一系列类型学相关参项的逐一考察的基础上做出。单凭仅仅是动词和宾语之间的举例性证明是远远不够的。

学界一般认为普通话在语序方面不可避免地受到北方方言的影响。现代汉语北方方言口语中有明显的 OV 语序倾向，桥本万太郎(1985:40—41)认为北方普通话较多受到阿尔泰语系语言 OV 语序的影响。我们认为这个原因比较可靠，因为中国辽、金、元、清历代的官话分别为契丹语(蒙古语族一支)、女真语(满语前身)、蒙古语、满语，语序都是 OV，发生地或影响范围主要在北方，而明代官话吴语也存在 VO 和 OV 两种情况。另一个佐证是，北方青海的西宁方言、宁夏银川方言、甘肃临夏方言(回族地区)都有强烈的 OV 语序倾向。因此我们认为，普通话 VO 和 OV 两种并存的句法成分排列受北方方言口语的影响，而北方方言口语则主要受阿尔泰语系以及历代官话的影响。另外，值得注意的是，蒙古、日本、朝鲜的语言都是 OV 语序，在历代交流中也会存在一定民族语言接触的影响。

有的学者(Chao-Fen Sun & Talmy Givón，1985)用统计意义上的句型对比来证明某种语言的语序类型，我们认为这不能作为某一语言语序类型上的证据。一种语言的最底层的语序类型是该语言"基因"，要考察该语言的语序类型关键在于这种语言能够接受哪些语序，而绝对排除哪些语序。即这一语言可能有的形式和不可能有的形式。使用量的多少与语言本质属性无关，而与倾向程度有关。

鉴于汉语内部的复杂性，各方言情况都不相同，因此我们暂时只选取汉语普通话作为研究对象，重点考察普通话在语序类型上的特点。

我们在本书第二章中已经指出过，Dryer(1992)等发现的 15 对与 VO 和 OV 语序密切相关的句法组合现象，OV 或 VO 与这些句法组配之间存在蕴涵关系。例如是使用前置词还是后置词，比较结构中的形容词是在比较基准之前还是在比较基准之后，状语倾向于在动词之前还是在动词之后，关系小句在名词之前还是在名词之后等等。这些相关的句法组合构成蕴涵式的后项，即若 VO 型语言，则有相对应的 15 对 X 的句法组合，反之 OV 型语言则有 15 对-X 的句法组合。对某一条件蕴涵命题而言，假如同一对象具备蕴涵命题的所有后项或绝大部分后项，我们几乎可以断定，该对象与蕴涵命题的前项之间存在对应关系，或存在双向蕴涵关系。因为 X 和-X 的数量足够，所以它们也构成了对前项的蕴涵。因此，所有的 X 和-X 后项的集合也可以蕴涵 VO 或 OV 语序类型。实际上这已经满足了"充要条件"双向蕴涵关系的要求，即充要条件关系。

因此，我们可以通过相关蕴涵式后项的集合的句法组合的性质来衡量语言学家以往尚未观察过或观察得还不充分的语言，确定这些语言在语序上的类型本质。逻辑上这里不存在"削足适履"的问题。本章就试图以相关蕴涵后项的集合来考察并确定汉语普通话的语序类型。

根据 Dryer(1992,2008)及 Haspelmath(2006)的报告，VO 语言和 OV 语言呈现出 15 对相关的倾向性对立(原文见脚注)①，如果一种语言具有以上 15 对倾向性对立组配中的寥寥几个句法配置，这并不能说明这种语言属于 OV 或者 VO 语序类型。但如果一种语言排除这 15 种句法配置中没有的配置(这 15 种句法配置并非所有语言都具备，总有部分句法配置某些语言不具有)，其他所有存在的配置都能在其中找到所对应的语言类型，那这些对应的语言类型足以说明该语言在语序上的基本属性。例如在这 15 对倾向性组配中，如果某一语言具备右侧组配中的绝大多数句法组配，我们便有绝对的把握判断该语言属于 OV 语言，而绝不会是 VO 语言。为此，我们试图用这一方法作为"语序类型指数"来测量现代汉语普通话的语序类型。

需要强调的是，以下所讨论的语序现象不拘泥于所谓的印欧语眼光，也不拘泥于所谓的普通话独特性眼光，而是将所有这些问题或现象放在人类语言的普遍范畴之下。有些最基本的原则必须坚守：修饰名词的都叫作定语，修饰动词的叫作状语，所有附加在名词上表示名词与动词之间的句法语义关系的都叫作附置词(前置词或后置词)，至于它们在这个语言传统语法理论中的名称并不重要，例如传统西班牙语将修饰动词的状语性成分统称为补语，日语传统语法中并没有附置词这一说，大致的说法是助词，实际上就是附置词。从普通语言学角度来看，这些西班牙语中的补语依旧是状语，

---

①

	VO correlate	OV correlate
(a)	adposition-NP	NP-adposition
(a)	copula verb-predicate	predicate-copula verb
(a)	'want' -VP	VP-'want'
(a)	tense/aspect auxiliary verb-VP	VP-tense/aspect auxiliary verb
(a)	negative auxiliary-VP	VP-negative auxiliary
(a)	complementizer-S	S-complementizer
(a)	question particle-S	S-question particle
(a)	adverbial subordinator-S	S-adverbial subordinator
(a)	article-N′	N′-article
(a)	plural word-N′	N′-plural word
(a)	noun-genitive	genitive-noun
(a)	noun-relative clause	relative clause-noun
(a)	adjective-standard of comparison	standard of comparison-adjective
(a)	verb-PP	PP-verb
(a)	verb-manner adverb	manner adverb-verb

而不是补语(近年来西班牙国内的语法学家开始采用状语这个术语来指称修饰动词的成分了)。普通话中也有类似的情况,传统上把动词前修饰动词的成分称作状语,而动词后修饰动词的成分称作补语,实际上就是状语(有关此类问题的讨论参见金立鑫,2009、2011)。

以下我们只指出语言事实,限于篇幅,每种事实不多列举,所有例句均有能产性,排除孤例。对科学研究来说,事实比理论更重要。任何学者可以不向任何理论低头,但不能不向事实低头。这是一个有良知的科学工作者必备的科学素养。

2. 与附置词(adposition)相关的句法配置

2.1 前后置词

1)OV 语言:压倒性倾向使用后置词(postposition)

VO 语言:压倒性倾向使用前置词(preposition)

普通话中,既有前置词也有后置词,甚至有时在一个结构中前、后置词同时使用。例如:

(1)草地上躺着一些人。

(2)放了本书在门口。

(3)留了个纸条在门上。

例(1)使用后置词“上”;例(2)使用前置词“在”;例(3)既用前置词“在”也用后置词“上”。

前后置词是类型学家们测量 OV 还是 VO 语序类型的最重要的参项。因为前后置词与 OV 或 VO 之间存在几乎是双向蕴涵的充要条件关系。尽管不是绝对的双向蕴涵。但该参项在语言类型学中具有相当高的权重。汉语普通话前后置词混用的现象表现了它具有 VO-OV 混合语序的特征。有学者认为这里有个程度问题,即普通话中的后置词成员的数量与前置词相比要少得多。但普通话中的“的、地、得”本质上也是后置词。这些后置词的使用频率极高。虽然数量所表现的是语序的相对强弱(极端的强弱对比除外),但并不影响质(即类型)的差异。何况后置词在普通话中几乎是难以省略的功能标记,是强制性的成分。再者,前后置词与 VO-OV 语序之间几乎就是充要条件关系，或等值关系。这都是语言事实。我们无法忽略它们的存在。

下面我们继续观察严重影响 VO-OV 语序类型的其他参项。

2.2 附置词短语的位置

2）OV 语言：明显的倾向是“附置词短语＋动词”结构

VO 语言：明显的倾向是“动词＋附置词短语”结构

现代普通话中，附置词短语既可以出现在动词之前，也可以出现在动词之后。例如：

（4）操场上站满了人。

（5）大家都站在操场上。

例（4）的附置词短语在动词前，（5）的附置词短语在动词后。这些都是普通话中的语言事实。或许有学者会认为例（5）中的“在”与“站”已经词汇化为一个复合动词“站在”，但这一“理论分析”并不影响“操场上”这个附置词短语在动词之后的事实。同样，将“操场上”在“理论上”分析为“宾语”也不影响“操场上”作为附置词短语的事实。

在上一小节两个涉及前后附置词的参项中，普通话表现为较为典型的混合语特征：既用前置词，也用后置词；本小节的附置词短语参项中，普通话也是附置词短语既可以在动词之前（OV 语序），也可以在动词之后（VO 语序）。有学者认为，普通话中附置词短语前置在数量上远超后者。对此我们未做统计，如果该说法成立，从数量大小上来判断，该现象支持普通话倾向于 OV 语言的观点。我们维持数量相对强弱不改变质的区别的评判尺度。因此在前后置词短语的位置分布上，普通话表现为混合语的属性，在数量上，附置词短语前置于动词更多，表现的是一种更倾向于 OV 的量的倾向性。

3. 与状语相关的句法配置

3.1 比较句的结构

比较句的结构中有两个可以作为测量与 OV 或 VO 语言相关的成分，一个是比较基准（例如“我比他高”中的“他”），另一个是形容词。这两个成分在 OV 和 VO 语言中的组配模式是：

3)OV 语言：比较基准＋形容词

VO 语言：形容词＋比较基准

普通话中有两种比较结构，一种是形容词在比较基准之后的，通常使用前置词“比”，另一种是形容词在比较基准之前的，通常用“于”“过”等标记词。不过用“比”和“过”的比较结构在口语中占多数，用“于”标记的比较句在书面语中较为普遍。如：

(6)a. 张三比李四高。

b. 张三高过李四。

c. 张三高于李四。

(6a)和(6b)都是口语中合格的结构。但(6b)的结构不及(6a)更具能产性。在使用频率上“比”远高于“于”。用 google 检索“比他高”得到 744,000,000 条结果，检索“高于他”得到 68,200,000 条结果(检索时间：2014 年 1 月 15 日 17:34，日本)。如果简单从数量上来看，这一数据似乎支持普通话倾向于 OV 语言的观点。但从功能表达上，比较基准在形容词之后的结构有书面语与口语的区分，功能上相对发达(口语中用“过”，书面语中用“于”)。我们继续维持数量相对强弱不改变质量上的区别的评判尺度。在比较句内部成分的组配上，普通话依然表现为 OV 和 VO 的混合性。

3.2　方式副词的位置

方式副词是绝大多数语言中都具有的，通常用来描述动作行为者实施行为时表现出来的某些情状，因此在汉语传统语法中也称为情态副词。这部分副词语义上通常与施事主语相关，而结构上却与动词相关。在 OV 和 VO 语言中它们的组配模式倾向是：

4)OV 语言：方式副词＋动词

VO 语言：动词＋方式副词

我们来看普通话，在普通话中或许用方式状语来讨论这个问题更合适。在很多场合下方式状语都有两个位置，即使是同一个方式副词。由于汉语中的“结构助词”“de”有不同的文字形式，而实际口语中并无这种区分(语言学家首先应该面对的是口语事实，而非书面语的转写形式。事实上汉语并不区分名词的修饰语标记“de”和动词的修饰语标记“de”，一如并不区分男性和女性的第三人称代词一样，书面上的分化是人工干预的结果)，因此为了尊重事实，我们用 de 来标记这些不同位置上的结构助词：

(7)a. 张三急急忙忙 de 走了。
b. 张三走 de 急急忙忙 de。
(8)a. 阿 Q 可怜巴巴 de 哭了。
b. 阿 Q 哭 de 可怜巴巴 de。

普通话中方式状语能够前置于动词也能够后置于动词，这在其他语法形态不发达的语言中并不多见(形态发达的语言在默认状态下也有明显倾向，因语用因素影响的位置移动另当别论)。通常情况下，方式状语前置于动词是 OV 语言的语序组配，后置于动词是 VO 语言语序的组配。但是汉语普通话兼而有之，这也说明普通话是一种 VO-OV 混合语。

顺便指出，在传统汉语语法中，(7b)和(8b)中的方式状语被命名为“补语”，从跨语言的比较和语言类型学上来看，这种命名是比较难接受的。

当然，同一个语法成分有两个不同的语法位置，尽管它们在语法功能上没有什么不同，都是对核心谓词的修饰，但在不同的语法位置表达了什么样的语义差别，这是需要进一步研究的。这或许正是现代普通话语法中最需要研究的问题之一：普通话语法中同一功能的语法成分在前后不同的语法位置究竟表达了什么样的语义差别？这种差别在其他语言中是如何表达的？这背后有没有语言共性可以挖掘？这是很值得进一步探讨的。

4. 与名词短语相关的结构配置

4.1 关系小句的位置

关系小句在类型学中表现并不平衡，在 VO 语言中它以压倒性优势表现为关系小句后置于名词。换句话说，在 VO 语言中几乎没有关系小句前置于名词的。我们在上一章 3.2 节中指出过，wals 第 96 章中报告，在所有统计到的 421 种 VO 语言中，关系小句在名词之后的有 416 种，而关系小句在名词之前的只有 5 种，除了汉语普通话之外，其他四种有三种在中国大陆境内(广州话、客家话、白语)，一种在台湾境内(阿美语 Amis)，它们大都与汉语普通话或多或少有地缘或接触上的联系。Dryer 早前(1992)的报告是在所有统计到的 61 种 VO 语言中汉语是唯一一个关系小句前置于名词的 SVO 语言。

我们再看 OV 语言，关系小句在 OV 语言中以较弱的倾向前置于名词，有接近一半的 OV 语言有后置于名词的倾向：132 比 113。由此可以看出，VO 和 OV 语言在关系小句中的语序倾向是：

5)OV 语言：关系从句＋名词(弱倾向)

VO 语言：名词＋关系语从句

Dryer 将汉语普通话归入关系小句前置的语言类型。那么汉语普通话中关系小句的位置到底如何呢？如果我们用跨语言的眼光来看普通话，下面例子中的定语我们或许不能不看作关系小句：

(9)a. 老张娶了个很会做菜的老婆。

假如我们将“很会做菜的”看作是修饰“老婆”的定语，那这个定语就是个关系小句(也可以叫作定语从句，意思一样)。那么，就这一条证据足以证明，汉语普通话不是典型的 VO 语言。类型学中，在所有 VO 语言中前置于名词的定语性成分中，关系小句的语法等级最低，也是最不可能前移到名词前的成分。而普通话中的关系小句却可以在名词之前。这足以证明普通话不可能属于典型的 VO 语言。

当然问题还没到此为止。普通话中的关系小句也可能移动到名词后面，虽然这种所谓的从句在后的结构不被多数人看作从句。例如：

(9)b. 老张娶了个老婆很会做菜。

在传统汉语语法中，(9b)后面的“很会做菜”并不看作关系小句。但这并不妨碍我们进一步研究，我们还可以提供另一组相似的例子：

(10)a. 不遵守纪律的犯人一律关禁闭。

b. 犯人不遵守纪律的一律关禁闭。

实际上，古汉语定语后置的句法结构并非罕见，如：“马之千里者”“居庙堂之高，则忧其民；处江湖之远，则忧其君”。那么我们是否由此可以证明普通话在关系小句上也属于混合型语言呢？要下这样的论断是困难的。第一，关系小句后置于名词在现代汉语普通话中相当罕见，具有强烈的极大量和极小量(甚至可以忽略不计)的对比；第二，有相当多的 OV 语言的关系小句可以处在名词之后(关系小句处在名词之后自有其合理性，这个问题另外研究)。第三，无论我们是否将这些例子中名词后面的限定成分看作还是不看作定语都改变不了这样一个事实：压倒性的倾向是VO语言的关系小句不出现在名词之前，而普通话中的关系小句典型的分布恰恰处在名词之前。这一点无法否认。至少在这一点上，我们不支持普通话是VO语序的语言，因为语言事实并不支持这一观点。普通话的关系小句格局支持它更接近OV语序的句法组配模式。当然，仅凭这一点无法认定普通话就是OV语序的语言。判断某语言在基本语序类型上的性质必须结合所有语序蕴涵参项从整体上来判断。这要等我们测试完所有语序类型参项之后才能得到较为明确的答案。

4.2　领有成分的位置

领有成分与名词之间有句法位置的组配关系，它要么在名词前，要么在名词后。Dryer(1992)的数据是：

OV-GN：112

OV-NG：12

VO-GN：30

VO-NG：63

OV语言中，领属成分在名词前后的比例为112∶12，VO语言中，领属成分在名词前后的比例为30∶63，也就是说OV语言领属成分强烈倾向前置于名词，VO领属成分较弱地倾向后置于名词。即：

6)OV语言：领有成分＋名词

VO语言：名词＋领有成分(弱倾向)

现在我们来看普通话的语言事实：

(11)a. 老张的孩子。　b. *孩子老张的。

(12)a. 我的书。　b. *书我的。

这样的句法组配更接近OV语言的句法组配，尽管VO语言中也有部分领有成分在名词之前，但那不是VO的优势倾向。另一个重要的证据是，普通话中我们无法列举出领有成分可以处在名词之后的事实。从这点上来说，我们无法支持普通话在该参项上倾向于VO。

4.3　功能标记和名词

本小节讨论的与名词相关的功能标记是冠词和复数词。

先看冠词，冠词在 OV 和 VO 语言中的结构配置大致为：

7）OV 语言：名词＋冠词

VO 语言：冠词＋名词

如果我们将普通话中的“这”和“一”等根据其在语篇中的主要标记功能看作类似冠词的成分，那么我们可以类比着进行比较。否则该参项可以忽略不计。假如我们将“这”和“一”等类比为冠词，则普通话中这两个成分必须处在名词之前，绝不能在名词之后。在这一参项上，语言事实支持普通话为 VO 语言。

下面来看所谓的“复数词”，复数词指的是某些语言中名词的复数是通过特定的词汇形式表达的，但它又与冠词处于互补分布状态。这些复数词与名词在 OV 和 VO 语言中的句法配置为：

8）OV 语言：名词＋复数词

VO 语言：复数词＋名词

语言事实是，普通话的“们”可以根据生命度等级从高到低逐级向下覆盖到普通人类名词：“人称代词→亲属称谓→普通人类名词”。如“我们”“叔叔们”“兄弟们”“工人们”。再往下生命度较低的名词没有“们”的复数表达：*狗们、*猫们、*桌子们。这在人类语言中并非罕见。很多语言都有类似现象。如越南语。日语中人称代词和姓氏用专门的复数标记，但无生命的名词基本不用复数标记。

汉语普通话的复数标记支持它倾向于 OV 语序类型。

5. 高层谓词和述谓词

语言学家们假设，有一类与一般行为动词相关的、其句法层次和句法地位高于或至少不低于行为动词的动词，这就是所谓的高层谓词。高层谓词的管辖成分为实义行为谓语动词。本小节主要涉及的是 want 类动词，时体助动词，否定助动词和系动词。这四类词与动词的句法组配我们逐一考察。

want 类动词：

9）OV 语言：动词＋want

VO 语言：want＋动词

普通话中类似 want 的动词都出现在实义动词行为之前，没有在动词之后的用例。如果有的话，也是临时性语用组合，而非“句法结构”的组合，例如：

(13)a. 我希望马上就去北京。
b. 马上就去北京，我希望。
c. *我马上就去北京希望。
d. *我马上就去希望北京。

(13b)应该是语用组合，而非句法组合。(13c)和(13d)都证明“希望”不可以出现在实义动词之后。因此普通话在 want 类句法组配上倾向于 VO 语言。

下面看时体助动词：

10)OV 语言：动词＋时体助动词

VO 语言：时体助动词＋动词

普通话中有“着”“了”“过”“在”等功能词(传统上称其为“时体助词”)，但这些一般公认都不是助动词。有不少研究将其称为“后缀”或“词尾”(“在”则为副词)。为谨慎起见，该参数我们忽略不计。

再看否定助动词。有些语言中表达否定是通过否定助动词来实现的。否定助动词与动词的句法配置如下：

11)OV 语言：动词＋否定助动词

VO 语言：否定助动词＋动词

这种严格意义上的否定助动词普通话中并不存在。普通话中只有助动词的否定形式。而且助动词的否定形式前置于动词的和后置于动词的都有，但意义不同。例如：

(14)这儿不能放。
(15)我不能吃。
(16)今天不能干。

如果这些否定形式放在动词之后，表达的可能性不一样：

(17)这儿放不下。
(18)我吃不了。
(19)今天干不成。

(14)—(16)倾向于表达主观原因，而(17)—(19)倾向于表达客观原因。

如前所述，严格意义上的否定助动词普通话中并不存在，为谨慎起见，这一参数我们忽略不计。

最后一项是系动词和述谓词，这里的述谓词主要是指形容词。系动词和述谓词的句法组配在 OV 和 VO 语言中的组配倾向是：

12）OV 语言：述谓＋系动词

VO 语言：系动词＋述谓

普通话的形容词谓语和主语之间不需要系动词。因此本问题与普通话无关，可以忽略。

6. 超句成分和句子

下面有三个组合是超句成分与句子之间的语序问题。但第 13 种组合中的标句词似乎与普通话无关，因为普通话中没有严格意义上的标句词。标句词与 OV 语言和 VO 语言的句法组配倾向是：

13）OV 语言：句子＋标句词

VO 语言：标句词＋句子

这个问题我们可以忽略。下面是疑问标记。疑问标记是多数语言所具有的，它们与 OV 语言和 VO 语言的句法组配倾向为：

14）OV 语言：句子＋疑问标记

VO 语言：疑问标记＋句子

普通话的疑问标记主要在句尾，几乎所有陈述句的句尾加上“吗”都能构成一个一般疑问句。这一点非常像日语的句尾疑问标记か。所以在疑问标记上普通话更接近 OV 语言的组配模式。

普通话还有疑问代词标记，疑问代词标记永远处在被提取成分原有的句法位置上，或者简单一点说，是用疑问代词替换句中需要提问的成分，例如：

(20)谁去北京？

(21)把你什么打碎了？

(22)我怎么做这道菜？

(23)他去哪儿？

(20)的疑问代词在句首，因为提问的是主语；(21)和(22)的疑问代词在句中，因为提问的是句中的成分，(23)的疑问代词在句尾，因为提问的是句尾的成分。有一点需要指出的是，日语中似乎也有句首疑问词构成疑问句，但日语除了句首的疑问词之外，句尾还可以使用疑问语气词，这一点与普通话不同。普通话中不允许出现疑问代词之后再出现疑问语气词，也就是不允许句首和句尾同时出现疑问标记。例如：

(24)谁去北京(*吗)？

(25)把你什么打碎了(*吗)？

(26)我怎么做这道菜(*吗)？

(27)他去哪儿(*吗)？

需要说明一下，(25)如果成立，其意义不是提问“什么”，而是提问某行为是否发生。此外，“谁去呢？”这样的句子中的“呢”不是疑问标记(金立鑫 1996)。而日语如果句首有疑问代词，句尾还可以加上疑问标记词。因此，普通话在疑问标记上倾向于OV语言。

最后来看副词性从属连词。这些副词性从属连词主要指类似于英语中when，although等一类的连接词。这些连接词在OV和VO语言中的句法组配倾向是：

15)OV语言：句子＋副词性从属连词

VO语言：副词性从属连词＋句子

类型学中讨论的“副词性从属连词”主要对应于普通话中的偏正复句连接词，普通话中主要是前置于分句的，例如：因为，所以，虽然，但是，如果，即使，等等。但表示假设关系或条件关系的偏正连词却有一个可选的后置于句子的“的话”。例如：

(28)a. 如果明天下雨，我就不来了。

b. 明天下雨的话，我就不来了。

但是“的话”似乎只能用来连接条件复句，且使用了“的话”还可以同时使用前置的从属连词。鉴于这一显著倾向，普通话在这一参数上倾向于VO语言。

7. 与OV和VO无关的句法配置

除了以上与OV和VO语序直接相关的15对句法组配以外，语言类型学家们发现至少有以下一些与OV和VO语序类型不相关的句法组配，说它们与OV或VO语序无关是因为它们在这两种语序中表现出两种绝对的倾向：要么基本平均分配，要么全部倾向于前置或后置。它们分别是：

16）指示词倾向前置于名词

17）数词和名词的先后关系（OV语言前后几乎均等，VO语言倾向前置）

18）形容词后置于名词（较弱）

19）程度副词弱倾向前置于形容词（OV语言前后几乎均等，VO语言弱倾向前置）

20）否定的功能词倾向前置于动词

21）时体功能词倾向前置于动词

22）时体语素（词缀）倾向使用后缀形式

因为既然是无相关性句法组配，它们也就对判定某一语言属于OV语序还是VO语序无所贡献，也由于篇幅所限，我们简要说明一二。

16）：普通话的指示词前置，没有指示词后置的用例，如：这个人，那辆车。这符合人类语言的普遍共性。

17）：普通话中数词前置后置均有，如：他有三辆宝马，他有宝马三辆。

18）：普通话的形容词也是前后置均有，如：前面来了一位很漂亮的姑娘，前面来了一位姑娘很漂亮。但前置使用的数量更多，因此前置的倾向也较为明显。形容词后置在汉语中一般不会理解为修饰性的定语，一般都理解为谓语。但无论形容词前置还是后置都不足以证明普通话的语序类型倾向。

19）：普通话的程度副词前后置均有如：很好，好得很。但总体上倾向前置，这一点同样无法证明普通话的语序倾向。

20）：普通话否定的功能词前置于动词，如：不去，没去。与人类语言的普遍共性一致（注：不是否定助动词，否定助动词在OV语言中大都分布在动词后，在VO语言中大都分布在动词前）。

21）：普通话的时体功能词有前置于动词的。如：正在图书馆看书。

22）：普通话的时体语素粘着后置于动词，如：着，了，过。与人类语言共性一致。

8. 小结

我们以上讨论了22种句法组配，其中15种与OV和VO语序相关的句法组合中，除了5类与普通话无关的参项被忽略（复数词、系动词、标句词、否定助动词、时体助动词）之外，有10种在普通话中存在，分为三小类：

第一类有四种，为与OV语序也与VO语序相关的句法组配，第二类有四种，为与OV语序相关的句法组配，第三类有三种，为与VO语序相关的句法组配。我们分为三类排列于后：

OV和VO大致均等	倾向于OV	倾向于VO
前后置词	关系小句	冠词的位置
附置词短语位置	领有成分位置	want类动词的位置
比较句结构	疑问标记	从属连词
方式状语的位置	复数词	

综上，普通话中就以上11个句法组配的模式倾向上来看，OV和VO大致上均等，这可以证明普通话属于一种较为典型的VO和OV语序类型的混合语。另外七种与OV和VO不相关的句法组配在普通话中都有所表现，且也大致与人类语言共性相符。

第六章　普通话混合语语序类型的收益与代价

1. 引言

上一章我们通过与 OV 和 VO 语言的相关蕴涵与普通话语序相关的 12 对句法组配参项对普通话的语序逐一进行了测量，结果发现普通话在语序类型上属于较为典型的 OV 和 VO 的混合语序类型。即使我们的测量在量化方面还有进一步细化或还有提升的空间，但大致上的结论不会改变。因为语言事实便是如此。

语序类型较为单纯或者倾向性明显的 OV 或 VO 语言有一个好处，至少从成分的分支上来说，它们执行的是一条一以贯之的分支方向原则：OV 语言向左分支，VO 语言向右分支。例如日语就属于较为单纯的左分支语言：状语前置于动词，定语前置于名词。修饰语都前置于核心成分。阿拉伯语则是较为单纯的右分支语言，定语和状语分别后置于名词和动词。英语已经开始产生一些语序混合语现象，部分修饰语开始前移，例如领属成分开始大量前置，使用-'s 形式表达领属关系的形式大量使用，定语大量前置，甚至部分状语也开始前置。这是一种有趣的现象。我们暂不讨论。本章要讨论的是普通话采用（或逐渐演变为）OV 和 VO 混合语序所产生的结果。

普通话是一种 VO 和 OV 混合语序语言，如我们所展示的，大量修饰语既可以前置也可以后置。甚至某些宾语也既可以前置也可以后置（第九章就此问题专门讨论，哪些所谓的宾语在动词前后是自由的，哪些是不自由的），普通话这些看起来似乎严重违背了语序分支方向和谐一致原则。我们相信，普通话采用这种奇怪的句法配置，它必然有其道理，它一定能从中获得了某种收益，这些收益都有哪些？同时，这种奇怪的句法配置是否会造成系统的混乱给使用者带来困惑或结构上的混乱？为避免这种困惑或混乱，它又是如何运作的？这些是本章所关心的问题。

2. VO 和 OV

在普通话中:VO 语序和 OV 语序并存这是事实,尽管传统语法学将这些动词前的宾语称为"小主语"或"次话题语"或其他成分,但这些都无法改变这些成分属于动词的内部论元的事实(多数语言学理论接受宾语为动词的内部论元,主语是外部论元的假设)。例如:

(1)a. 他作业做完了。
　　b. 他做完了作业。

这两种语序都存在。有意思的是,更多人感觉(1a)比(1b)更自然,更有满足感或更能独立成句,独立性更强。但(1b)在从句中更自然,但与(1a)相比没有显著差别:

(2)a. 他作业做完了就去商店。
　　b. 他做完了作业就去商店。

或许有学者认为(1a)中的"作业"不是宾语,而是话题语。这只是一种理论假设,这一假设无法掩盖该结构在跨语言背景下的语序类型分类。目前还没有足够的证据表明,宾语不属于动词的内部论元。多数情况下,STV 话题结构可能看作是宾语前移的语用结果。但一种语言中这种语用前移一旦构成稳定的结构模式,这种结构模式就应该算作语言系统内的规则部分,而不是单纯的语用现象。如果说 STV 是一种语用操作,那么 SOV 就是一种稳定的句法结构。普通话中"作业做完了"和"做完了作业"两种结构并存,且同样自由(有关普通话中究竟是何种因素导致了 VO-OV 语序并存的问题,我们将在第九章详细讨论)。因此,我们将(1a)归入 SOV 语序类型。因为这个归类得到了与 OV 和 VO 相关的一组句法组配模式的支持。

普通话为允许宾语置于动词前后所付出的主要代价是结构歧义。下面一个经典的歧义句便是普通话宾语既可以前置于动词也可以后置于动词的杰作:

(3)鸡不吃了

很多学者引用过这个经典的歧义句。这个句子可以有两种结构解读:(1)SV,

宾语省略，是“鸡不吃食”的意思；(2)OV，主语省略，是“我鸡不吃了”(我不吃鸡了)的意思。类似的结构歧义还有：

(4)她的鞋做得好 / 他的头发理得好

普通话中，在语义关系允许的条件下，一个名词处在动词前，可以有主谓、动宾两种句法解读。这是普通话的一个重要特点。这在其他有着严格的成分标记的 OV 语言中是不存在的。

如果所有的“N-V”结构都有两种句法解读，这对一个语言的理解来说是非常不利的。歧义太多。而实际上我们知道，在实际语境中无法避免的歧义几乎不存在。以上这些所谓的结构歧义在实际语流中很少会被误解，语境和人的百科知识完全可以排除和过滤掉绝大部分的结构歧义。

那么，普通话作为 OV 和 VO 两种语序并存的系统，它的收益有哪些？我们现在还无法完全观察到 OV 和 VO 两种语序并存的系统的全部收益，但至少在理论上以下收益是明显的：

1)利用在 V 前后的位置标引宾语的定指与不定指；

2)利用 V 前后的位置标引宾语为焦点成分和非焦点成分；

3)宾语可以自由地前置于动词承担“次话题”的功能；

4)当后句的宾语与前句中的成分同指，后句的宾语前置于动词承载语篇上的衔接功能而无须另加定指或宾语标记；

5)当主要动词后有“补语”(很多实际上是状语)成分时，由于“普通话动词居于右侧第二位”的要求，宾语可前置于动词，构成 OVC 布局，获得结构上的平衡；

6)宾语在动词前主语后以突出宾语的对比性(宾语为对比成分或逻辑焦点)；

7)构成“把”字句的基础结构，表达结构致使义；

……

相对上面构成结构歧义这一代价而言，普通话 VO 和 OV 语序并存所得到的收益远远超过其付出的代价，况且任何歧义都能通过百科知识和语境得到过滤，因此可以说这是一笔非常划算的交易。

3. 附置词和附置词短语的位置

在 OV 语言中，附置词总是后置于名词，并且附置词短语总是前置于动词。与此相对的 VO 语言中，附置词总是前置于名词，并且附置词短语总是后置于动词。但是普通话中的附置词却有两种，一种是前置于名词的（传统汉语语法中称之为介词），还有一种是后置于名词的（传统汉语语法中称之为方位词）。并且这些附置词短语也是既可以前置于动词，也可以后置于动词。这种罕见的结构配置可能会造成一些结构问题，由此构成的典型的歧义结构如：

(5)老张在火车上写字

(6)我们在房顶上发现了敌人

例句(5)的主干成分是 SVO（老张写字），但是与主干成分相配的附置词短语却没有遵循 VO 语言的语序。如果该结构中的“老张写字”作为 SVO 基本结构的话，那么“在火车上”这个附置词短语根据 SVO 的句法配置应处在动词之后，但是这个句子中它却处在动词之前。而附置词短语处在动词之前的语序是 OV 语序才有的。例(6)同样如此。此外，如果附置词短语处在动词之前，根据最常见的句法配置，附置词短语理应使用后置词，但这些例子却同时使用了前置词与后置词，由于普通话的前置词语法化得还不够彻底，还带有动词的意味，因此这就产生了歧义。如果(5)和(6)使用下面与 VO 语序和谐的结构：

(5’)老张写字在火车上

(6’)我们发现了敌人在房顶上

歧义解读的可能性就大大降低。

那么普通话冒着这种极有可能构成结构歧义的风险而使用附置词短语前置的收益是什么呢？下面我们尝试性地给出解释。

假如同一个句法成分可以分别处于动词的前后，且并无多少语义差别，并且假如语序作为这一语言中重要的语法手段（在形态严格而语序相对自由的语言中，另当别论，通常这种语序变化多数为语用的驱动），那么这显然是过于奢侈的不合理配置，其中的某个形式必然消亡。但普通话恰恰是语序作为重要语法形式的语言，语序作为一种语法形式的资源是极其有限的，某一成分处于某一句法位置必然有其句法价值。因此，普通话中同一类句法成分如果能处在不同的句法位置，这显然不是一种偶然的奢侈现象，其背后必然有它的道理。下面我们来看两个经典的例子：

(7)在床上跳

(8)跳在床上

绝大多数普通话母语者能区分出(7)和(8)的差别。主要差别有二:其一是所谓的时间顺序差别(时间顺序原则,戴浩一);其二是主观性与客观性的差别。(7)表达的是主观性的可控的行为,(8)表示的是客观性的不可控的行为。这种用位置的先后顺序来表达行为的时间顺序差别以及主客观的差别的形式,在类似的许多附置词短语的句法位置上都有表现。但这种语义上的差别在其他语言中很难用这种手段来表达,例如在韩语中,假如句法成分做类似简单的移动,并没有意义上的差别。再看:

(9)向前走

(10)往我这儿打

(9)和(10)在语境自由的条件下,都表示尚未实现的行为,说话人要求行为之前先设定一个方向,也就是说话人要表达的是"先明确方向,然后行动"。如果这两个例子的附置词和动词的位置颠倒,那就是行为在前,方向在后,很可能用来表达已经实现的行为。这也是附置词短语在动词前或在动词后不同句法位置所表达的意义的差别。这自然也是收益之一。此外,这些附置词短语在动词前后还与表义上的"主观"与"客观"范畴有关(可参考张黎:2003,刘丹青:2005),我们稍后讨论。

这种同一附置词短语通过其可以占据动词前后的句法位置来表达明显不同的语义,而且这些语义内容还比较丰富。这或许是某些语言所独有的。当然同一成分利用不同位置关系表达语义差别的,并非普通话所独有。例如西班牙语的形容词,在名词前后意义有所不同,也是通过位置的前后来表达意义区别的。某些形态发达的语言,很多句法成分的位置都很自由,如俄语和韩语,这些成分在不同位置上也能表达不同的语义,但与普通话不同的是,这些语言中不同句法位置的成分所表达的语义差别都很细微,大都是语用上的,临时的,而不像普通话中是稳定的、显著的句法结构表达的意义。

普通话的附置词有两种形式:前置词和后置词,这两个附置词有三种句法组配方式:单用前置词、单用后置词、前后置词同时用。根据结构的最优组合策略,在动词后用前置词、在动词前用后置词最为合理(符合联系项居中原则)。一般情况下普通话也确实如此,例如:

(11)a. 桌子上有本书　　b. 走向大门口

(12)放在桌子上

(11a)附置词短语在动词前，使用后置词“上”，(11b)附置词短语在动词后，使用前置词“向”。也有既用前置词也用后置词的用例，如例(12)。我们另外讨论。

普通话的附置词可以分别置于动词前后位置，它所获得的收益是能通过这种位置的差别表现语义上的差别，而其代价是可能形成结构歧义。如前所述，实际语境中真正的歧义是很少的，因此总体上普通话在附置词短语的配置上也是收益大于损失。

4. 关系小句的位置

在所有名词修饰语的位序关系中，唯独定语关系小句在 VO 语言中表现出最为明显的压倒性的倾向：VO 语言的定语关系小句都后置于名词。我们在本书第三章 5.2 节中提到 Hawkins(1983:75)；Dryer(1992b)指出的类型学中的一项前置名词修饰语的语法等级：

名词—数词＞名词—指示词＞名词—形容词＞名词—属格＞名词—关系小句

Croft(2003 :123)认为这个语法等级也是这些修饰语是否能前置于名词的蕴涵共性，即如果这些修饰语前置于名词，则按从左往右顺序从数词开始，最后才轮到关系小句前置，也就是说，关系小句在 VO 语言中是最难以前置的。那么这些修饰成分能够处在核心前的连续蕴涵共性便可以描写为：

关系小句—名词＞属格—名词＞形容词—名词＞指示词—名词＞数词—名词

也就是说，如果一种语言中的关系小句前置于名词，那么这个连续蕴涵共性序列右侧的所有修饰成分都前置于名词。有意思的是，普通话完全与这条蕴涵共性吻合。这也证明了这个语法等级的普遍性。

在几乎所有采用 VO 语序的语言中，关系小句都必须后置于名词，否则从句中的谓词性成分很容易与被修饰的名词构成动宾组合形成花园幽径而造成误解。而普通话恰恰却能在使用 VO 结构组配模式的同时使用前置的关系小句(关系小句在前与 OV 结构组配模式一致),这就形成了普通话中较为独特的一种歧义结构:

(13)进口汽车

(14)补充材料

(15)咬死了猎人的狗

(16)批评小李的师傅

这四个句子既可以理解为动宾组合,也可以理解为关系小句和名词的偏正组合。例(15)(16)说普通话的人可以通过重音与节律来化解这种结构歧义,例如(13)(14),如果是重轻模式(进口汽车)倾向于名词理解,如果是轻重模式(进口汽车)倾向于动词性短语(动宾结构)理解。吕叔湘(1984)提到的几个歧义结构也与关系小句前置有关:

(17)我们没有做不好的事情

虽然节律可以化解这种歧义,但如果把关系小句后置于名词,歧义便不存在,因为这种组配与句子的 VO 语序和谐,例如:

(18)我们没有事情做不好的

下面的歧义结构如果在其他语言中可能通过将关系小句还原到名词之后来化解歧义,假如我们引入类似英语中的关系小句标记 that 和 who 之类的引导词:

(19)a. 忘了喂孩子的奶了(有歧义)

b. 忘了奶了 that 喂孩子的(无歧义)

(20)a. 他看了一个月的报(有歧义)

b. 那份报 that 他看了一个月(无歧义)

(21)a. 他是去年生的孩子(有歧义)

b. 他是孩子 who 去年生的(无歧义)

问题是普通话没有这些关系小句后置的句法标记,因此在一般的有关普通话句法结构的文献中，并不将类似下面例(22)处理为关系小句后置。本章下面所使用的“关系小句后置”是一种权宜的做法，此问题有待进一步深入探讨。实际上本书作者更倾向于将该类后置的“关系小句”处理为“次级谓语”(参见5.9小节)。

名词的关系小句既可前置也可后置对普通话来说可能带来的收益是，通过最为合理的组配获得最佳的句法经济效益：尽可能地使主语和宾语靠近动词。例如，在OV组合时采用关系小句前置的句法策略，而在VO组合时采用关系小句后置的句法策略。例如：

(22)张三娶了个老婆很会做菜。

(23)张三把一个很会做菜的女人娶回了家。

(22)是VO组合，关系小句在后合理，(23)是OV组合，关系小句在前合理。假如是：

(24)张三娶了个很会做菜的老婆。

(25)？张三把一个女人很会做菜的娶回了家。

(25)不说，(24)不如(22)更口语化(笔者曾通过统计证明，书面语中前置于名词的定语在口语中通常表现为谓语)。普通话是非常实用主义的。假如一个句子的主语和宾语都带有关系小句，那么甚至可以采取在同一个句子中采用不同的分支策略：

(26)打了半辈子光棍的张三最近娶了个老婆很会体贴他。

这样的结构心理操作上最为轻松，因为主语(张三)和宾语(老婆)都最大限度地靠近动词(娶)，从结构配置的合理性上考虑，SVO语言主语的关系小句处在名词前，宾语的关系小句处在名词后最为合理。这也符合“大块居外”(陆丙甫，1993：111，198)的策略。假如坚守分支方向的原则两个关系小句都应该在名词后面(主干成分为VO配置)或都应该在名词前面(主干成分为OV配置)。这对于主干成分为OV配置的语言来说问题不大，如：

(27)打了半辈子光棍的张三最近把个很会体贴他的女人娶回了家。

主语“张三”与动词“娶”最大可能地接近(虽然总距离较远,这是OV语言的结构限制),宾语“女人”距离动词“娶”却很近。这也是一个较为合理的句法配置。如果这个主干结构是VO配置,例如:

(28)? 张三那个打了半辈子光棍的最近娶了个女人很会体贴他。

(23)不如(26)自然合理,尽管这种结构在其他VO语言中很常见,但在心理操作层面上并不见得是最合理的。这种句子在汉语中通常要用流水句来说:

(29)张三打了半辈子光棍,最近娶了个老婆,很会体贴他。

或许以往说普通话短句多,流水句多,很可能就与普通话中后置关系小句结构有关。在其他语言中用关系小句表达的较为复杂的结构,在普通话中都化解为短句或流水句了。是否真是如此,还有待进一步研究。

5. 比较结构与前置词的语法化程度

普通话比较结构中的比较基准有两个较为典型的前置词:“比”和“于”“过”,其分工是“比”字短语用在形容词前,“于”“过”字短语用在形容词后。由于标记不同,因此不太容易产生歧义。这两个不同格局的比较句,其存在的价值在于文体风格。“比”“过”字结构倾向于口语叙述,而“于”字结构倾向于书面语风格。在这一点上,普通话两种比较结构的存在似乎只有收益,而无损失。

问题是,为什么形容词前后的两个比较基准都使用了前置词?类型学上合理的分配应该是在形容词前的比较基准使用后置词,形容词后的比较基准使用前置词。因为只有这样才符合联系项居中的原则。普通话之所以如此,与普通话中前置词语法化的不彻底有关。例如:

(30)张三比李四高

其他语言中比较句的联系项通常连接的是比较基准与形容词,因此联系项合理的位置应该在比较基准和形容词之间。但是普通话前置的比较基准有点特殊,它的联系项(附置词)却在主语和比较基准之间,如例(30)的“张三比李四”。标引“李四”这一比较基准的是前置词“比”。对这一奇怪现象唯一合理的解释便是联系项还具有动词的性质，它不是一个纯粹的附置词。在母语者的语感中，例(30)的“张三”和“李四”之间存在一个“比”的行为。因此，在普通话中，比较句的实际结构层次应该是：X 比 Y，(X) Adj)，这意味着它包含两个命题结构。

推而广之，我们看到普通话中几乎所有前置于动词的附置词短语中的附置词，占绝对优势的是前置词(根据语言类型学的普遍倾向，前置于动词的附置词短语应该使用后置词)，其原因就是这些所谓的附置词都没有完全语法化，还保留着部分动词的性质，例如我们前面讨论过的：

(31)老张在火车上写字

(31)之所以构成歧义，就是因为“在”具有动词和附置词双重属性，当“在”的动词性凸显，则凸显“老张在火车上”(“字”不一定在火车上，例如老张在火车上给站台上送行的人签名留念，签名本在送行人的手上)，当“在”的附置词凸显，则凸显“字”在火车上。同理前面例句的“向”“往”也可以得到解释。

(32)a. 在床上跳
b. 跳在床上
(33)a. 向前走
b. 走向前
(34)a. 往南方开
b. 开往南方

上面 b 类的附置词是语法化较为彻底的，而 a 类则还保留了相当的动词性质。a 类的动词性质可以通过添加否定词的形式来证明(见下)。这些 a 类句子的否定词都还保留在介词之前，把字句同样如此：

(35)a. 不在床上跳/别在床上跳/没在床上跳
b. *在床上不跳/*在床上别跳/*在床上没跳
(36)a. 不要向前走/别向前走/没向前走
b. *走不要向前/*走别向前/*走没向前
(37)a. 不要往南方开/别往南方开/没往南方开
b. *开不要往南方/*开别往南方/*开没往南方

(38)a. 没把衣服洗干净

b. *把衣服没洗干净

(35a)—(37a)中的介词都能接受否定词的修饰,但是(35b)—(37b)中核心动词却很难接受否定词的修饰。这说明前置于动词的介词还保留动词的属性,语法化不够彻底,而接在动词后面的介词已经语法化得比较彻底,几乎失去动词的属性了。语音上的轻重读也可以证明这一点。(32)—(34)b类的介词一般轻读,而a类的介词要重读。(37)中的"往"在a类中以前读去声,而在b类中读上声(开往南方)。(38)中把字句的否定词加在"把"之前也说明"把"的动词性相当凸显。

由于普通话中前置的附置词还具有动词性,因此它与后面的动词之间就或多或少地具有"时间顺序"(戴浩一,1988)的问题。上面例子中的前置词如此,"把"字句中的"把"也是如此。这就能解释为什么"他把黑板上的字擦了"说得通,而"他把黑板上的字写了"却说不通的原因。"把"的宾语是"黑板上的字",理论上在"把"的时候必须已经存在"黑板上的字"(预设已经存在),因此"把字擦了"合乎时间顺序,而"把字写了"却违背了时间顺序原则。

由于普通话中前置于动词的附置词都具有动词性质,这也解释了为什么普通话中前置于动词的附置词有前置词的现象(类型学上,一般前置于动词的附置词短语中的附置词应该后置)。

除了文体差别上的收益以外,在比较结构中使用"比"字结构还凸显了普通话的时序性以及比较的行为,而使用"于""过"字结构则凸显了比较结果。两种结构具有各自不同的表达功能,而普通话并没有为此付出多大的代价。

6. 方式副词

我们分析过普通话的方式副词(状语)可以分列在动词的前后,在这一点上,我们没有发现普通话为此付出的代价,似乎只有收益,是一项极为划算的买卖。因为普通话可以通过状语的前置或后置来表达某种用词汇形式很难表达的意味。下面我们稍稍扩大一下讨论范围来证明这一点[①]:

---

① 用例来自张黎(2003)。

(39)a. 他多拿了一个

b. 他拿多了一个

(40)a. 田中晚来了一会儿

b. 田中来晚了一会儿

张黎(2003)用“有意”和“无意”这一对主客观范畴来解释普通话中这种状语分列在动词前后的“镜像”结构。根据张黎的解释,上面 a 类是“有意”的,而 b 类是“无意”的。刘丹青(2005)也有相似的观点:

(41)a. 经济缓慢地增长

b. 经济增长得缓慢

(41a)与“可控性”相关,(41b)与“非可控性”相关(刘丹青 2005)。

以上证据说明,普通话方式副词分列在动词前后或者通过位置的先后关系表达了“主观”(有意)和“客观”(无意)两种表义范畴,并且没有为此付出其他任何词汇代价或结构歧义代价。

其实,方式副词通过位置差别表达不同的表义范畴也已经推广到了普通话其他状语成分的位置先后上。例如张黎所列举的方所状语:

(42)a. 他在医院死

b. 他死在医院

(43)a. 飞机向北京飞

b. 飞机飞向北京

(44)a. 小王在地上洒水

b. 小王把水洒在地上

张黎认为 a 类都与“有意”相关,b 类都与“无意”相关(例如例 44 中的“在地上”)。如果这种差别确实存在,那么一个最合理的结构和逻辑的解释是,其中的“有意”的“主观性”含义应该是由前置的附置词尚未完全语法化、还保留部分动词的语义、这种动词性与主语之间的耦合产生的。与此相应的是,正常语序下主语(典型的语义角色是施事)和谓词(典型的如动作动词)之间存在主观选择性或主语对动作的操控性。而一旦这些附置词处在动词后,与主语之间失去了直接的句法联系,那么它的动词性也基本丧失,原有的主语对它的操控性也同样丧失,原有的主观性含义也就消失。

让我们回到前面的方式副词上来。如果上面有关主观范畴和客观范畴的解释有效，那么如何解释方式副词处在动词前后表现出来的主客观语义差别呢？

这或许要涉及另一个重要的语法问题：副词和形容词之间的界限。副词和形容词都属于“修饰词”，在有些语言中除了名词和动词之外，另一个大类就是修饰词，如土耳其语。当然有些语言在修饰名词的修饰词和修饰动词的修饰词之间有一些区分。但即使是具有这种区分的语言，很多形容词和副词在核心语义上是相同的。英语中大部分形容词可以通过在形容词之后加-ly 转变为副词，这也说明英语中这些副词和形容词在语义上相通。同样普通话中有很多副词和形容词之间也没有明确的界限。主要是通过其句法分布的位置来判断，方法很简单，同一个词，在动词前的划为副词，在名词前的划为形容词。如：慢：“慢车”和“慢走”。即使它们加上程度副词：“很慢 de 车”，“很慢 de 走”，前者为形容词，后者却为副词。

如果我们将语言中的形容词看作是处在名词和动词两端的一个小类的话，那么普通话中的形容词应该更靠近动词这一端，它能够独立对主语进行述谓而不需要任何关系动词的帮助。既然普通话的方式副词与形容词之间具有相关性，那么如果方式副词紧挨着主语，这将产生什么样的组合效应？一个很容易想象到的效应是，这类方式副词因为其具有类似形容词的述谓性而与主语之间形成潜在的主谓关系。如：

(45)a. 张三很慢地走(过来)

b. 张三走得很慢

(45a)中的“很慢”与相邻的主语之间具有潜在的主谓关系，而在(45b)就没有。前面我们讨论过，典型的主谓关系具有“施事—行为”关系，这是一种结构关系意义，这种结构关系意义很容易被类推到相似的结构关系中。当然也包括现在我们所讨论的这种潜在的主谓关系。于是上面 a 例中的“很慢”就与“张三”之间形成潜在的主谓关系，似乎这里的“很慢”是“张三”所能掌控的，这是这种结构关系意义被移植类推的结果。这就是我们看到的例(41)—(44)中 a 类例子都倾向于主观性的表达、而 b 例都倾向于客观性的表达的谜底。

由此我们看到，普通话中方式副词及相关的状语成分分列于动词前后的句法差别背后是表达功能上的差别。普通话将方式副词根据表达需求而分列在动词前后以其极小的句法代价获取了更多的表达功能。在这一策略上普通话应该是成功的。况且它也与普通话作为OV和VO的混合型语言类型相和谐。

7. 其他参项

上面我们讨论了五种最重要的语序组配：OV和VO、附置词及附置词短语的位置、关系小句、比较结构及其句法位置、方式副词。这五种句法组配相当典型地反映了普通话的基本语序。通过以上的讨论我们看到，普通话中这些句法组配表现出相当多的实用主义的策略。在结构合理的条件下，总体上普通话用最小的代价（至多是语境中完全可以过滤掉的结构歧义）获取了更多的结构经济性的回报和表意多样性的回报。因此，可以说，普通话的结构策略是经济的，合理的。与相对单纯的OV语序（如日语）比较来看，由于日语坚守分支方向的一致性，所有的从属成分一律安排在核心之前，为此就不得不付出更多的代价，如众多标记成分以及心理操作难度加大（短时记忆的要求较高，另一个可能的证据是日语语速较快，这需要实证方法的证明）。

以下我们讨论与OV和VO语序相关的其他句法组配在普通话中的表现。

7.1 动词和 want

普通话中类似 want 的词都出现在动词之前，没有在动词后的组合形式。但如果扩大一下 want 的范围，将 can 类归入这一类，那么普通话中与此对应的动词前的“能 V”和动词后的“V 得 C”似乎是均等的。下面是诙谐的“新三从四德”中的两句：

(46)太太化妆要等得，太太生气要忍得。

这两句用的是动词后的“V 得 C”形式，但它们也可以换成动词前的“能V”来说：

(47)太太化妆要能等，太太生气要能忍。

很多语言中表示情态的成分通常只会出现在动词的一侧，VO 语言倾向于在动词前，OV 语言倾向于在动词后。而普通话却可分别出现在动词前后，而且使用的是两套不同的词汇形式。其收益和代价又是什么？

池善姬(2010)指出："能 V""V 得/不 C"都可以表示能力情态和机会情态，"不能 VC"可以表示义务情态，但"V 得/不 C"还能表示心理情态。可见与前面我们讨论过的附置词短语、关系小句以及方式副词处于动词前后具有不同的表义功能一样，这里的"能 V"和"V 得 C"也有不同的表义功能。它们各处一方似乎相安无事。我们目前还没有发现由此引发的矛盾或冲突，或构成的严重的表达问题。如果这种句法策略有什么代价的话，大概是"V 得 C"结构的宾语必须前置于动词而无法置于动词之后。这或许也是增加普通话中宾语前置于动词的频率的原因之一。

从普通话的 VO 和 OV 混合型语序类型来看，情态助动词能够分别处于动词前后，它们之间也是和谐的。

7.2 动词和时体标记

普通话中没有严格意义上的时体助动词，但却有前置于动词的进行体标记"在"，还有后置于动词的远时完成体标记"过"、近时完成体"了"和状态持续体"着"(金立鑫，2004)。或许读者已经注意到，这里的"在"与附置词"在"同形。由于附置词短语也有处在动词前的分布，这可能会产生一个令人迷惑的问题：

(48)a. 他在看书

b. 他在图书馆看书

例(48b)是歧义的。歧义的原因是"在"的辖域不确定，歧义之一可以通过添加另一个时体助词"正"来表达：

(49)他正在图书馆看书

或许普通话比较严格地区分两种不同的"持续"：行为持续(进行)和状态的持续，为了避免在同一个句法位置(动词后)安排两个意义十分相近的时体形式，行为的持续被安排在动词前的位置，状态的持续被安排在动词后的位置("V 着")。这也是普通话语序混合语类型所允许的。但代价是如(48b)的歧义的可能性。为避免这类歧义，增加代价：引进"正"加以区别。

有意思的是，普通话中表示"时"的都是尚未语法化的单位，表示体的有两种，一是已经语法化（尽管有些还不够彻底）的动词后缀“着、了、过”等，二是尚未语法化的“在”等。

表达“时”的都是没有语法化的成分，主要是时间名词，如“以前、现在、将来”等。表示“过去”的除了时间名词还可以使用动词后缀“了”“过”，在最简结构且没有其他成分干扰的条件下，这些动词后缀是“时体”合一表达者，即在表达完成体（或“结束体”）的同时兼表过去时，而且“了”表达的是“近时”，“过”表达的是“远时”。

有一个极为重要的现象值得一提，在 Dryer（1992a）的报告中，时体功能词（particle）无论 VO 还是 OV，都倾向于前置（Dryer，1992a：99），而在时体词缀（affix）中，都倾向于使用后缀（suffix）（Dryer，1992a：126）。这与语法化的形式进程相吻合，凡是语法化较为彻底的都倾向于用后缀形式表达。而前置于动词的成分都还保留着词汇的形式。由这一点我们也可以看到，“在”更像一个功能词，而“了”“着”“过”已经语法化为一个词缀。因此，“在”前置于动词，而“着”“了”“过”后置于动词似乎完全合乎跨语言的一般共性规则。

总体上，普通话在将来时和现在时的表达上倾向采用前置于动词的词汇形式表达，过去时倾向采用动词后缀的“体”形式共同表达；进行体采用功能词表达，持续体和完成体采用动词后缀表达。基本上呈现出一种根据时间先后通过句法位置由前往后的顺序来安排的策略。由此也可以见到，普通话充分利用了作为 OV 和 VO 语序的混合类型的特点，尽可能充分利用了可能利用的句法位置和表现手法。

当然代价也不可避免——一个高度形式化的系统的方向一致性或形态的一致性，这是一种高效的语言（包括学习的高效和心理操作的简洁高效）所具备的，但普通话在这些语法范畴的表达上所缺乏的正是这一点。这或许也是普通话语法让外国学生感觉比较困难的原因之一。

7.3　句子和疑问标记

在前面所列举的与 VO 和 OV 语言相关的句法组合中，有些与语序类型无关或者与普通话语序类型无关或关系不大的我们不再展开。如形容词与系动词、形容词与名词、标句词，偏正连词与句子等。本小节讨论句子和疑问标记。前面说过，VO 语言倾向于采用“疑问标记＋句子”的形式，OV 语言倾向采用“句子＋疑问标记”的形式。

普通话的疑问形式主要有四种：

1）特殊疑问句，采用疑问代词，句法位置自由，句中的任何成分均可被提取，且被提取成分的位置不变，只要将其替换为疑问代词即可：

(50)a. 谁去了北京？（提问主语）
b. 去北京的是谁？（提问宾语）
c. 张三什么时候去北京？（提问时间状语）
d. 张三坐什么车去北京？（提问工具状语）
e. 张三读了谁的书？（提问定语）

2)对行为的是非提问，否定词嵌在 VP 重叠式之间：

(51)a. 张三去不去北京？
b. 张三读没读过这本书？

3)一般疑问句，使用句尾疑问语气词：

(52)a. 张三去北京吗？
b. 张三读过这本书吗？

4) 选择疑问句，使用专门的选择疑问词，选择疑问词作为典型的“联系项”居于两个选择问对象之间：

(53)a. 张三去北京还是(去)天津？
b. 你喝咖啡还是(喝)茶？

除了特殊疑问句等以外，汉语一般疑问句与其他大部分 OV 语言一样，一个句子是疑问还是陈述，需要等到句子末尾才能知道。这一点不像 VO 语言，一开始就知道是个疑问句。这也是 OV 和 VO 语言的两大差别。

毫无疑问，普通话的这种分配方式充分利用了句子线性序列所能提供的可选位置，显示了它充分利用句法位置来表达不同功能的句法策略。特殊疑问句充分利用句子成分原有的位置，直接用疑问代词替换被提问成分，无须其他特殊的句法操作(如英语中的移位等)；动词重叠式选择疑问句提问的是动词行为是否实现；一般疑问句则将疑问标记附加在句尾。普通话中类似“吃饭不吃饭”(或者“吃不吃饭”)这样的疑问形式或许在中国大陆以外的其他语言中比较少见。根据吴福祥(2008)，中国南方部分民族语言中所有的"A-not-A"的提问形式是受普通话影响的结果。这种提问形式其实是有道理的。行为的主要特征是时间性,或者说,时间是运动存在的形式。那么提问一种行为实际上就是提问该行为是否发生。一个最为直观的方式便是行为发生与没发生的选择。"VP不VP"就是从对行为存在的两种可能进行选择,将其演变为对行为的提问也是合乎逻辑的。但为什么只有汉语才有这种行为的提问方式,其他语言中很少,这是一个极有意思的问题。

总体而言,汉语普通话在句法配置上的总体原则是经济性,尽量用最小的结构或词汇投入换取可以获得的更多的句法表达的回报。

8. 与OV和VO无关的句法配置在普通话中的表现

我们在前面的章节中提到过一些与OV和VO语序类型不相关的句法组配,它们在这两种语序中表现出两种绝对的倾向:要么基本平均分配,要么全部倾向于前置或后置。为了方便我们重录于后:

1)指示词倾向前置于名词

2)数词和名词的先后关系(OV语言前后几乎均等,VO语言倾向前置)

3)形容词后置于名词(极弱倾向)

4)程度副词弱倾向前置于形容词(OV语言前后几乎均等,VO语言弱倾向前置)

5)否定的功能词(如"不")倾向前置于动词

6)时体功能词倾向前置于动词

7)时体语素(词缀)倾向使用后缀形式

我们将以上7项组配分为两类:名词相关组配和谓词相关组配。以下我们简要讨论。

与名词有关的三项组配我们在第三章第7小节中已经讨论过。此处略作补充不再赘述。指示词在普通话中与其他绝大部分语言相同,前置于名词。这主要是"高可别度领先原则"在起作用。指示词的可别度属于较高级别,这应该没有什么争议。

数词在OV语言中前置和后置的几乎均等。如果按照左右分支理论和结构和谐原则,OV语言的数词应该处在名词之前,但事实上竟然有将近一半的OV语言数词在名词之后,这绝非偶然。我们在前面提到一个前置词语言的名词修饰语的语法等级,Croft(2003:123)认为,如果修饰语向名词前移动的话，首先是数词，其次是指示词，下面依次为形容词、属格、关系小句。

指示词和领属成分在普通话中只能前置，而数词、形容词和关系小句则可前可后，虽然前后的语法意义或许略有不同：

(54)a. 这个贪官坐拥豪宅数十套
　　b. 这个贪官坐拥数十套豪宅
(55)a. 我们教研室来了一位很年轻的海归
　　b. 我们教研室来了一位海归很年轻

在说普通话的人的语感中，(54b)的“数十套”和(55b)中的“很年轻”更像谓语，或具有谓语的性质。这是语言结构“前紧后松”(吴为善，1986，陆丙甫，1988)的规律起的作用。这可以用来解释为什么OV语言中有将近一半的语言数词和形容词竟然违背左分支的原则置于名词之后。我们的假设是，因为这些语言中的数词和形容词被看作接近谓词一类而不是体词一类。汉语既然具有混合语的属性，它们可前可后也属理所当然。关系小句定语的位置我们已经讨论过，此处不再赘述。

普通话的数词、形容词可以分别置于名词前后两端，而不是简单的仅限于前置或后置，从这种灵活的句法配置上看，普通话通过这两个不同的配置表达了语感上的细微差别，前置更接近修饰或限定，后置更接近陈述。普通话为此付出的代价却可以忽略不计。如果因名词短语多重定语构成歧义，这也是所有语言都可能存在的风险，并非仅仅普通话如此。

下面讨论程度副词与形容词的语序。

程度副词与形容词的顺序，OV语言中几乎前后均等，而VO语言弱倾向前置。因此总体上副词弱倾向前置于形容词。普通话中程度副词在形容词前后均有：

(56)很好！极好！非常热闹。
(57)好得很！好极了！热闹非常。

但有一点需要说明，普通话中程度副词在形容词前比在形容词后更为自由，约束更少，适用广泛，而在形容词后要受到很大限制。大致上凡在形容词后的程度副词均可在形容词之前出现，而在形容词之前的程度副词不一定能在形容词之后。这一点似乎有弱前置的倾向，也与人类语言程度副词总体上弱倾向前置于形容词基本一致。但无论如何，这种倾向与 OV 还是 VO 语序类型并无关系。

陆丙甫（1988）注意到，偏正结构的名词短语中有一个倾向，修饰成分在前结构趋向紧密，而修饰成分在后结构趋向松散。这种结构内部的松紧关系可能是普遍的。普通话表达程度的成分可前可后，但如果是较为复杂的程度结构，倾向于放在形容词后。这是由修饰语与核心之间在结构上表现为"前紧后松"的倾向决定的。在所有的偏正结构中，修饰语在前使得内部结构趋紧，修饰语在后使得内部结构趋松。在形容词和副词构成的偏正结构中，如果说话人选择了简单的副词，那么放在形容词前比较合适，与结构趋紧和谐。如果说话人使用较为复杂的程度性短语而不是单个副词，那么放在形容词之后则较为合适，因为关系松散，与修饰语在后结构趋松和谐。修饰语在后的结构也类似人类语言中普遍存在的"S-V 主谓关系"比较松散一致。结构较为复杂的后置程度短语相对形容词而言具有"述谓"性质，如：

(58)她伤心得不得了

(59)她伤心得几天吃不下饭

从性质上来说，以上两例同类，都表示"程度"，而(59)则具有更强的述谓性，可以看作一种谓语（或次级谓语）。与此类似的是普通话的定语关系小句后置也可以看作是次级谓语，道理是相同的（参见 5.5 小节）。

可以看到，普通话程度结构在形容词前后顺序的配置上遵循下面的原则：单个程度副词，可前可后，但前置更为自由，结构紧密；复杂的程度短语结构后置于形容词，但结构较为松散，具有谓语的性质。

普通话充分利用了结构的先后位置，较为合理的安排了两种不同松紧度的程度成分，而不是简单地将其前置或后置。这一点上普通话获得了较高的收益，而代价却几乎可以忽略不计。

其次是否定行为的功能词。普通话中否定行为的功能词主要是："不""没""别"。"不"用于否定现在或将来的行为，"没"用于否定过去的行为（过去的时间中某行为没有发生）。与大多数其他语言一样，这些否定行为的功能词都置于动词之前，普通话没有例外。这是由结构象似性决定的。

再次是表达时体意义的功能词和词缀。普通话中表达"体"意义的功能词主要是："正（在）"，表达"进行体"，放在动词前，与人类语言总体倾向一致。完成体用动词后缀表达。而"时"通常是通过时间名词、时间副词或后置词短语（如"午饭后""下课前"等）来表达的，这些都不是功能词。有意思的是，进行体用动词前的功能词，而持续体和完成体则用动词后缀（如“着”“了”“过”等）。这似乎也体现了某种句法象似性，进行体是行为正在进行中，而持续体则多数用来表达行为结束后所保持的某种状态，例如：

(60)她穿着一件花裙子

(61)床上躺着一个人

这里的“穿”和“躺”作为动作行为已经结束，而作为一种状态却由“着”表达为持续。至于“了”表达的是行为近时结束的状态，而“过”则表达行为远时结束的状态。

从动词前的功能词表达进行，到动词的后缀表达行为结束后的持续状态以及行为的结束，句法位置上的“前后”关系也象似性表达了行为的先后关系。这也体现了普通话句法上较高的象似性。

当然，作为时体意义的功能词前置，而时体意义的词缀采用后缀形式，这也与人类语言共有的普遍倾向一致。

以上 7 种与 OV 和 VO 不相关的句法参项中，凡是倾向明显前置或后置的，普通话也都前置或后置，如指示词前置，否定的功能词前置，时体功能词前置，时体词缀后置；凡是极弱倾向的，或在某些语言中前后几乎均等的，普通话中既有前置也有后置。例如数词、形容词和程度副词。因此在这些所谓的与 VO-OV 不相关的句法参项上，普通话的句法配置并没有超出人类语言的普遍共性。

9. 小结

到此为止，我们逐一讨论了语序类型学中与普通话语序相关的一些主要现象，现代汉语普通话作为 OV 和 VO 的混合型语言，在与 OV 和 VO 无关的 7 个参项方面，普通话同样表现出其两面性。普通话的这种 OV 和 VO 语序类型兼而有之的特性使得它能自由地从两种语序中实用性地选择更为利己的句法位置，通过句法位置的先后对立表达出许多较为微妙的语义差异，甚至同一词汇成分分别位于核心两端表达不同的含义。在这一点上普通话从中获取了较多的收益。

但普通话也为此付出了一定的代价，其中最为明显的便是造成了一些结构歧义，尤以定语关系小句前置而同时采用 VO 结构为甚，其次是前置词短语前置于动词。但这些所谓的歧义大都能通过语境得以过滤，真正的会话歧义并不多见，因此总体上普通话在句法策略上是较为成功的。

普通话能够容忍这种前后置并存的语序组配，其中一个极为重要的弥补手段便是突出的节律以及强烈地依赖语境，许多因语序造成的困惑或歧义都将通过节律或在上下文语境中得到消解。有关普通话在语序类型上所引起的结构歧义问题，我们将在下一章详细讨论。

第七章　汉语的结构歧义和语序类型

1. 引言

歧义现象是汉语语法界十分关注的问题。早在1959年，赵元任就发表了描写汉语歧义现象的英文论文。国内最早探讨歧义现象的论文是徐仲华(1979)，之后朱德熙(1980)详细探讨了句法中的歧义，即结构歧义现象。吕叔湘(1984)比较详尽地列举了汉语的多义词和多义结构。黄国营(1985)对汉语歧义短语做了很好的描写。这些研究使我们了解了汉语丰富的结构歧义现象，可它们大体上都只是离散的描述，对结构歧义的成因的研究还不充分。

刘丹青(1999)讨论了之前歧义研究中还不大有人涉及的一个问题。他指出，汉语中部分歧义现象的产生跟汉语的语序类型有关。汉语的某些语序特征偏离了人类语言语序方面的蕴涵共性，出现了某些类型混合的现象。他认为，汉语的某些歧义结构可能是类型混杂的"代价"。但是，刘文只列举分析了汉语的3种歧义结构，我们觉得有必要对这一问题做更为详尽的探讨。

我们在上一章考察了与VO语言和OV语言有蕴涵性相关的结构配置，对汉语普通话混合语序类型的收益和代价作了具体的讨论。讨论发现，汉语语序混合的收益远大于代价，而所谓的代价主要就是结构歧义。

当然，汉语中也有些结构歧义跟语序类型的混合无关的。如：

(1)三个‖学校的实验员　　三个学校的‖实验员

(2)张三‖和李四的姐姐　　张三和李四的‖姐姐

例(1)并没有语序类型混合的现象:数量定语[1]前置和领属定语前置是和谐的结构配置。[2] 这个歧义结构的成因是数量短语的辖域不确定,“三个”限定的可以是“学校的实验员”,也可以是“学校”。当然,我们也可以认为是领属标志“的”的附着对象不确定,可能只是名词“学校”,也可能是名词短语“三个学校”。例(2)的歧义也是由于“的”的附着对象不确定,可能是名词“李四”,也可能是并列名词短语“张三和李四”。类似的歧义结构在英语中也同样存在,例如:

(3) Old ‖ men and women like it.　Old men ‖ and women like it.

本章主要讨论与汉语混合语序类型相关的歧义结构。我们将在前人研究的基础上,概括汉语中与语序类型混合相关的 9 种歧义结构。我们将用语序类型学的蕴涵共性,逐一考察和讨论这些歧义结构形成的原因。

从前面几个章节的讨论中我们已经看到,汉语的语序混合非常显著,我们推测这是汉语歧义结构数量较大的原因。语序类型混合的情况下构造的句子或短语容易出现不同的结构分析,这是根据常理也能做出的判断。

下面我们逐一考察汉语中的 9 种与语序混合因素相关的歧义结构。

2. N+V

在 OV 语言中,如果动词的前面只有一个名词短语,理论上说,这个名词短语可以看成 S,也可以看成 O,构成结构歧义。不过,OV 语言通常有丰富的格标记,主语和宾语一般不会混淆。只有在名词短语带话题格的条件下,歧义才会产生。请看日语和韩语的例子:

(4)鶏が(提示主语)食べない(意思是:鸡不吃食了,无歧义)

---

① 定语包含形容词定语、数量定语、领属定语、动词定语、介词短语定语、从句定语。最常见的定语是形容词,但我们谈及定语时不涉及全部形容词。形容词是内部差异很大的词类,Bolinger (1967)分为限定性形容词和述谓性形容词两类。形容词的这种内部差异定会影响类型学上关于它的共性判断。其实,数量短语也兼有限定性和述谓性两类。我们用数量定语专指限定性的数量短语。

② Dryer(1992)的统计显示数量短语在 OV 语言中前置于名词和后置于名词的情况几乎均等,而在 VO 语言中倾向前置,这跟数量结构的功能复杂性有关。

(5)鶏を(提示宾语)食べない(意思是:不吃鸡了,无歧义)

(6)鶏は(提示话题)食べない(有歧义)

(7)닭은 먹지 않는다(鸡—话题格,有歧义)

汉语普通话的受事宾语既可以出现在动词后,也可以出现在动词前。由于汉语没有格标记,出现在动词前的名词如果语义上允许既可以看成动词的施事,也可以看成动词的受事,N+V 结构就会有 SV 和 OV 两种解读。例如:

(8)鸡不吃了

这个句子有两种解读:(1)鸡是施事,SVO 语序,宾语隐含;(2)鸡是受事,SOV 或 OSV 语序,主语隐含。

以上是典型动词的情况。汉语有些形容词可以当动词用,这也会导致结构歧义。如:

(9)饭不热了

这个句子可以看成形容词谓语句,也可以看成宾语前置的句子,意思是"饭(我)不热了"。

以上歧义可以看作主要是汉语句法语序类型上具有 VO-OV 混合语序的基础结构造成的。

英语中类似的例子也有,如:

(10)The chicken is ready to eat.

这个例子可以有两种理解:

a. The chicken is ready to eat some food.

b. The chicken is ready to be eaten.

现代英语的名词没有任何格形态标记,这为构成这一类结构歧义埋下了基础。逻辑上看,不定式动词 eat 可以指向 chicken,也可以指向鸡所吃的食物。从某种角度来看,名词缺乏格标记是构成英语和汉语这两种语言类似结构歧义的条件之一。而汉语由于动词前的名词理论上有两种语义角色(施事和受事,主语或逻辑宾语)的可能性,这种混合语序造成的结构歧义更为明显。英语中,如果将句子改为:

The chicken has eaten it.

则完全没有歧义。但汉语的"鸡吃了"歧义依旧。可见,英语上面的歧义结构并非由混合语序类型引起,而主要是由名词的形态缺乏引起。

3. V+N

通常认为,汉语允许动词直接做定语,因而 V+N 可能是动宾结构,也可能是定中结构。根据 Greenberg(1966)、Dryer(1992)的研究,我们知道定语前置是与 OV 语序和谐的结构配置。所以,动宾结构和定中结构是两种语序类型上不和谐的结构配置。汉语中的很多歧义结构都跟这一组语序上混合的结构配置有关。

尹世超(2002a)认为,动词之所以可以直接做定语,主要是由于表达的需要。只有用动词定语,才能简明快捷地表达某些特有的定语和中心语的语义关系。他举了"执照"为例。"执照"的词义是"由主管机关发给的准许做某项事情的凭证"。究竟做哪项事情,需用动词修饰限制,如"营业执照、驾驶执照、施工执照"等。

尹文指出,"V+N"定中短语是一种粘合式偏正短语,其功能相当于单个的名词。《现代汉语词典》列举的"V+N"结构很多都已凝固成词。例如:

镇静剂　指导员　自流井　自治区　打击乐器　造型艺术　直达快车

所以,这是跨越词汇结构和短语结构的歧义。这些动词定语,与其说是限定性的,不如说是区别性的,区别性是更高层次的限定。我们发现,汉语的"V+N"结构的 V 通常指向名词所表达的人或物的基本功能(如"镇定剂""指导员"等)和恒定性质(如"自流井""自治区""造型艺术""直达快车"等)。正因为基本和恒定,所以才具有区别性。

“V+N”定中短语的名词大多都是抽象名词，做行为受事的可能性很小，这就是这一结构很少产生歧义的原因。尹世超(2002b)给V+N结构中的N分了14类，分别是：施事中心语、受事中心语、处所中心语、时间中心语、类属中心语、方式中心语、工具中心语、数量中心语、度量中心语、程度中心语、状态中心语、结果中心语、原因中心语、目的中心语。其中，只有受事中心语可能使歧义结构真正出现歧义。实际上，尹文的受事还包含了不及物动词的主语，即通常所说的历事，它们也不大可能成为动宾短语的宾语。所以，典型的歧义例子只有不多的几个：

进口彩电　出租汽车　保护动物　学习文件　承包项目　补充教材

因此，尽管“V+N”作为定中结构更像OV语序的句法配置，但在汉语普通话中它引起的结构混乱没有我们想象的那么严重。

4. $V+N_1+$的$+N_2$

汉语语法系统内部有一条非常一致的结构组配原则：定语前置。形容词定语、数量定语、领属定语、动词定语、介词短语定语、从句定语，全部出现在名词前面。如果不把汉语看作是OV型语言，在非OV型语言中，这是非常独特的语法现象。在Dryer(1992)的报告中，几乎所有VO语言的关系小句都后置于名词。如果像其他学者那样，将汉语普通话看成是VO语序，那就构成VO语言中的特例。这里分析的这类歧义结构直接与定语从句前置有关，它应当是世界语言中绝少有的歧义结构。

根据汉语语法，这一结构可以分析成$V+(N_1+$的$+N_2)$这样的动宾结构，也可以分析成$(V+N_1+$的$)+N_2$这样的定中结构。例如：

(11)咬死了‖猎人的狗　　咬死了猎人的‖狗
(12)发现了‖敌人的哨兵　　发现了敌人的‖哨兵
(13)热爱‖人民的周总理　　热爱人民的‖周总理

以上例句中的基础结构是VO语序的配置，但领属定语前置，定语从句前置，这又与VO语序语言的基本配置相左，这是上面的句子产生歧义的语序条件，还有一个非语序条件，即领属定语和定语从句的标志相同。但这里所谓的定语从句，只限于主语提取的定语从句，宾语提取的定语从句不存在这样的问题：

(14)狗咬死的猎人

(15)哨兵发现的敌人

动词短语作为定语是一种小句定语，类型学上，小句定语与VO语序有着高度的相关性。VO语言的小句定语强烈倾向于后置，只有在OV语序语言中，小句定语才可能前置。上面汉语普通话中V+N构成的歧义结构，一方面可以解读为动宾关系，另一方面又可以解读为OV语言的小句定语关系。正因为普通话同时具备VO和OV两种语序类型，所以这两种解读都被允许，所以构成了较为独特的结构歧义。这种现象如果是英语的结构，歧义是不可能存在的，理由很简单，英语的小句定语一律都在名词之后，名词之后的小句中的动词不可能得到与名词构成动宾关系的解读。如：

the sentry who found the enemy

小句定语中的动词 found 不能将前面的 sentry 解读为宾语。

5. V+A+N

汉语V+A+N这一结构也是歧义的结构。它与基本语序VO配置而定语却前置于名词，并且动词后可以连接结果性成分。如：

(16)穿好衣服

(17)安排好工作

(18)踢碎玻璃瓶

如果这类结构中的形容词可以构成动结式的结果谓语，我们称为“次级谓语”(金立鑫，2009)，整个结构就是动结式加宾语的动宾结构。如果这个形容词既可以做前面动词的结果成分，又同时可以修饰后面的名词，那么这个结构歧义就产生了。如例(13)可以分析为：

(19)穿‖好衣服　　穿好‖衣服

如果严格按照分支方向原则来安排结构，那么在VO语言中定语后置于名词是和谐的（如阿拉伯语），但在上面“穿衣服”这样的VO基本结构中，定语前置，为结构歧义创造了条件。当然，英语中同样存在VO结构但定语前置的情况。但英语中的形容词很少像上面普通话中的形容词与动词构成VR复合动词，这很大程度上避免了类似上面的歧义结构。

6. $V+N_1+N_2$

这是与三价动词相关的歧义结构。如：

(20)送中国猩猩

(21)赠日本地图

(22)送杭州茶树

这里的结构歧义是定语前置这一OV语言的特征和VO语序的混合导致的。这些动词后有两个名词，分别做间接宾语和直接宾语，可以构成双宾语结构。但是如果这两个名词可以构成定中关系，整个结构就可以分析成动宾关系。如果两个名词构不成修饰关系，就不会有结构歧义，如“交老师作业本”。当然，分析成动宾关系时，这一结构是三价动词的省略格式，如果补出间接宾语，歧义自然消除，如“送（他们）中国猩猩”。如果这一结构采用任何一种典型的VO语序或OV语序，歧义的可能性就很小。

上面结构中的“中国猩猩”“日本地图”和“杭州茶树”也可以理解为领属关系。领属成分与名词的语序关系与VO和OV语序类型有很大相关性。VO语序明显倾向于使用领属成分在后的结构，OV语序则倾向采用领属成分在前的结构。上面的 $V+N_1+N_2$ 结构属于VO类型，但领属成分却在名词之前，这是构成这种结构歧义的重要原因。如果用英语来表达这种领属关系或动宾关系，要么将领属成分后置于名词（或者用领属标记 -'s），要么用双及物结构，这都不会引起与普通话相似的结构歧义：

(23) We gave the map of Japan to somebody. /We gave some body the map of Japan.

(24) We gave Japan the map. /We gave the map to Japan.

7. V_1+NP+V_2P+Po

后置词(Po)是与OV语序相和谐的。但是汉语在某些VO语序的结构中采用了后置词，因此就出现了下面这些歧义结构：

(25)知道你回来以后病了

(26)发现你离开的时候已经来不及打电话了

(27)听说你上了车以后才想起那件事

(28)知道你回来之后一直放心不下

刘丹青(1999)对这类歧义做了很好的论述。他认为，这些例句中"的时候""以后"和"之后"其实都是表示时间的后置词，相当于英语的前置词when，after，since。这类歧义产生的原因是V_1和Po的管辖范围不确定：

$(V_1+NP+V_2P+Po)+V_3P$

$V_1+(NP+V_2P+Po+V_3P)$

以(25)为例，如果"知道"的管辖范围小(宾语为"你回来")，则"以后"的管辖范围大(宾语为"知道你回来")；"知道"的管辖范围大(宾语为"你回来以后病了")，则"以后"的管辖范围小(宾语为"你回来")。

他同时指出，如果把后置词换成同VO和谐的前置词，句子不很自然，但歧义却消除了。如：

(29)a.(他)当知道你回来‖(就)病了

b.(他)知道‖当你回来(就)病了

其实，这类歧义结构的存在条件非常苛刻。所有的例句都是含有小句宾语的嵌套格式。

8. N_1+Pr+N_2+VP

状语前置是与OV语序和谐的结构配置。汉语在VO语序的结构中有介宾状语(Pr+N)前置的情况。汉语有一类介宾状语前置造成的歧义结构。如：

(30)我跟他去北京

(31)老王和老张打官腔

这是与汉语中的前置词的性质相关的歧义现象，这些歧义结构存在的原因是"跟""和"等是介词和连词的兼类词。例(30)的"跟"可以分析为并列连词，也可以分析为介词：

[[我跟他]去北京]

[我[[跟他]去北京]]

刘丹青(1999)指出，这种歧义的存在条件在词汇方面是并列连词和伴随介词同形，在句法方面主要是两条：(1)使用前置介词；(2)介词短语修饰动词时在动词之前。

使用前置介词是VO语言的类型特征，而介词短语前置于动词是OV语言的类型特征，这也是汉语作为VO-OV混合类型的表现。

汉语中更常见的介词短语前置的例子是：

(32)在火车上写字

(33)在飞机上看书

(34)我在草地上看见一个人

(35)战士们在屋顶上发现了敌人的哨兵

朱德熙(1980)指出，例(32)可以变换为把字句，而结构相同的例(33)不能进行这样的变换：

在火车上写字　→　把字写在火车上

在飞机上看书　→　*把书看在飞机上

根据这一变换分析，朱先生认为例(32)有歧义，可以理解为"把字写在火车上”，也可以理解为“(坐)在火车上写字”。而例(33)没有歧义，只能理解为“(坐)在飞机上看书”。但是，我们发现例(34)、(35)和例(33)一样不能变换为把字句，却仍有歧义。

我在草地上看见一个人 → *我把一个人看见在草地上

战士们在屋顶上发现了敌人的哨兵 → *战士们把敌人的哨兵发现在屋顶上

我们认为，(34)和(35)的歧义有两个条件，一是基本结构是 VO。但状语前置，两者语序类型不和谐，二是“在”兼有介词和动词的特性。以(35)为例，这个句子可以理解为“战士们在屋顶上”，也可以理解为“敌人的哨兵在屋顶上”。对前一种理解而言，敌人在不在屋顶上是模糊的；对后一种理解而言，战士们在不在屋顶上是模糊的。前一种理解，“在”是一个动词；后一种理解，“在”是介词。

为什么例(33)不会产生歧义呢？这跟动词的特性有关。“看书”这一行为的施事和受事必须处在同一空间位置，例(33)中人和书一定都在飞机上，两种结构解读并没有显示出意义的差别。而“发现敌人的哨兵”这一行为的施事和受事可以处在不同的空间位置。由此可见，歧义的产生还要以动词本身的语义特征为条件。

也有人指出，即使 VO 语序的语言状语后置，歧义仍然可能存在。请看下面这个英语句子：

(36) The policeman arrested the woman in the attic.

一般认为这个句子可以有两种理解：一种理解是警察在阁楼里逮捕了那个妇女，另一种理解是警察逮捕了阁楼里的女人。前一种理解介词短语(in the attic)做后置状语，后一种理解介词短语做宾语(the woman)的后置定语，这两种结构配置都是与 VO 语序和谐的。汉语是否也有同样的问题呢？我们试着将介词短语移到动词后面，发现仍有两种结构切分：

$(V+N_1)+(Pr+N_2)$

$V+(N_1+Pr+N_2)$

第一种切分是状中结构，前置词短语是后置状语；第二种切分是动宾结构，结构里的前置词其实是动词，这是汉语语法允许的。我们知道，汉语的前置词，尤其是“在”，兼有介词和动词的属性。但是，时间顺序原则(戴浩一，1988）在汉语中起着非常关键的作用，现实中几乎所有后置的状语都是表示结果位置的，这样一来两种结构分析就表现不出语义上的差别，所以我们都觉得下面的例句没有歧义：

（37）发现几个小学生在火车上

综上所述，汉语允许介词短语前置，也允许介词短语后置，前置时出现了结构歧义，后置时虽然结构上仍然可能导致歧义，却由于汉语内部的语法机制避免了歧义的发生。因此，我们很难说（32）—（35）是直接由语序混合导致的结构歧义，主要原因还是汉语前置词的性质，正如例（36）歧义的原因是英语介词短语的性质一样，它既可以附在名词短语上构成定中结构，也可以附在动词短语上构成状中结构。

9. Pr＋N_1＋的＋N_2

这一结构跟上文讨论的 V＋N_1＋的＋N_2 非常相似。也有两种分析方法：
（Pr＋N_1＋的）＋N_2（定中）　　Pr＋（N_1＋的＋N_2）（介宾）
例如：

（38）对朱自清的‖研究　　对‖朱自清的研究
（39）对领导的‖信任　　对‖领导的信任
（40）关于美人鱼的‖故事　　关于‖美人鱼的故事

刘丹青（1999）指出，这一歧义结构形成的语序条件是：1. Pr（用前置词）；2. GN（领属定语前置）；3. 介词短语修饰后面的名词。其中前置词是 VO 语言的特征，而领属定语前置和介词短语修饰语前置都是与 OV 语序和谐的结构配置，因此语序混合是这一歧义结构形成的首要原因。

有意思的是，如果我们使用后置词，后置词就会直接出现在它所管辖的名词后面，不可能产生结构歧义：

N_1＋的＋N_2＋Po　　N_1＋Po＋（的）＋N_2

例如下面使用前置词“像”的结构有歧义，而使用后置词“似的”的结构就没有歧义，实际上我们是用不同结构来表达前置词结构的两种意义：

Pr：像‖魔鬼的哭声　　像魔鬼的‖哭声　（两解，有歧义）

Po：魔鬼的哭声‖似的　　魔鬼似的‖哭声　（“似的”位置不同，各表一个意思）

不过，两个事物既有相似关系，又有领属关系的情况存在的几率很小，所以类似上面例子的歧义还是倾向某一种解读。但总的来说，语序和谐有助于避免歧义结构的产生。例如类似的歧义在英语中就不存在。英语中这些前置介词短语一律在核心之后，不像普通话上面的例子中前置词介词短语在核心之前，如：

(41) The research on ZHU Ziqing.

(42) The trust in leaders.

(43) The story of Mermaids.

这些介词短语在核心之后，构成歧义的可能性便不复存在。

10. V＋时量＋的＋N

汉语的时量短语一般都在动词前面，只有表示行为持续的时量短语出现在动词后面，这非常符合时间顺序原则。动词前的时量短语是行为发生的时间背景或框架，是事先可以确定的；而行为持续的时间是无法事先确定的，必须在行为发生之后才能确定。下面两个句子表达的意思不一样：

(44) 阿 Q 一个月看了两本小说

(45) 两本小说阿 Q 看了一个月

汉语也允许时量短语做名词的定语。因此，“V＋时量＋的＋N”可以做以下两种分析：

(V＋时量＋的)＋N（定中）　　V＋(时量＋的＋N)（动宾）

(看了三天的)报纸（定中）　　看了(三天的报纸)（动宾）

这是状语后置这一 VO 语言的结构类型和定语前置这一 OV 语言的结构类型混合的情况。我们不能断定这就是结构歧义产生的关键，但无疑也起到一定的影响。

还值得一说的是汉语的时量定语。根据黄国营(1981),时量定语有真定语、准定语、伪定语三类。例如:

(46)付了一年的房租　(真定语)

(47)看了三小时的电影　(准定语)

(48)当了三年的兵　(伪定语)

从语义上来看,(46)的时量短语只能修饰名词(一年的房租),不能修饰动词(*付了一年),是真定语,只能接受动宾的结构分析:

付了‖一年的房租　*付了一年的‖房租

(47)的时量短语既能修饰名词(三小时的电影),也能修饰动词(看了三小时),是准定语,可以接受定中和动宾两种结构分析:

看了‖三小时的电影　看了三小时的‖电影

(48)的时量短语只能修饰动词(当了三年),不能修饰名词(*三年的兵),按理只能做动词及其状语的结构分析,但是汉语却允许这样的"伪定语","三年"后面的结构助词是"的",而"的"表示名词之前的是修饰名词的成分。这里的"三年"结构上实际指向动词"当",但使用的结构助词却是定语标记"的"。这在汉语中是一种比较奇特的句法现象。

可见,"V+时量+的+N"结构产生歧义还有一个条件,即时量短语是名词的准定语。

英语中,如果"看了三小时的电影","三小时"如果是时量状语,那么后置于动词和宾语,用 for 来标记时间量,不会产生歧义(We had been watching the film for three hours last week.)。如果"三小时"是名词的定语,则用 of 标记,也不会有歧义(We watched the film of three hours last week.)。唯独汉语这样时量状语和定语同时前置,既有 VO 语序的"看电影"又有 OV 语序的时量状语前置,并且时量还可能充当定语,而且还缺乏形式标记来分化这些语义上的差异,这才造成这种所谓的较为独特的结构歧义。

11. 小结

本章讨论了汉语普通话的9种歧义结构，可以见到，这些结构几乎都跟定语前置和附置词的位置有关。所有这些相关的因素最后可能都要归结于汉语普通话中VO和OV语序类型的混合。或许对这两个参项的研究有助于我们对其他与语序相关的现象的研究，这应该在语序类型研究的领域内引起高度重视。

当然，歧义结构研究的价值并不在于如何解歧或如何消解歧义。歧义结构研究的目的在于通过歧义结构的构造发现该语言在句法上的特殊性。从语言应用角度来看，歧义结构的歧义是潜在的、可能的，并不是现实的（冯志伟，1995）。语序类型混合只是结构歧义生成的条件之一，现实的歧义还得满足相关的词汇、句法和语义条件。事实上，语言中真正的歧义是非常少见的。因为除语序之外，语言中还有很多其他标识结构关系的手段，如形态和助词，它们的主要功能就是使关系意义更明确。即使是汉语这样语序类型混合，又没有严格的形态标志的语言，大部分可能的结构歧义也都能通过节律和语境等手段得到消解。因此，语言学家对歧义结构的兴趣并不在歧义本身，而在歧义结构背后的动因和语言构造规则。本章讨论歧义结构的目的也在于揭示普通话中的这些结构歧义背后的动因大都与普通话在语序类型上的混合性有密切关系，同时也进一步证明了普通话VO-OV混合语序的类型学特征。

第八章　蕴涵共性的假设论证与语法特异性解释

1. 引言

在前面第五章到第七章中，我们从语序类型学角度分析了汉语普通话的语序问题。下面两章我们尝试通过在已有类型学理论的基础上添加合乎逻辑的其他规则来建立新的理论假设，然后在有限范围语言样本的基础上进行验证，证明所建立的理论的有效性。

当代语言类型学的研究主要在一定规模跨语言调查的基础上或相当规模语料占有的基础上进行分析抽象，从而发现语言中存在的普遍现象或普遍规则。依据 Greenberg(1966)的“优势(dominance)”与“和谐(harmony)”理论，本章将提出“主要谓语动词凸显规则”与已有理论“语义靠近规则”(Bybee 1985；Givón 1991；Lu 1998)和名词短语整体化规则①的竞争与合作，来解释人类语言中三种优势语序语言 SOV、SVO 及 VSO 中定语和状语的优势语序位置，同时也可以解释 VO 语序采用右分支句法策略而 OV 语序采用左分支句法策略的合理性，并由此建立“定语后置蕴涵状语后置”的蕴涵共性。希望通过本章的讨论能对解释人类语言定语和状语的普遍语序现象以及对类型学的研究方法有所帮助。

当代类型学在理论上的核心任务是对语言共性的描写与解释，其中一些理论已初步成型，如“语义图(semantic map)”的概念空间描写(Haspelmath 2003；Cysouw 2007；Croft & Poole 2008；Croft 2009)，“直接

---

① 陆丙甫(2011)，与金立鑫的通讯交流。即人类对语法结构具有“前重后轻结构紧凑，前轻后重结构松散”的认知心理倾向。定语成分通常比名词复杂，形成“前重后轻”格局，该格局具有更强的整体性；相反，“前轻后重”格局具有更显著的分离性。

成分尽早确立(early immediate constituents recognition,EIC)"原则(Hawkins 2006:57)以及"运用—语法对应假设(performance-grammar correspondence hypothesis,PGCH)"(Hawkins 2010:3)等。Greenberg(1966;陆丙甫和陆致极译 1984)提出的蕴涵共性是对语言进行描写的形式表达,可用单向蕴涵命题"如果 X 则 Y"表述。蕴涵共性体现了命题逻辑真值蕴涵在类型学上的应用。"p → q"这一蕴涵式为真当且仅当除了"p 真 q 假"外 p 与 q 的其他三种组合皆真。由于逻辑蕴涵推理不考虑命题在自然语言意义上的语义相关性,因此真值蕴涵在类型学中并非真正体现语法参数在概念结构中的相关性,但却为语法等级与语法参数之间的关系描写提供了逻辑可能,"因为只有遵循逻辑才能保证描写的穷尽性和严密性,也能够使描写结果得到可靠的规则表达"(金立鑫 2010:34)。

Comrie(2009:15—19)将语言共性分为形式共性与实质共性、蕴涵共性与非蕴涵共性、绝对共性与倾向性。蕴涵共性与语法等级及标记理论关系密切,语法等级体现为标记程度等级,具有不同程度标记的语法范畴构成一个蕴涵关系链(Croft 2008:122),标记程度高的语法范畴蕴涵标记程度低的语法范畴。蕴涵共性表现了语法参数在语法等级上的依存关系。语法范畴成员在概念空间构成了语法等级连续统,各种语言在连续统上选择不同的语法范畴成员。

语法范畴概念只是学者们用来分析语言所使用的工具性概念(金立鑫 2007:130),就汉语来讲,有时对于同一语法成分,语法位置不同,语法功能就会不同,但该语法成分与其他成分的语义关系可能相同,如下例(1)中"摇头晃脑"语义指向主语"孩子们",可做状语、定语及谓语①;(2)中"潦草"语义指向宾语"字"②,可做状语、定语及次级谓语③,(3)中"缓慢"语义指向动词"增长",可做前置或后置方式状语。

---

① 对于汉语中同一语法成分作承载不同语法功能的句法变换时,需要考虑句法标记"地""的"及"得"的添加与删除,由于本小节主要考察语法成分的述谓性强度,表述中句法标记作省略处理。

② 形容词"潦草"有两个意思:一是指"字不工整",二是"做事(如写字)不认真",因而(2a)与(2b)在意义上还是有差异的。而(2c)则是歧义句,可以作"老师写字不认真"解读,也可以作"老师写的字不工整"解读,(2c)如果取前一种解读,则"潦草"为后置状语,语义指向"写";如果取后一种解读,则"潦草"为次级谓语,语义指向"字"。此处以及下文的例(7)和例(10)我们取"字不工整"意义。

③ 根据金立鑫(2009),将汉语传统语法上的补语分化为两类:述谓句子主语和宾语的动词后谓词性成分被处理为次级谓语(secondary predicate);修饰动作行为的动词后副词、介词短语及时量和动量成分等被处理为后置状语(post-verbal adverbial)。

(1)a. 孩子们摇头晃脑地读着书。

b. 孩子们读着书，摇头晃脑地。

c. 摇头晃脑的孩子们读着书。

d. 孩子们摇头晃脑，读着书。

(2)a. 老师潦草地写字。

b. 老师写潦草的字。

c. 老师写字潦草。

*d. 老师潦草，写字。

(3)a. 经济缓慢地增长。

b. 经济增长，缓慢地。

c. 经济增长得缓慢。

*d. 经济缓慢，增长。

尽管“摇头晃脑”“潦草”“缓慢”均可做方式状语，但例(1d)中“摇头晃脑”如果单独做谓语合法，而(2d)中“潦草”与(3d)中“缓慢”单独做谓语不合法。这也表明，不同语法成分，语法功能相同，但由于与其他成分的语义关系不同，句法位置变换也会受到限制。

由此我们可以得出，汉语中方式状语尽管句法功能上用来修饰动词，但语义可能指向主语、宾语或动词，根据其语义指向，方式状语构成了一个述谓性强弱连续统：语义指向主语，述谓性处于强势端；语义指向宾语或动词，述谓性处于弱势端。汉语形容词和副词在能够做谓语方面存在差异[①]，这说明做方式状语的形容词和副词的述谓性强度也不相同[②]，如：

(4)a. 孩子们迫切地说了起来。

b. 孩子们说了起来，迫切地。

? c. 孩子们迫切，说了起来。

d. 孩子们很/特别/尤其迫切，说了起来。

(5)a. 孩子们悄悄地走进了屋子。

b. 孩子们走进了屋子，悄悄地。

*c. 孩子们悄悄，走进了屋子。

---

① 对于汉语中性质形容词和状态形容词做谓语以及其他语法功能差异，请参阅朱德熙(2002:73,104)。

② 对于汉语中很多形容词可做状语，请参阅朱德熙(2002:75,153)。

*d. 孩子们很/特别/尤其悄悄，走进了屋子。

以上例句中的形容词“迫切”和副词“悄悄”均可做前置或后置方式状语；但“迫切”作谓语需要添加程度副词才合法，而“悄悄”即使添加程度副词作谓语也不合法。因此，方式状语的述谓性强弱等级可表示为“形容词 < 副词”①，蕴涵关系是述谓性弱项蕴涵述谓性强项，那么“副词可作谓语蕴涵形容词可作谓语”的蕴涵共性假设得以建立。Greenberg(1966)用语序的“优势(dominance)”与“和谐(harmony)”解释语序蕴涵共性，陆丙甫(2005:2)指出，语序优势研究在类型学中相对薄弱，语序优势研究滞后是当代类型学界公认的事实，尽管语序和谐得到了广泛研究(Lehmann 1978；Hawkins 1983,2006；Dryer 1992)，但语序和谐不能单独解释所有单向蕴涵关系(Comrie 2009:99)。

2. 蕴涵共性的假设论证

类型学中的蕴涵共性大部分是单向的，被蕴涵项相对于蕴涵项是优势项(刘丹青 2003:34)。Greenberg(1966)提出的 45 条蕴涵共性多数以单向蕴涵命题表述，以蕴涵共性 25 为例：“如果一种语言使用后置代词性宾语，那么也使用后置名词性宾语”，蕴涵真值表如下：

表 1 “代词性宾语后置”蕴涵“名词性宾语后置”真值表

	代词性宾语后置	名词性宾语后置	真值
A_1	T	T	T
B_1	T	F	F
C_1	F	T	T
D_1	F	F	T

从上表可得出三种组合：“代词性宾语后置＋名词性宾语后置”“代词性宾语前置＋名词性宾语后置”“代词性宾语前置＋名词性宾语前置”，而“代词性宾语后置＋名词性宾语前置”不存在(陆丙甫 2010:332)。

① 习惯上我们将“高/强”的成分放在最左边，语言类型学中考虑到与蕴涵方向的一致性，将符号“>”颠倒了。

从蕴涵共性的发现到理论的建立是一个复杂过程，除基于语种库的统计、分析及科学归纳外，也可采用假设演绎论证范式。陆丙甫发现[①]，“在其他条件相同的情况下，定语比状语更容易前置”，那么可以推出[②]：相对于核心而言，“定语后置蕴涵状语后置”或“状语前置蕴涵定语前置”，即人类语言中存在三种可能的优势语序：“定语后置＋状语后置”“定语前置＋状语前置”“定语前置＋状语后置”。逻辑上的另一种“定语后置＋状语前置”的语言属于少数，这不应该是一种优势语序配置。下文以三种优势语言 SVO、SOV、VSO 作为考察对象，以“定语后置蕴涵状语后置”为假设，依据我们提出的“主要谓语动词凸显规则”来论证该假设。

通常认为，相对于 S，V 与 O 倾向于先组合，且 V 为核心。“附置词＋名词”结构中“附置词”作为核心也可以采用同样的逻辑得到证明[③]。陆丙甫(2006:300)认为，核心是代表属概念的成分(上位集)，而从属语是代表种的概念成分(下位集)。借鉴“图形(figure)—背景(ground)”理论(Talmy 1983)，在句子构造中，具有不同述谓性强度的修饰语总是尽可能作为图形 V 的背景。由此，“主要谓语动词凸显规则”是指：典型形容词定语、方式状语尽可能远离动词 V 的语法位置，弱化自身的述谓性，以凸显 V 的述谓性。当然可以预测，由于其他因素的影响，有时会有例外产生，尤其是定语的前移。以下分别讨论。

2.1 SVO 语序

在 SVO 语言中，如果 S 带后置定语，或者该语言中的方式状语前置，且语义指向 S 时——后置定语的述谓性强于前置定语的述谓性，因为 S 的后置定语与动词谓语 V 处于相同语法位置，违背了主要谓语动词凸显规则，容易形成主谓结构的心理预测，因而优势语序是定语前置于 S。

方式状语的情况相同，如果方式状语前置于 V，则必然形成对 S 的述

---

① 根据陆丙甫，“对于状语和定语，主要指方式状语和性质形容词”。

② 金立鑫根据陆丙甫的发现进行扩展后提出的。

③ 金立鑫在回答上海外国语大学类型学课题组成员有关“旁置词＋名词”结构核心问题时提出了“核心隐含”的概念。可以有两个假设：旁置词做核心，名词做核心。需要确定两个假设中哪一个为核心更具有解释性和简洁性。假设旁置词为核心，那么旁置词隐含名词，凡有旁置词则必有名词。名词只不过是旁置词的衍生物(或者投射出来的成分)，反之不亦然。假如出现了旁置词单挂情况，语感中也会很自然地能感觉到某个特定名词的存在。如果假设名词为核心，我们很难从名词中推出旁置词，因为名词并不隐含旁置词。但名词可以隐含形容词，因为我们可依据名词推导出其所具有的各种属性(用形容词表达)。因此，在“旁置词＋名词”结构中，名词为核心不如旁置词为核心的假设简洁方便。

谓，因而前置于 V 的方式状语的述谓性强于后置于 V 的方式状语的述谓性。这表明，如果 S 的定语和指向 S 的方式状语都位于“S_V”之间的空位时，前置方式状语、后置定语、动词 V 三个述谓成分同时对 S 构成了强述谓，从而弱化了 V 的述谓凸显度。这对结构的解读是十分不利的。解决方法是，让 S 的定语前置，指向 S 的方式状语后置于动词。

由此看出，在语义靠近规则和主要谓语动词凸显规则的竞争中，后者为更高规则。后置于 S 的定语与前置于 V 的方式状语虽然符合语义靠近规则，但却为劣势语序，这种劣势语序若在某一语言中出现必定是有条件的，如使用特定的句法标记等。

下面讨论 VO 语言中 O 带定语、方式状语语义指向 O 时的句法配置问题。如果后置方式状语 OM 和谓宾结构 VO 形成对立，那么处于述谓连续统弱势端的、远离动词 V 的后置方式状语应该为更合理的优势配置。

O 的定语情况复杂些，如果 O 的定语前置，就会违背宾语与动词之间的语义靠近原则，同时也会违背主要谓语动词凸显规则。但定语前置也有更重要的推动因素：第一，如果定语后置则出现与 S 定语后置类似的情况，即形成“O＋述谓”的心理预测。从许多 VO 语言的定语有向名词前移动的倾向来看，人类语言试图极力避免定语后置于名词可能形成的“S-P”主谓关系心理预测所引起的更复杂心理加工操作。第二，定语作为一个语法范畴，在某种语言中必然采取同一语序策略（结构和谐原则），不可能出现 S 定语前置而 O 定语后置的倾向。第三，名词定语前置使得整个名词短语更具整体性（名词短语整体化规则），这种心理效应与［2＋1］韵律格式比［1＋2］格式更紧凑是一致的。心理效应上，大的、重的、长的、复杂的居前，小的、轻的、短的、简单的在后有“整体性强”的效应，相反，颠倒过来则有“过程性强”的效应。这是人认知心理感受的反映。

因而，SVO 语言的优势语序是：S 与 O 的定语均前置，方式状语尽可能远离且后置于 V。可见，这种句法组配违背分支方向和谐原则背后是有道理的。

我们将传统汉语语法中的补语中语义指向主语和宾语的后置述谓性成分处理为次级谓语（金立鑫 2009），如（6b）中的形容词“耐烦”语义指向主语“孩子们”，（7b）中的形容词“潦草”语义指向宾语“字”，但在前置时仍然处理为状语（附加句法标记“地”），如（6a）、（7a）和（8a）。而将传统汉语语法中的补语中语义指向动词的后置述谓性成分处理为后置状语，如（8b）中的形容词短语“很快”语义指向动词“吃”（汉语宾语需话题化或次话题化才合法），与英语中处理为后置方式状语的原则基本一致。以汉语和英语为例：

(i)S 带定语并且方式状语语义指向 S：

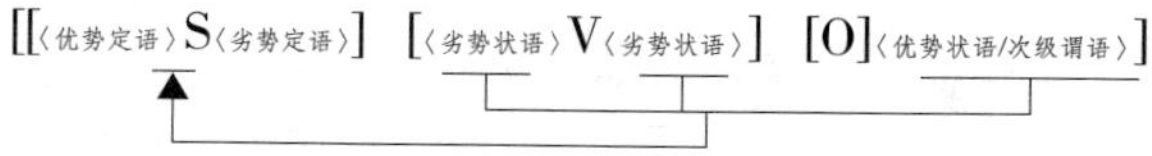

(6)a. 这些顽皮的孩子不耐烦地唱歌。

b. 这些顽皮的孩子唱歌不耐烦。

c. The naughty children sing the songs impatiently.

(ii)O 带定语并且方式状语语义指向 O：

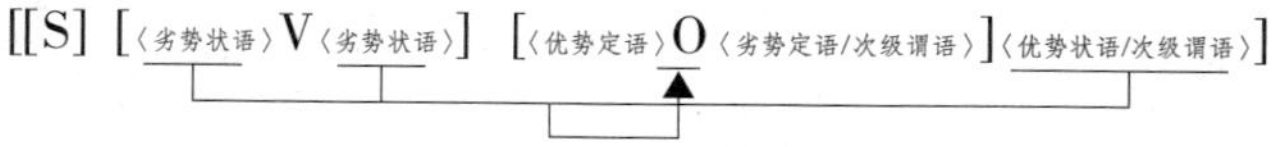

(7)a. 张三潦草地写了几个难看的字。

b. 张三写的几个字难看潦草。

c. John writes the words terribly and illegibly.

d. John writes the terrible words illegibly.

(iii)语义指向动词 V 的方式状语后置转变为后置状语：

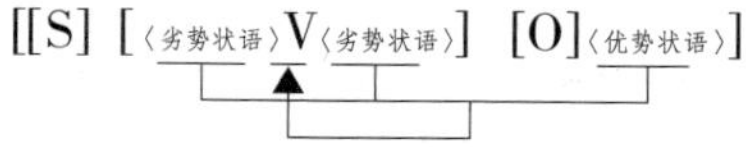

(8)a. 孩子们很快地吃苹果。

b. 孩子们苹果吃得很快。

c. The children eat the apples very fast.

2.2　SOV 语序

SOV 语言相对简单。述谓成分 V 处在 S 和 O 两个被述谓成分之后，那么无论是定语性成分还是状语性成分，只要都前置于 S、O，就都能避免与 V 争夺述谓位置。因此方式状语前置于 O 的语法位置，凸显了 V 的述谓性；S 与 O 的定语前置，以弱化自身的述谓性而凸显 V 的述谓性，定语前置同时满足了名词短语整体化规则和主要谓语动词凸显规则，两个规则和谐。因此 SOV 语言的优势语序是：S 和 O 的定语前置，方式状语也尽可能远离且前置于 V。这是一种相当简单并具有较高凸显主要动词的语序策略，或许正是因为 SOV 在次级述谓成分处理上的简单性和凸显主要动词的有效性，构成了其在语序类型上的优势，从而成为世界语言中使用比例最高的语序。以日语为例：

(i)S 带定语并且方式状语语义指向 S：

[[〈优势定语〉S〈劣势定语〉] 〈优势状语〉[O] [〈劣势状语〉V〈劣势状语〉]]

(9)いたずらっ子たちは 頭を 振りながら 本を 読んでいる
Itazurakkotatiwa atamawo furinagara honwo yondeiru
顽皮的孩子们 摇头晃脑地 书 读着
(顽皮的孩子们摇头晃脑地读着书)

(ii)O 带定语并且方式状语语义指向 O：

[[S] 〈优势状语〉 [〈优势定语〉O〈劣势定语〉] [〈劣势状语〉V〈劣势状语〉]]

(10)先生は いい加減に 汚い字を 書いている
Senseiwa iikagenni kitanaijiwo kaiteiru
老师 潦草地 难看的字 写着
(老师潦草地写着难看的字)

2.3 VSO 语序

与 SOV 语序策略的简单性相似，在 VSO 语言中，相对于核心 V 的语法位置，方式状语与 S、O 的定语尽可能后置于各自的核心。如果 V 带方式状语，前置方式状语具有强述谓性，而后置方式状语具有弱述谓性，因此为了不与主要动词形成冲突，方式状语需尽可能后置于 V，以其自身的弱述谓性来凸显 V 的述谓性。如果 S 与 O 的定语前置，则会处于述谓性等级连续统的强势端，与主要动词形成冲突，那么唯有后置定语才能避免这种冲突，定语后置说明，相对于名词短语整体化规则，主要谓语动词凸显规则为优先规则。因此 VSO 语言的优势语序是：S 与 O 的定语均后置，方式状语尽可能远离且后置于 V。尽管 VSO 语序在信息流结构中不太合理（先出现动词而不是确定的名词对象），但由于 VSO 语序简单性的优势，还是有不少语言采用了这种语序，在高频被采用的语序中排列第三。下面是阿拉伯语①的例子：

① 阿拉伯语遵循从右向左的书写顺序。

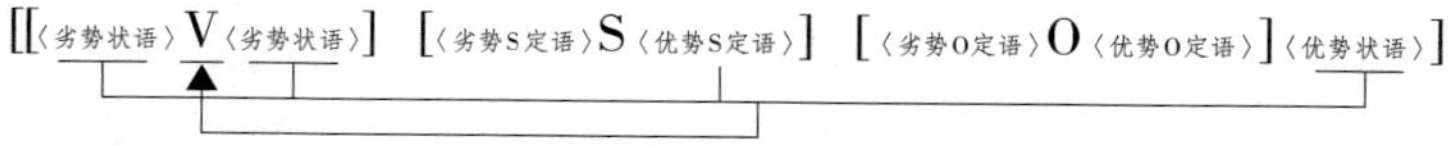

(11) قرأ ذلك الطفل السمين كتاب الفلسفة سريعا

seri:an felsefeti kitabel ssemi:n ttuifulu zalike geree

很快地　哲学　书　胖的　小孩　那个　读了

（那个胖小孩很快地读了一本哲学书）

以上通过句法组配最优化思路的论证，我们得出，在 SVO、SOV 及 VSO 语言中，优势语序分别是：

SVO　定语前置＋状语后置

SOV　定语前置＋状语前置

VSO　定语后置＋状语后置

劣势　定语后置＋状语前置

为了直观起见，我们用 < 表示前置，用 > 表示后置，将上面定语和状语的四种句法位置更为形象地描述为：

定语	状语
<	>
<	<
>	>
>	<

我们可以清晰地看到，第四行两个箭头相向的组合（定语后置并且状语前置）为劣势句法组配。这无论在 SOV 语言，还是在 SVO 语言或者 VSO 语言中都有效。

到此为止，一个自然的结论就是：“定语后置蕴涵状语后置”，论证结果与起始目标假设一致。该结论可表达为一个条件命题：在 **SVO**、**SOV**、**VSO** 三种语言的优势语序中，定语后置蕴涵状语后置。

汉语中很多定语后置于名词后具有更明显的谓语性质，尤其当定语修饰宾语时，定语后置容易形成次级谓语，如“他有一个在北京的孩子”，定语后置变为“他有一个孩子在北京”。一般的语法书都会将这种例子处理为兼语句，转换前的定语变成了谓语。

除了典型形容词外，汉语中“VO 的”从句作修饰语，如果后置于宾语需要将定语从句中的“的”删除，然后直接后置作谓语，如“我有一个喜欢小动物的儿子”转换为“我有一个儿子喜欢小动物”。一般的教科书也会处理为兼语句。

在俄语中，宾语定语可以后置于宾语，但不会转变成次级谓语，后置定语带上了明显的焦点特征，这种情况并非是俄语的优势语序。某种违背优势组配的语言现象或许存在，这也说明没有例外的蕴涵共性相对较少，但例外总是有动因，可通过复杂蕴涵命题的前项进行限制，即“复杂蕴涵共性”（Whaley 2009:34），也就是说，在共性提取时尽管可以排除一些例外，但同时也将一少部分语言排除了。

3. 语法特异性的解释——以汉语列举式“等”字结构为例

汉语普通话中名词、形容词、动词、量词等实词都有重叠式，张敏(2001:24)提出一条语言共性假设：若某个语言/方言的形容词重叠式[①]有表减量的，则一定也有表增量的，即“表减量”蕴涵“表增量”（Y⊃X，X＝表增量，Y＝表减量）。这种蕴涵关系及例证如下所示(张敏 2008:548)[②]：

表 2 “表减量”蕴涵“表增量”(Y ⊃X)真值表及例证

	Y-表减量	X-表增量	真值	例证方言/语言
A_2	T	T	T	北京、阳江、广州等多数汉语方言
B_2	T	F	F	无
C_2	F	T	T	古汉语、武汉、忻州等
D_2	F	F	T	希腊语、拉丁语、哥特语等

上表中只有 B_2 为假，即不存在谓词重叠式只表减量而不表增量的方言。张敏(2008:549—550)从数量象似角度进行了解释：原型的重叠式是二迭式，类同形式元素在线性语言序列上的复现对应于类同的概念元素在一定认知构型中的复现；数词“二”既是最经济的“多量”引得符，也是量观念的最小引得符，因此表增量是优势语义解释，表减量则是劣势语义解释。

下面我们以汉语普通话中的列举式“等”字结构做宾语为例[③]做一分析，证明“蕴涵共性理论对特定语言的语法特异性也具有较强的解释力”。

例子：本次列车沿途经过郑州、西安等地

该例中，“等”和“地”如果分别用双音节形式“等等”和“地方”代替，共得到

① 张敏认为，该假设同样适用于动词重叠式，因此这里的“形容词”应换为“谓词”。

② 为直观展现真值与例证的对应，作者将张敏(2008)的原表稍作改动，实际内容不变。

③ 陆丙甫提出的问题。

“等地、*等等地、等地方、等等地方”四种格式，其中只有“等等地”是被严格排除的。

汉语列举式“等”字结构包括助词“等”，以及概括性复指成分（如“地、地方”），概括性复指成分指向“先行成分”（如郑州、西安），“先行成分＋助词＋概括性复指成分”做宾语[①]。在该结构中，如果不存在“先行成分”，句子不合法，因此不允许零“先行成分”的存在。首先，对于光杆助词“等”“等＋复指成分”结构，这两种用法不受限制，如：

（i）光杆“等”：

（12）a. 班干部包括张三等。
　　b. 途径郑州、西安等。
　　c. 吃了包子、面条、饺子等。

（ii）“等＋复指成分”：

（13）a. 班干部包括张三等人。
　　b. 班干部包括张三等学生。
　　c. 班干部包括张三等优秀学生。
　　d. 途径郑州等地。
　　e. 途径郑州等地方。
　　f. 途径郑州等好地方。

然而，光杆“等等”“等等＋复指成分”的使用受限：

（iii）光杆“等等”

（14）*a. 班干部包括张三等等。
　　b. 班干部包括张三、李四等等。
　　*c. 途径郑州等等。
　　d. 途径郑州、西安等等。
　　*e. 吃了包子等等。
　　f. 吃了包子、面条等等。
　　*g. 读了《语言学概论》等等。

① 此处暂不分析做主语情况以及“如、像、例如”引导的结构。

h. 读了《语言学概论》《应用语言学》等等。

(iv)“等等＋复指成分”

(15) *a. 班干部包括张三、李四等等人。

b. 班干部包括张三、李四等等同学。

*c. 途径郑州、西安等等地。

d. 途径郑州、西安等等地方。

*e. 读了《语言学概论》《应用语言学》等等书。

f. 读了《语言学概论》《应用语言学》等等专著。

对上面的句法组配，我们首先建立假设：当“先行成分＋助词(等/等等)＋概括性复指成分”做宾语时，光杆“等”“等＋复指成分”的使用是自由的，为无标记结构；光杆“等等”“等等＋复指成分”的使用受限，为有标记结构，标记模式为：

无标记	有标记
光杆“等”	光杆“等等”
“等＋复指成分”	“等等＋复指成分”

为什么光杆“等等”“等等＋复指成分”的使用受限？其使用受到什么限制？进一步观察可以发现：光杆“等等”“等等＋复指成分”的使用是受到“先行成分实体数量”以及“复指成分音节数量”两个方面的限制，如下所示：

先行成分实体数量	双音“等等”	复指成分音节数量
两个或两个以上	光杆“等等”	零
两个或两个以上	“等等＋复指成分”	两个或两个以上

以上表明，光杆“等等”的使用必须伴有两个或两个以上的“先行成分实体数量”；而在伴有两个或两个以上的“先行成分实体数量”的情况下，添加复指成分的“等等”的使用条件是：必须伴有“两个或两个以上的复指成分音节数量”。那么我们可以得出：“先行成分＋‘等等’＋概括性复指成分”做宾语时，光杆“等等”双音节形式蕴涵“两个或两个以上先行成分实体数量”；而在伴有两个或两个以上的“先行成分实体数量”的情况下，添加复指成分的

"等等"蕴涵"两个或两个以上复指成分音节数量"。光杆"等等"双音形式蕴涵"两个或两个以上先行成分实体数量"蕴涵真值表如下：

表 3　光杆"等等"双音形式蕴涵"两个或两个以上先行成分实体数量"真值表

	等等	两个或两个以上先行成分实体数量	真值
A_3	T	T	T
B_3	T	F	F
C_3	F	T	T
D_3	F	F	T

而在伴有两个或两个以上的"先行成分实体数量"的情况下，添加复指成分的"等等"蕴涵"两个或两个以上复指成分音节数量"蕴涵真值表示为：

表 4　添加复指成分的"等等"蕴涵"两个或两个以上复指成分音节数量"

	等等	两个或两个以上复指成分音节数量	真值
A_4	T	T	T
B_4	T	F	F
C_4	F	T	T
D_4	F	F	T

我们先看表 4 中的真值情况，在伴有两个或两个以上的"先行成分实体数量"的情况下：

A_4：两个或两个以上先行实体数量＋"等等"＋两个或两个以上复指成分音节数量

如：沿途经过郑州、西安等等地方。（合法）

B_4：两个或两个以上先行实体数量＋"等等"＋一个复指成分音节数量

如：沿途经过郑州、西安等等地。　（不合法）

C_4：两个或两个以上先行实体数量＋"等"＋两个或两个以上复指成分音节数量

如：沿途经过郑州、西安等地方。　（合法）

D_4：两个或两个以上先行实体数量＋"等"＋一个复指成分音节数量

如：沿途经过郑州、西安等地。　（合法）

通过以上可以看出，只有 B_4 中的格式不合法，也就产生了四种格式中有一个"等等地"不合法的"四缺一"格局（陆丙甫 2004，2010）。因此，当"先行成分＋助词'等等'＋概括性复指成分"做宾语时，且"先行成分实体数量"

为两个或两个以上，双音节形式“等等”蕴涵“两个或两个以上复指成分音节数量”。我们再看看表3中的真值情况：

A_3：两个或两个以上先行成分实体数量+“等等”

如：沿途经过郑州、西安等等。（合法）

B_3：一个先行成分实体数量+“等等”

如：沿途经过郑州等等。（不合法）

C_3：两个或两个以上先行成分实体数量+“等”

如：沿途经过郑州、西安等。（合法）

D_3：一个先行成分实体数量+“等”

如：沿途经过郑州等。（合法）

我们发现 C_3、D_3 正好验证了光杆“等”的无标记身份，即不受先行成分实体数量的限制（零除外），使用是自由的。前面我们还提到另一个无标记结构“等+复指成分”，这种情况可以通过 C_4、D_4 得以验证。因此“等”的音节数量与先行成分实体数量以及复指成分音节数量均不存在相关性，“等”是无标记的。

那么为什么会有上面提到的关于“等等”的两种蕴涵关系，即“等等”是有标记的？对于光杆“等等”的蕴涵关系，我们认为与数量象似原则有关，即当使用“等等”时，表示多量的概念，需要添加两个或两个以上的先行成分实体。而“等等+概括性复指成分”的蕴涵关系则与音节韵律上的松紧象似性相关，音节韵律也是影响汉语语法结构合法与否的重要因素。

吴为善（1989）用连读变调证明了汉语三音节段在韵律上[2+1]格式比[1+2]格式更紧凑，汉语中偏正结构倾向于采用[2+1]韵律格式而动宾结构多采用[1+2]韵律格式，[2+1]韵律格式的偏正结构更倾向于构成一个复合词，如“长毛兔（子）、象牙筷（子）、华南（老）虎、防风（眼）镜”等；柯航（2007）则基于韵律、语义及语法结构提出了“松紧象似”原则，即语法结构的“语松词紧”与韵律的“[1+2]松[2+1]紧”具有象似性。“*等等地/书”和“等等地方/专著”均是由助词“等”重叠式与名词组成的非偏正结构，从语义上讲，这两个语法结构都包含两个语义单位，在语义和语法结构上倾向于松散；但在音节韵律上，前者构成[2+1]格式，后者构成[2+2]格式，[2+2]韵律格式与两个语义单位的语法结构是和谐的，而[2+1]紧凑韵律格式“*等等地/书”倾向于构成一个语义单位，其与该语法结构由两个语义单位组成且倾向于松散相悖，因而音节韵律和语法结构在语义上的不和谐是造成其不合法的主要功能动因。

4. 小结

本章所得出的“定语后置蕴涵状语后置”的蕴涵共性假设只是在理论上成立，该假设的验证还需要进一步的调查和研究，要成为理论还需看其对语言普遍性的解释力，理论需在不断修正中完善。另外我们只是从共时角度进行了探讨，该假设还可从历时语法演变的角度进行研究，主要看典型定语与方式状语的句法位置是如何演变的，观察它们在句法结构中的语序、所遵循的演变规律等。蕴涵共性对汉语“等”字结构做宾语中的“四缺一”格局的阐释，证明了除跨语言共性外，蕴涵共性理论对特定语言的语法特异性也具有较强的解释力。

第九章　普通话语序混合的动词系统动因

1. 引言

我们在第五章到七章较为详细地分析和论证了现代汉语普通话的语序类型属于 VO-OV 混合型语序类型。这与我们所见到的其他语言的语序类型很不相同。如果要追问或解释现代汉语普通话为什么会是这种混合类型的语言，可能的解释有两种思路，一是语言系统之外。这不仅要从历史，还要从地理和社会等诸多因素，尤其是语言谱系因素、较大规模的民族迁徙以及语言接触等角度进行考证。二是从语言系统内部寻求观察语言本身在构成这种混合语序类型的因素。即，有哪些因素可能直接导致或影响了我们看到普通话在语序上呈现出 VO-OV 语序自由的表现。前者通常称为强理论解释，后者通常称为弱理论解释。一般的研究原则是先执行系统内的弱解释程序，能够在系统之内解释的，就不用系统之外的解释。因为系统之内的解释更为直接、简单，而系统之外的解释则相对间接和复杂一些，在证明其必然相关性上困难一些。

通过观察我们发现，之所以我们看到普通话在句法上似乎表现出宾语可以自由地处在动词前后，例如最经典的例子"客来了，来客了"，"作业做好了，做好作业了"，"饭吃完了"等等，都与某种动词的系统类型有关。而这种动词的系统类型又与人类语言的句法配置格局有关。这就是所谓的主宾格句法配置和施通格句法配置。主宾格句法配置的语言，与动词相关的论元成分是主宾语，而施通格句法配置的语言，与其动词相关的论元成分是施通语。而主宾语与施通语在句法形式上属于不同的句法配置。

有意思的是，世界上大多数语言或多或少地兼有这两种语言的句法配置，也因此大多数语言也兼有主宾格动词和施通格动词，只是程度不同而已。汉语普通话在这两种不同句法配置格局的语言类型上，又一次扮演了较为典型的混合语的角色，由此造成了表面上人们看到的所谓的 VO-OV 语序混合现象。

汉语普通话在主宾格和施通格的类型混合上还造成了现代汉语语法史上曾经热烈一时的大讨论，主要涉及的句型如："台上坐着主席团""主席团坐在台上"以及"王冕七岁上死了父亲"和"王冕七岁上父亲死了"等等，都与本章下面将要讨论的主宾格和施通格句法配置相关。

语言类型中的施通格现象国内以往讨论得不多。近年来开始有不少文章用"施格动词"(ergative verb)或"非宾格动词"(unaccusative verb)来解释汉语或英语中的某些句法结构。这些研究取得了不少成就。如杨素英(1999)、夏晓蓉(2001)、赵彦春(2002)、潘海华等(2005)、吕云生(2005)、黄正德(2007)、刘蓉(2009)、刘探宙(2009)、马志刚(2009)、隋娜等(2009)、王文斌等(2009)、赵杨(2009)、李素枝(2010)、梅德明等(2010)、董成如(2011)、沈阳(2012)等。

但其中也存在一些问题，其中较大的问题是相关的术语不够统一，例如：施格、作格、非宾格，这三个概念基本上都是指 ergative；更大的问题是，学者们在使用这些概念的时候有不同的理解，很多理解几乎完全背离了类型学上的 ergative 语言背景。本章试图就这些概念进行梳理，并试图用与此相关的概念证明汉语动词的四分系统，并尝试对这种四分系统重新做出理论解释，并同时对普通话 VO-OV 混合语序类型的相关性进行系统内的解释。

"功能语言学和认知语言学界一般认为，世界语言的类型可以分为及物性系统和作格(金注：本文采用"施格"这一术语，详下)性系统两大类(Halliday 1985，1994；Langacker 1991；Lemmens 1998)，但正如韩礼德(1985，1994)、Langacker(1991)、Dixon(1994)等人所说，任何一种语言都同时存在两种模式，只是程度的不同。"(郭印，2011：iii)如果这一看法在一定范围内或一定程度上有一定代表性，那么在不同语言中观察和研究这两种可能存在的不同句法组配或许也是一个可以探索的途径。至少在句法描写层面上通过施通格和主宾格不同的句法配置来揭示部分句法分布模式是一个值得尝试的做法，有关这一问题的话题可参见曾立英(2007)的述评。至于人类语言不同表现形式背后的功能推动等等因素以及不同的功能如何对应更多更复杂的语言形式，还需要在更广泛的层面上进行。本章暂且在描写层面上利用这两种不同的句法配置来观察并解释汉语中所谓的"VO-OV"混合的相关句法现象。

2. 关于施通格句法配置和主宾格句法配置

汉语中最早涉及施格这个概念的或许是黄长著等(1981)翻译的《语言与语言学词典》,其中将 ergative 译为“作格”,接着吕叔湘(1987)也将 ergative 称为“作格”,此后大部分中国学者沿用这个译法。Google scholar 提供的检索结果认为,ergative 这一术语来自丹麦语,或许是为了避免与已有的格语法中的 agent 相混,英语直接引进了这个术语而不是用 agent 来翻译。而从语义上说 ergative 与 agentive 并无太大差别,都表示动作者(动者格、主动格),日语将 ergative 翻译为「能動の」。要彻底弄清楚 ergative,先简要对比一下 ergative 语言和主宾格语言。

较早讨论人类语言中 ergative 现象的是 Anderson(1976),Anderson(1976:4)举东北高加索的 Avar 语为例,说明 ergative 语言在形式上的句法配置:

(1)a. vas v-eker-ula
boy m-run-pres (男孩 男性—跑—现在时) 这男孩在跑步

b. Jas j-eker-ula (女孩 女性—跑—现在时)
girl f-run-pres 这女孩在跑步

c. vas-al r-eker-ula
boy-pl pl-run-pres (男孩—复数 复数—跑—现在时)
男孩们在跑步

d. Ins:u-c:a jas j-ec:-ula
father-erg girl f-praise-pres (父亲—施事标记 女孩女性—表扬—现在时)
父亲表扬这女孩

e. vas-as:sisa b-ek-ana
boy-erg bottle n-break-past(男孩—施事标记 瓶子非人类—打碎—过去时)
这男孩打碎了这瓶子

f. vas-as: susbi r-ek-ana
boy-erg bottles pl-break-past(男孩—施事标记 瓶子 复数—打碎—过去时)
这男孩打碎了这些瓶子

在例子(1)a、b、c中，不及物动词(下文将“不及物动词”称为“主格动词”)的“主语”(为照顾习惯，暂称为“主语”，详下)没有格标记，当主语为单数时，主格动词上有人类的性别标记，主语为复数时，动词上有数标记(这也符合单数有数的标记蕴涵复数有数的标记共性)。这里有一条最重要的现象，在施格语言中主格动词的主语通常没有格标记。例子d到f为及物动词(下文称之为“宾格动词”)，所有主语全部带施格标记，同时，动词标注宾语的性而不是主语的性，而且也是当宾语为单数时标注人类还是非人类，当宾语为复数时标注数。这里或许可以提取出一条蕴涵共性①：

复数有标记区分生命度则单数也有标记区分生命度，复数生命度标记区分的精细度不会超过单数生命度标记。

以上Avar语中名词为单数时，标记性别或人类与非人类，名词为复数时，标注数。并且，动词上所有的性别标记或数标记都与通格成分一致。这也是ergative语言典型的句法标记组配形式。Avar语中所有的时态均标注在动词之后。

现在我们大致知道，ergative语言就是施事成分有施格标记作为一类句法成分、“不及物动词的主语和及物动词的宾语”(实际上是通格：absolutive)为另一类句法成分的语言。所以，ergative应该称其为“施格”才是最准确的。与“施格”相对的另一组句法成分(主格动词的论元和宾格动词的宾语)为“通格”(即，通语。详见后文)，因此这种句法组配形式的语言应该称为“施格—通格语言”，可以简称为“施通格语言”。在句法上相对应的是施格结构和通格结构。根据Dixon(1979)的说法，它们可以是通过形态表现的(形态施通格)，也可以是通过句法表现的(句法施通格)。

可惜的是，国内绝大部分语言学家使用得更多的是作格这一术语，而不是施格。目前我们所见到公开发表的文献中，只有朱晓农(2003)、江荻(2007)、陆丙甫(2009)、罗天华(2011)用的是施格。虽然采用“施格”译法的为少数学者，但却是更准确更清晰的译法。朱晓农(2003)认为：“ergative语是什么样的一种语言呢？中文把它译为‘作格’。这个译名恐怕不妥，ergative应该是‘施格’。”陆丙甫(2009)也指出：“如果采用‘施格’这一翻译，几乎就不需要解释而意义自明。ergative指施事独用的格形式，‘施格’的名称一目了然。”罗天华(2012)也认为，“‘作格’的译名意义不够明朗，不能够‘望文生义’……既然有一个更清晰的译名‘施格’来替代，何乐而不为？”我们希望学术界能对此给予足够的重视。不要继续因循守旧，当以科学的

① 这条蕴涵共性是柳俊建议的。

态度面对这一语言现象。

前面 Avar 语的例子里有一个重要现象需要注意，那就是不及物动词的主语无附属标记，而及物动词的施事主语有附属标记。这也是所谓施通格语言句法标记的典型组配方式。典型的施通格语言的宾语与主格动词的主语(即通格)都无标记，这里也有一条蕴涵共性：如果施通格语言不及物动词的论元和及物动词的宾语有标记，则及物动词的施事主语也有标记。(更简洁的表述可以是：如果通格有标志，则施格也有标志。与主宾格语言平行的蕴涵共性是：如果主宾格语言主格动词的论元和宾格动词的主语有标记，则宾格动词的受事宾语也有标记。)例如 Dyirbal 语(一种 OSV 语序的施通格语言)：

(2) a. ŋuma banaganyu.
ŋuma-ø banaganyu(爸爸—无标记通格 回来) 爸爸回来了

b. Yabu ŋumaŋgu buran.
yabu-ø ŋuma-ŋgu buran(妈妈—无标记通格 爸爸—施格标记 看见) 爸爸看见了妈妈

c. ŋuma yabuŋgu buran.
ŋuma-ø yabu-ŋgu buran(爸爸—无标记通格 妈妈—施格标记 看见)妈妈看见了爸爸

(例子参见 Dixon, 1994:154—155)

上面 Dyirbal 语中不及物动词的主语和及物动词的宾语都没有标记，这两个成分都是通格，我们称之为通语(我们翻译为 absoluter)，而及物动词的主语都有标记，是施格，我们称之为施语(我们翻译为 ergater)。关于通语和施语这两个术语的必要性，我们将在本章第 3、第 5.1、5.3.3、5.3.4 节还要讨论。

施通格语言中的通格，常常是无标记的；而及物动词的施语采用另外的句法形式。藏语爱斯基摩语、巴斯克语也都是施通格语言。

与施通格语言相对的是主宾格语言。例如在日语、韩语这样的语言中，主格动词的主语和宾格动词的主语采用同一标记，比如日语的主格标记，无论动词及物还是不及物，主语都用 ga 标记，韩语无论动词及物还是不及物，主语标记都是 ga 或者 i。宾语采用另一个标记，日语用 o，韩语用 eul 或者 reul。像日语和韩语这样的语言，语言学家称之为主宾格语言。主宾格语言和上面介绍的施通格语言在“施事”“主语”和“宾语”的句法标记上的配置是错位的，Dixon(1979:61)将以上现象总结为(括号中的“施语”“通语”是我们加上的)：

主宾格语言系统		施通格语言系统
主格	施事	施格（施语）
主格	主语	通格（通语）
宾格	宾语	通格（通语）

从上图可以看到，所谓的主语主要是施事和话题的结合体，而施通格语言中的通语则主要是话题和受事的结合体。这两种不同角度的句法概括，在各种语言中都有不同程度的表现。

汉语的主宾格和施通格是指由句法分布(句法分布是一种广义形态)手段表现的论元配置格局。汉语主宾格的句法分布表现为，主语和宾语各自在动词的左右两边。宾语不可移动到动词前；而施通格的句法分布表现为，施语分布于动词前，通语(既可以是不及物动词的主语，又可以是及物动词的宾语)可以自由分布于动词左右。

3. 非施通格语言中的“施格动词”和“通格动词”的句法现象

后来有语言学家提出(参见郭印，2011:iii)，类似施通格语言中及物动词受事与不及物动词的主语采用相同形式表达的现象在很多语言中都有。例如英语中的 it broke the window(及物动词)，the window broke(不及物动词)，其中受事 window 在及物动词结构中做宾语，在主格动词结构中做主语，它的语义角色虽没有变化，但被置于不同的句法格位中。这种语序配置与施通格语言中通格成分的形态句法配置模式很类似。英语中可以构成类似结构的动词还有：

状态变化动词：burst，form，heal，melt，tear，transform

烹饪类动词：bake，boil，cook，fry

位移动词：move，shake，sweep，turn，walk

驾驶驱动动词：drive，fly，reverse，run，sail

据统计英语中这类动词有 320 多个(出处失记)。

法语中也有类似的现象，例如：

(3)a. Il tourne la tête.(他转动了他的头)

b. Sa tête tourne.(他的头转动了)

“头”(tête)在及物动词句和不及物动词句中形式相同。

同样的现象在土耳其语中也有:

(4)a. Jan breekt zijn glas.(张三打碎了他的玻璃)

b. Het glas breekt.(这块玻璃打碎了)

“玻璃”(glas)在及物动词句和不及物动词句中形式相同。

以上这些动词很多文献称其为 ergative verb,即施格动词。

那么通格动词是什么?通格动词(我们译为 absolutive verb)类似例(1a)到(1c)中的那些不及物动词。类比到汉语这种用句法形式表现的施通格结构,它对应于汉语中那些永远都不出现施受关系的不及物动词,而且它们的论元成分可以前后自由转换(即,有不及物动词说元的句法分布(动词前)也有及物动词宾语的句法分布(动词后),两个句法位置。)如:

(5)a. 客来了　　　　　b. 来客了

这种例子中的动词就是通格动词。令人遗憾的是,这类显而易见的通格动词在国内多数文献中却表述为“作格动词”(即本章的施格动词),完全弄混了,实在遗憾(也有文献称其为“非宾格动词”,这个术语稍好一些,即无法指派宾格的动词)。

与通格动词相对应的是通格成分(或通语)。假如参照施通格语言的系统看汉语的施语和通语,我们可以假设,施语和通语也应该类似施通格语言那样,有相应的句法配置。但是以下两点需要注意:

一、在汉语施格动词结构中,在施语出现的条件下,通语很像宾格动词的宾语,但它与宾格动词宾语的区别是通语可以前移而宾语不可以。这也是施格动词与宾格动词属于不同的句法配置的形式,或者说,它们有着不同的句法形式(句法施通格与句法主宾格配置的区别)。在施事不出现的条件下,通语可以前移至类似传统上句子主语的位置。

二、在通格动词中,通语可以自由地处在动词的前后。这也是通格动词区别于主格动词的地方(主格动词的论元无法在动词前后自由移动)。

据黄正德(2007)介绍,Perlmutter(1978)首次提出述词区分“非宾格”

(unaccusative)和“非施格”(unergative)的。但是这些术语存在三个问题，第一，虽然它所能携带的两种论元成分(如“张三关了门”中的施事和受事)都不带有“宾格标记”，符合“非宾格”这一特征，但总免不了容易让人产生误会，因为一般人很容易将宾格和宾语联系在一起，因此就很容易让人误以为这两个成分都不是宾语。而实际上其中一个是句法结构中典型的宾语。第二，一般而言，科学术语或定义尽量少用否定形式，否定形式实际上可能包含的外延要比肯定形式大得多。例如“金属”和“非金属”，后者的外延要比前者大得多。外延越大，越容易出问题，而且一般人理解否定性概念也要比理解肯定性概念困难得多。例如要了解“非施格”先要了解“施格”，然后再对“施格”做出否定。因此“非宾格动词”不是一个很恰当的术语，一般人要理解“非宾格动词”先要理解“宾格动词”，再对其进行否定，再得到“主格动词”。而“非宾格动词”和主格动词的概念相差甚远(逻辑上，“非宾格”可以包括主格和通格)。第三，严重的问题是它抹杀了通格与施格之间的差别。这一点我们会在下面具体讨论。

黄正德(2007)似乎接受了 Perlmutter 的系统，将以上我们讨论过的通格动词和施格动词一律称之为“非宾格动词”，前者称之为“一元非宾格动词”，后者称之为“二元非宾格动词”。下面是黄正德(2007)给汉语动词的分类：

(一)一元非施格动词，如：笑，哭，飞，吵闹
(二)二元非施格动词，如：打、骂、吃、写、批评、欺骗、赞美、打胜
(三)一元非宾格动词，如：来、是、有、死、出现、发生
(四)二元非宾格动词，如：沉、摇、吓(了他一跳)、气死了、打败

这个分类会让很多非形式学派的学者如类型学研究者理解困难。

先说“非施格动词”。我们前面说过，采用否定形式来作为基本概念，并不能给读者带来方便。其次，“一元非施格动词”从宾格语言的角度来看，就是主格动词(传统的不及物动词)。而“二元非施格动词”就是宾格语言的宾格动词(传统的及物动词)。现在用“一元非施格动词”“二元非施格动词”反而将简单问题复杂化了。

再看“非宾格动词”，前面我们指出，这种处理抹杀了通格与施格两种不同动词以及与之相应的论元成分之间的区别。一元非宾格动词实际上就是施通格语言的通格动词，论元上没有施格标记，如果有标记也只能是通格标记(施通格语言的论元标记蕴涵共性：如果通格有标记，则施格有标记)，在汉语中，通语可以在通格动词前也可以在通格动词后。从以往的角度看，把

这个论元看成宾语还是看成主语都是一样的（我们称之为通语就是为了区别于主、宾语）。“二元非宾格动词”从施通格语言的角度来看就是有施事的动词，这类动词有施语也有通语，为了区别于通格动词，我们称之为施格动词。虽然汉语和英语这样的语言动词上没有施通格语言那样的格标记，但如果不仅仅从形态上，而是从句法施通格的配置上看“有主语有宾语、并且宾语可以移动到前面做主语且无标记”这种句法配置上（如本章例（4）所对应的汉语“打碎”这样的动词）看，它们就是句法施通格结构中的施格动词。

或许我们这么批评黄正德先生的分类是不公平的。因为或许黄正德的角度和方法跟我们完全不同，不同的系统没有可比性。

上面简要讨论了“施格动词”“通格动词”“施格成分”（施语）和“通格成分”（通语）。下面我们将要用这些成分讨论汉语中的相关句法现象。

Ellen Woolford（1997：181—227）认为施格属于词汇格而不是结构格。其证明有其道理，我们也认为，眼下风头正劲的构式语法中所讨论的构式其本源也是核心词的意义及其用法决定的。下面我们讨论汉语中的施格和通格现象。

4. 汉语中的施格和通格现象

从语言的句法配置格局而非形态表现上看汉语普通话，句法分布上，主宾格配置中主格动词和宾格动词的主语（或宾语）的句法位置是固定的；施通格句法配置中，通格动词的通语可以在动词的前后。施格动词如果施语不出现，通语的位置可以前置于动词。

吕叔湘（1987）是最早讨论到汉语中施格动词的，先看下面一组例子：

（6）a. 中国队打败了韩国队　　b. 中国队打胜了韩国队

这两个例子中，无论是用“打败”还是“打胜”总是中国队赢。再看下面一组例子：

（7）a. 中国队打败了韩国队　　b. 韩国队打败了

（7a）和（7b）中的“韩国队”语义角色没有改变，语义也没有改变。传统的观点看，无论“韩国队”做宾语还是做主语，都是“韩国队”败。但是下面的例子不同：

(8)a. 打胜了中国队　　b. 中国队打胜了

(8a)和(8b)两个句子中的“中国队”语义角色发生了改变，句子的语义也发生了改变。“中国队”做主语是“中国队”赢了，但“中国队”做宾语，则“中国队”输了。

显然以上“打胜”和“打败”是两种不同类型的动词。汉语中“打败”这种动词其主语与其作宾格动词用时宾语的语义角色不变，它与上面所列举的施通格语言中的施格现象基本一致。构成这类结构的动词可以称其为施格动词。

那么参照施通格语言的句法配置和主宾格语言的句法配置看汉语中的动词，它们在句法分布上有什么样的差异呢？我们先看下面两组似乎很相像的结构：

第一类：

(9)a. 草地上躺着一个人　　b. 一个人躺在草地上
(10)a. 死了一头牛　　b. 一头牛死了
(11)a. 客人来了　　b. 来了客人

第二类：

(12)a. 气死了老师　　b. 老师气死了
(13)a. 吓了他一跳　　b. 他吓了一跳
(14)a. 洗干净了衣服　　b. 衣服洗干净了
(15)a. 医好了病人　　b. 病人医好了
(16)a. 写完了作业　　b. 作业写完了

以上两类结构有何不同？仔细观察可以发现，第二类动词结构都隐含了一个施事，我们都可以在第二类结构前面添加上一个主语，并且后面动宾结构的意义并不发生任何改变。但是第一类动词短语结构就无法在前面添加施事主语，这类动词本身就是一价的，或一元的。第一类我们称为通格动词。第二类为施格动词。

英语和汉语的施格动词有一条操作规则：如果施语(ergater)不出现，通

语(absoluter)可以前移。例如上面例(12b)—(16b)。这类句子不允许动词前后的施通语对转,例如:

(17)a. 中国队打败了韩国队　b. *韩国队打败了中国队　c. 韩国队打败了
(18)a. 三个人吃完了一锅饭　b. *一锅饭吃完了三个人　c. 一锅饭吃完了

如果通语名词短语内部具有领属或者整体关系,有些动词允许通语分裂,即领属成分或整体性成分前移到动词前,例如:

(19)a. 张三剥了橘子皮　b. 橘子皮剥了　c. 张三橘子剥了皮
(20)a. 李四挑满了缸里的水　b. 缸里水挑满了　c. 李四缸里挑满了水

但是这个规则有很多漏洞要填补,例如:

(21)a. 李四打断了张三的腿　b. 张三腿打断了　c. *李四张三打断了腿
(22)a. 张三喝完了杯子里的水 b. 杯子里的水喝完了 c. *张三杯子里喝完了水

(21c)中的“张三”和“腿”之间有领属或整体部分关系,但“张三”却无法移动到动词之前。(22c)中的“杯子”和(20)中的“缸”语义角色相同,但(20c)合格,而(22c)不合格。如何找到这些现象背后的条件或规则,还需有很多问题需要研究。

第三类:宾格动词

这一类动词的主宾语位置是固定的,宾语绝对不能前移(除了特定句式以外,例如数量分配结构等),例如:

(23)a. 张三批评了李四　b. *李四批评了
(24)a. 张三看穿了李四　b. *李四看穿了

第四类:主格动词

这一类动词与第一类通格动词的区别是,它的主语无法移动到动词之后,而通格动词的论元是可以前后移动的,句法位置自由的。主格动词的例子如:

(25)a. 孩子们在吵闹　b. *在吵闹孩子们

(26)a. 朱建华跳了　　　　b. *跳了朱建华

我们将以上四种分类的内在方法用下面的方式小结如下：

	及物	论元位置自由
通格动词	−	+
施格动词	+	+
宾格动词	+	−
主格动词	−	−

补充解释：(1)通格动词(不及物，论元为通语，前后句法位置自由)(2)施格动词(及物，有施语，施语不出现时通语可前置)(3)宾格动词(宾语位置固定，不可前移)(4)主格动词(论元只在动词前，不可后移)

下面将本章的分类与黄正德(2007)的分类对照如下：

本章分类		黄正德分类	
三宾格配置	主格动词	一元非施格动词	笑，哭，飞，吵闹
	宾格动词	二元非施格动词	打、骂、吃、写、批评、欺骗、赞美、打胜
施通格配置	通格动词	一元非宾格动词	来、是、有、死、出现、发生
	施格动词	二元非宾格动词	沉、摇、吓(了他一跳)、气死了、打败

由于上表中的例子直接取自黄正德(2007)，其中有些问题我们稍后讨论。表面看我们与黄正德(1989、2007)的分类都是四分格局，这不仅仅是名词术语是否易懂的问题(我们的系统分类比黄正德先生的更简洁、明了)，而完全是基于不同的理论诠释以及对施通格语言句法配置和主宾格语言句法配置的理论思考。以下继续讨论。

5. 两种不同的句法组配和四分类系统的理论基础及对汉语"特殊结构"的解释

5.1　动词分类与语言类型的关系

语言学家已经发现，对许多语言而言，动词简单地区分为及物和不及物两类过于简单，即使不考虑上面的句法配置格局，某些动词的及物或不及物是不确定的，形容词转为动词甚至宾格动词的现象也很常见。因此，人类语言的动词及其演变应该是一个复杂的连续体。性质形容词、心理形容词、状态动词、联系动词、心理动词、言说动词、行为动词都会有具体的句法配置要求。

不仅如此，在动词的词汇化过程中还存在种种所谓的中间状态，这些在某些语言中看起来是中间状态的单位在不同语言中的数量（实际上是词汇化的程度）并不一致。“世界上的语言在‘宏事件’编码上呈现一个复杂的连续体”（柳俊，2013，通讯交流）。例如语言中比较常见的连动结构、动词重叠、重动或动词拷贝结构、并列动词结构、动结式动词结构等等动词形式，在不同的语言类型中有着不同的凸显度，某一类动词在某一类语言中更为凸显（如 VR 动词在汉语中是一种显赫范畴，参见陆丙甫，2013）。

以上所有这些动词形式在人类语言中是如何分布的，某种分布模式背后的动因是什么，或许是一个很有意思的课题。上海外国语大学的柳俊等对此有更多研究兴趣，“详细刻画某一语言该语义连续统上的不同‘语义刻度’和语义刻度映射的民族认知习性或普遍人类认知规律更有意义”。（柳俊，2013，通讯交流）

由于不同社会的生产方式和文化的不同，不同语言在以上这些反映客观世界的运动及其所联系的对象方面，有不同的范畴化方式。这些不同的范畴化方式形成了语言的各种不同的类型，其中典型的便是动词与其联系成分之间的不同配置格局。这些不同的动词与其联系成分的不同配置格局形成了不同的语言类型（如施通格配置的语言和主宾格配置的语言）。从动词角度看，也因此有了主宾格动词和施通格动词。

5.2 动词四分系统的解释力

任何成功的分类系统都会具备较强的解释力。以上动词的主宾格与施通格四分类系统是否也具有相应的解释力？下面尝试对汉语语法史上曾经引起多数学者关注的难以解决的老大难问题做出尝试性解释。

5.2.1 首先是类似本章例(9)至(11)这类结构，都可以处理为通格动词结构。其论元成分也都可称其为通语。如现代汉语语法史上两个著名的悬案：“王冕死了父亲”和“台上坐着主席团”。

我们先来看如何处理“王冕死了父亲”。

根据以上的分类系统，该句中的“父亲”应该是通语，所以该结构可直接转换：

(21)王冕死了父亲——►(王冕)父亲死了

"王冕"则是这个句子的话题语。再看另一个句子,同样可以作类似的句法转换:

(22)台上坐着主席团——►主席团坐在台上

"主席团"是通语,"台上"是个处所状语。处所状语后置于动词是绝大部分 VO 语言的基本倾向。汉语也不应例外(金立鑫,2009,2011)。

5.2.2　其次是汉语中大量所谓的"宾语"可以前移的施格动词(以往认为是"及物动词"所以无法解释这类动词的宾语为何可以前移)。例如:

(27)a. 张三读了一本书　　b. 这本书读了
(28)a. 张三洗干净了衣服　　b. 衣服洗干净了
(29)a. 张三吃了晚饭了　　b. 晚饭吃了了
(30)a. 张三写好了一封信　　b. 一封信写好了

英语中同样有这样的施格动词:

(31)a. He crashed his car into a tree.　b. His car crashed into a tree.

前面介绍过有人统计了英语中有大约 320 多个施格动词,汉语中据沈阳等(2012)介绍,曾立英(2006)认为汉语中有 160 多个施格动词,但沈阳等指出,曾立英的观察尚需改善,因为这 160 多个施格动词中包括了一些不属于施格动词的动词,还遗漏了一些几乎是公认的施格动词。如果根据沈阳等(2012)的建议,将所有"双动词结构系统"全部归入施格动词结构(这一提法虽然值得商榷,见下文),那么汉语的施格动词或施格动词结构应该远远超出 160,甚至我们很难估量它到底有多少成员,因为"双动词结构系统"几乎是一个开放的组合类。但,无论如何,这反映了现代汉语语法的部分事实。或许施格动词及施格动词结构是汉语结构的主要结构模式之一。看下面的例子:

(32)a. 张三擦干净了黑板　　b. 黑板擦干净了
(33)a. 张三干完了工作　　b. 工作干完了

当然，我们也可以从语序类型学上另作假设，普通话是一个VO兼OV的语序混合的语言。但为什么普通话是VO-OV的混合语？构成这一混合语的动因是什么？再者，仅仅将其归于混合语序类型还无法面对下面的语言事实：

(34)a. 张三爱(死)李四(了)　　b. *张三李四爱(死了)

(35)a. 张三打(赢了)李四　　b. *张三李四打(赢了)

要解释这类现象，或许最后还是要回到动词的不同类型上来。(34)虽然是光杆动词，但宾语无法提前，(35)虽然是双动词结构，但宾语依旧无法提前。这只能归结为它们是与施格动词完全不同的两种类型的动词。

以上现象也说明，说汉语的"双动词结构系统"都是施格结构(沈阳等，2012)，或许过于乐观。因为有很多双动词结构并没有施格结构的特征，再例如：

(36)a. 张三看透李四了　b. *张三李四看透了　c. *李四看透了

(37)a. 张三嫁错了李四　b. *张三李四嫁错了　c. *李四嫁错了

当动词指向主语的同时还可能与宾语构成主谓关系(如例34至例37)，无法构成施格结构，由此看来，是否能够成施格结构，还与动词后的名词的语义角色有关。不单纯是动词的问题。

5.2.3　再次是关于如何处理"把"字句。学界至今似乎都没有给"把"字结构一个合理的说法，主流观点依旧以其标志性成分命名。有关这类研究的一个核心问题是，"把"字句结构的基础到底是什么？

我们可以把上面例子(32)和(33)作如下变换：

(38)a. 张三擦干净了黑板　　b. 黑板擦干净了
　　c. 张三黑板擦干净了　　d. 张三把黑板擦干净了

(39)a. 张三干完了工作　　b. 工作干完了
　　c. 张三工作干完了　　d. 张三把工作干完了

如果用施通格结构来解释，上面的a类结构中的"主语"都是施语。a类中的宾语应该是通语，b类中的受事论元也是通语。不把它们处理为宾语，是因为它们与(36)和(37)中的宾语具有完全不同的句法分布功能。(38)(39)中的通语句法位置前后是自由的，而(36)(37)中的宾语前后句法位置是不自由的。

因此，通语和宾语是两个不同的概念。c类中动词前的名词短语依旧是通语，结构依旧是施格结构：施语＋通语＋施格动词。d类是通过如下操作得到的：在c类上插入致使功能标记“把”，使普通施通格结构获得致使构式义。

把字句中还有个历史难题也可以在这里得到解决①：

(40)a. 把个老张给病(倒)了　　b. 老张病(倒)了　　c. 病(倒)了老张
(41)a. 把个晴雯姐姐也没了　　b. 晴雯姐姐没了　　c. 没了晴雯姐姐

这两个“把”字句的例子，动词后的“补语”是可有可无的。一般有关“把”字句的研究者认为，“把”字句动词后需要有“补语”结构才能自足。但这两个“把”字句中的“补语”不是必须的。从上面的例子中可以看到，这两个例子中的动词都是通格动词，“老张”和“晴雯姐姐”都是通语。这在以往的主宾格系统中比较难处理。而用施通格句法配置来看，则顺理成章。“把”字句的结构基础是施通格动词。“把”字句中的动词既有施格动词，也有通格动词。如果严格细分，可以发现，“把”字句中VR动词的V多为宾格动词，R多为通格动词。VR由于R的通格属性，使得VR成为施格动词。(40a)和(41a)都是通格动词构成的“把”字句，(40)(41)这类句子没有宾格动词可以从省略宾格动词角度假设，也可以用轻动词假设来解释。

刘蓉(2009：139—143)认为能进入“把”字结构的都是施格动词，“把”字结构可以是鉴别施格动词的结构式。这个结论无法涵盖上面例(40)和(41)。下面例子(42)显然与(36)(37)相同，为非施格动词，但它们可以构成“把”字句：

(42)a. 张三恨死了李四　b. *李四恨死了　c. 张三把李四恨死了

这样的现象可以用施格化(ergativization)来解释。与此相关的研究可参考邓思颖(2004)等。

5.2.4　两类不同的句首NP

先看例子：

(43)a. 张三来了客人　　b. *张三来了　　c. 客人来了
(44)a. 张三擦了黑板　　b. 张三擦干净了　　c. 黑板擦了

---

① 感谢上海外国语大学语言研究院王芳老师的建议。

结构显示,(43)中的“来”是通格动词,不允许通格以外的成分充任句子的主语。而(44)中的“擦”是个施格动词,它不仅允许没有通格成分的条件下施格成分直接做主语,同时也允许施格成分不出现的条件下,通格成分做主语(我们建议统称为“通语”)。

以上两例的句首都是“张三”,但在(44)中“张三”为施语,而(43)中的“张三”却绝对不是主语,更不是施语。它只能是结构外的名词性成分。根据汉语话题语凸显的特点,以及话题与句子核心动词之间不必有选择关系上来判断,将它看作话题成分更为妥当。

5.2.5 **作为施格的“双动词结构”的内部构造**

看下面两个“双动词结构”:

(45)a. 张三哭湿了手帕 b. 张三哭了 c. *张三哭了手帕 d. 张三湿了手帕 e. 手帕湿了 f. 湿了手帕 g. *张三哭湿了

(46)a. 李四跑丢了鞋 b. 李四跑了 c. *李四跑了鞋 d. 李四丢了鞋 e. 鞋丢了 f. 丢了鞋 g. *李四跑丢了

逐一对上面的a类例子进行句法删除操作,我们可以得到以下关于汉语中施格双动词结构的规则(限于篇幅,删除操作过程略去,但可参见以上例句推导得到以下结论):

(1)施格成分在第二动词缺席的条件下保持施格地位(见例b);

(2)第二动词缺席的条件下,通语无法进入结构(见例c);

(3)在仅有第二动词的条件下,施语可以转为话题(见例d);

(4)通语与第二动词直接构成通格结构,或者说,第二动词是通格动词(见例e和f);

(5)第一动词(施格动词)和第二动词(通格动词)都出现的条件下,通语必须出现(见例g)。

以上操作还表明,双动词结构中的第二动词通常是通格动词,施语管辖第一动词,有条件地管辖第二动词(第一动词缺席的条件下);通语与通格动词可以无条件独立使用(见例e,f)。

5.2.6 **汉语主宾格动词和施通格动词的典型配置**

区分主宾格动词和施通格动词,区分施语、通语与主语、宾语可以避免以往历史上难以解释的许多问题。我们简略列表总结如下:

句法配置模式	结构 a	结构 a 分析	结构 b	结构 b 分析
主宾格配置	(1)他笑	主语—动词		
	(2)他骂我	主语—动词—宾语		
施通格配置	(3a)客人来了	话题通语—动词	(3b)来了客人	动词—通语
	(4a)我们打败了敌人	施语—动词—通语	(4b)敌人打败了	话题通语—动词

以往的语法分析中,(3)的"客人"在前是主语,在后是宾语。而实际上其句法身份并无改变。(4)中的"敌人"同样如此。这种尴尬在上面的系统中不复存在。虽然增加了两个句法成分,但系统却自洽了。自洽是评价系统的最重要的标准,同时这种处理也还原了普通话语法的本来面貌。

6. 小结

在动词的四分形式上,我们与黄正德(2007)并无差异。黄采用的是"非~"命名系统(非宾格、非作格),我们采用的是句法施通格和句法主宾格系统。从某种角度看,我们的分类更易于理解且简单明了。与黄不同的是我们区分相对于主格动词的主语和宾格动词的主语和宾语,相对于通格动词的通语和施格动词的施语和通语。而黄还是维护主宾系统。通语在黄的系统中很多处理为主语,这在我们看来不太符合语言事实。我们采用主语、宾语、施语、通语的句法成分系统较清楚地刻画了汉语句法上的不同配置,避免了以往的一些矛盾处理。同时我们也从类型学角度对汉语普通话具有明显 VO-OV 混合属性提出了系统内的解释,认为普通话的这种混合属性与其具备及物主格动词的同时具备大量施通格动词有关。

以上各节的分析显示,施通格结构更倾向于表达状态,而及物结构更倾向于表达行为或过程。如:"张三擦干净了黑板、黑板擦干净了"都是状态,而"张三擦黑板"则是行为或过程。或许,侧重表达状态还是行为过程,是施通格结构语言与及物结构语言之间的功能类型差别(该假设有待验证)。

或许有读者担心,在具体应用中,比如在教学中句法成分也严格采用四分系统:"主语、宾语、施语、通语"是否会显得过于繁琐?毕竟教学上越简单越好。确实如此。教学上我们建议三分,即,将主语和施语合并为主语,但区分宾语和通语。因为宾语和通语的差别实在太大,必须加以区分。这样,我们就能在教学中采用下面的主要句法成分系统:

主语 { 宾格动词的外论元
主格动词的直接论元
施格动词的施语 }

宾语——宾格动词的内论元

通语——施格动词的内论元、通格动词的直接论元

本章也遗留下一些问题，如某些动词从宾格动词转换为施格动词（或施格动词结构）的条件和动因、各种动词及其句法结构的句法差异背后的功能因素（动因）是什么？6.1节中柳俊所提出的那些问题，等等，这些还有待进一步的深入或拓展。

第十章 “时”“体”范畴的本质及其蕴涵共性

从本章起，我们讨论人类语言中被许多研究者认为是最为复杂的问题之一，时(tense)和体(aspect)在语言中的表达。

人类语言有表达时间和运动状态的需求，这些需求必然要通过语言形式来实现。不同的语言在表达这两个范畴时所采用的语言手段不尽相同，但范畴是一样的。因此，我们将在时体这两个范畴下讨论与它们相对应的不同语言的不同表达形式。试图在这两个范畴内建立一种跨语言的研究范式。尽可能地采用更具共性的而不是特设性的方法和工具来描写语言的时体现象。

1. 引言

作为一种语义范畴，语言中的时和体是一种普遍现象。语言学家们对这两个范畴进行过广泛深入的研究。但由于时体问题的复杂性，也囿于语言学家们不同的理论背景，尤其是不同学者对自己母语的认识以及对其他语言的了解范围和程度的差异，学者们对这两个范畴的属性的认识并没有完全一致的意见(Dahl，1985)。有学者认为时体是语法范畴，有学者认为是语义范畴，甚至还有学者认为是词汇范畴。近年来，“词汇时”(Lexical Tense)、“词汇体”(Lexical Aspect)和“语法时”(Grammatical Tense)、“语法体”(Grammatical Aspect)也是学者们经常讨论的一个话题。

时体范畴与“性、数、格、人称”这些用来表达成分之间的语法关系的范畴确实不太相同。如果从“语法意义是一种关系意义”这个角度来认识“语法范畴”，那么我们会发现，在一般所讨论的语法范畴中，“时、体、态(voice)、式(mood)”不像“性、格”这样的语法形式主要是用来标记语法单位之间的关系的，时体等范畴并不表达语法单位之间的语法关系，在本质上它们表达的是一种概念范畴。之所以大部分语言学家称之为语法范畴主要是因为它们在很多语言中用最典型的语法化了的形态来表达。因此虽然语言学家们将“性、数、格、人称、时、体、式、态”统称为语法范畴，而实际上其内部并不完全一致。

其次，人类语言表达时体概念的方法也并不完全相同，有的通过动词的词汇形态来表达(例如俄语的体范畴)，而有的则不是(如英语的体范畴)。这主要同这些语言中的时体范畴是否需要语法化(或词汇化)以及语法化(或词汇化)的程度有关。有些语言中“时”语法化为形态范畴，而“体”却没有语法化，如阿拉伯语。而有些语言“体”有语法化，而“时”没有语法化，例如汉语(吴福祥 2005 认为，汉语中的体标记尚未充分语法化)。而有的语言时和体都有着高度的语法化的形态。

Newman(1965)报告祖尼语(Zuni)的动词有 5 个前置语素和 6 个派生后置语素和形态语素。但是有一点是基本相似的，这就是这些用来表达时体的语素在位置上或紧或松地靠近动词词干，或直接与动词相关(无论是已经语法化的还是尚未语法化的)，这是一个普遍的倾向。Dryer(2005)统计了 1062 种语言，其中绝大部分的语言是通过动词的前后缀形态变化来表示动词时体意义的。其中后缀形式占绝对多数。如下表所示：

1. Tense-aspect prefixes	150
2. Tense-aspect suffixes	629
3. Tense-aspect tone	11
4. Combination of tense-aspect strategies with none primary	133
5. No tense-aspect inflection	139
total	1062

Bybee(1985)在她所调查的样本中，发现时、体、式与动词之间的距离关系有[①]：

tense-aspect-STEM(时—体—动词词根)8 out of 8 relevant languages

mood-aspect-STEM(式—体—动词词根)10 out of 10 relevant languages

mood-tense-STEM (式—时—动词词根)　8 out of 9　(例外：Ojibwe)

Bakker(2006)认为，如果把上面的现象抽象出来，就可以得到下面的倾向：

mood-tense-aspect-STEM(式—时—体—动词词根)

这或许是一种倾向，很难保证没有反例。例如在 Bakker 的资料中，Creole

① 转引自 Bakker(2006)。

语中的语素排列就与上面的序列不合，mood 比 tense 更靠近动词词根：

tense-mood-aspect-STEM

为此，Givón 曾经做出过一个尝试性的解释。但无论如何，我们可以看出，在高度语法化的语言中，时、体、式的形式与动词词根紧密相关，并且它们与动词之间的紧密关系和它们与动词的语义紧密度以及它们语法化的程度有关，这一点大概可以基本确定。从这一点我们也可以自然地推断，人类语言的时体式等范畴主要与行为或过程相关，因为只有行为或过程才具有跟时间相关的属性，也因此，世界上绝大多数语言的时体式范畴的表达都与动词相关。本章在跨语言比较的背景下结合汉语实际讨论时和体这两个概念的内涵和它的表现形式。

2. 时范畴

“时间”不仅是古代哲学家所关心的问题，也是近现代物理学家所关注的问题。时间到底是什么，时间到底是由什么决定的，时间是否能控制，等等，这些问题都不是语言学家所关心的问题。语言学家所关心的时间是不同语言是如何表达不同的时间意义的。

语言学中所讨论的具体的“时”(Tense)指的是相对某一参考时间而言的事件所发生的时间点，而时间点的表达可以通过设定的时间轴来观察，代表时轴的线段由无数个时间点构成。不同的语言对时的感知敏感度或观察视角并不都一样。

时间的语法范畴和表现时间的形式是两个不同的问题。时间的语法范畴指的是区别于用时间名词或其他实词表达的抽象的时间概念，它通常对应的是在动词上的屈折变化或动词上的词缀形式(或动词短语上的词缀形式)。语言学上称之为时间形态。有的语言在时间形态上也能区分出过去、现在、将来三分的“时间世界”，如下图：

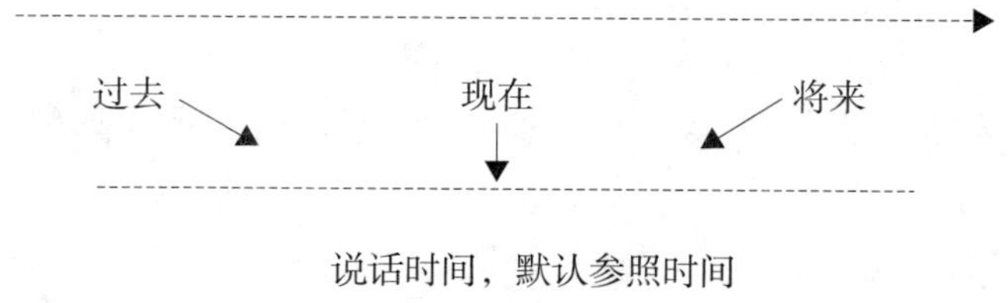

上图参考了 Givón(2001:286)

有的语言在形态上却只有过去和非过去两分时间世界(例如中国境内的塔吉克语,分为过去时和非过去时两类,达斡尔语也分为过去时和现在将来时两类)。也有的语言在动词形态上并没有对应时间范畴的形态表达(Comrie,1985:48—53)。世界语言通过动词的形态来表达时间的,表达上大致可描写为下面的分类系统:

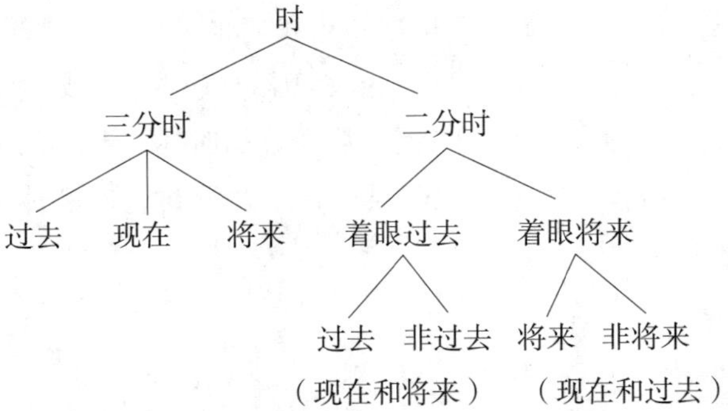

另外也有一些语言没有动词的时间形态,但它们并非没有表达时间的语言形式。如果某一语言缺乏某种特定的语法形态,这种功能的表达可能在词汇、结构或语音平面得到弥补。因此缺乏时的动词形态的语言可能通过其他方式来表达时间范畴。例如,通常认为汉语没有专门的时间形态表达,但是汉语中有不少复合标记(详下)或词汇手段可以用来满足对事件占据物理时间点的表达。甚至说话者和听话者能通过命题表达的逻辑推导得到其他语言需要通过形式来表达的时体含义。这种逻辑推导就是建立在结构与结构之间的逻辑联系上的。这在很多聋哑人的自然手语中很普遍,例如美国聋哑人的手语,下面的句子的意思:

(1) Yesterday, I went to the class. I sat on a good chair. I listened to the lecture.

这句话实际上在美国聋哑人的手语中是这样表达的:

(2) YESTERDAY I GO CLASS. SIT GOOD CHAIR. LISTEN LECTURE.

(Alkoby, 1999)

汉语在时的表达上并没有动词的形态形式，这在人类语言中也很正常。

在我们所生活的世界中，时间是一维的、不可逆的，它永远地从未来到过去，不停留也不回复，过去的时间永远不再回来。因此，时间可以理解为一个永远向着未来移动的一维的时间轴。任何时间点都可以在这个时间轴上得到定位。

要在时间轴上定位某个时间点，首先需要设定一个参照时间点。就好像我们在空间上定位也需要一个空间参照或空间坐标，否则我们无法定位一样。无论空间还是时间，参照坐标有两种，一种是绝对时空参照，一种是相对时空参照。绝对空间参照如“东、南、西、北”，相对空间参照如“上、下、左、右”，这是默认以说话人的朝向为坐标的空间表达。此外还有“车站的南边”，“食堂的后边”，这里的“车站”和“食堂”也是相对的空间参照坐标。时间表达同样如此。绝对时间参照如“2003 年”“21 世纪”，相对参照时间如“昨天、明天、后天”，这是以说话的时间为默认参照坐标来定位的。此外还有我们常说的“吃了饭之后”“上课之前”等，这些是相对“吃饭的时间”和“上课的时间”为参照来定位所要指称的时间点的。

在没有特定参照标记或指明的情况下，通常将说话人说话的时间设定为参照点“现在”。但是，任何“现在”都是相对的，当我们说“现在”的那一刻所表达的时间点在我们说完这句话的时候，这个时间点已经在时轴上成为过去。因此，在自然语言中，“现在”所对应的是说话时的“那一段时间”，而不是一个精确的时间点。同样，过去和将来也理解为一段时间。在“三时”或以过去为着眼点的“二时”的语言中，参照时间可以处在过去的那一段时间里的任何一个时间点上；同理，它也可以处在现在这段时间里的任何一个时间点上。时之间的界限完全取决于说话人的设定，没有绝对的标准。

不同地域、不同生产方式和生活方式环境下的不同语言社团对世界的划分或对世界的范畴化是不太相同的，他们对世界的某些部分的认知敏感度也并不完全相同。同样，他们对语言在“时”的划分上并不相同，有些语言在不同的“时”内部还有更为细致的分类，比如在“过去”的范畴内还可能有“过去近时”或“过去远时”等的区分；在“将来”的范畴内也有“最近将来”“远时将来”的区分。例如汉语中的“V 过”和“V 了”，前者通常表达“远时完成”，后者通常表达“近时完成”(不表达“远时完成”或“近时完成”是有条件的)。在“过去”和“将来”的范畴中进一步区分“远时”和“近时”，并非汉语所独有。意大利语中的过去时也分为远时的过去和近时的过去，甚至将来时也区分为简单将来时和先于简单将来时的将来时。例如：

近过去时表示动作刚完成，如：Ho scritto una lettera.(我写了一封信)

远过去时表示过去发生的动作，如：Lui nacque nel 1818.（他出生于1818年）

在近过去时和远过去时内部还有“近愈过去时”（发生在过去的某一行为之前的行为）和“远愈过去时”（发生一个远过去时行为之前的一个行为）。

相对来说汉语仅仅区分近时的过去和远时的过去还算是比较简单的。中国境内的白语在完成体的表达上也分为“近时完成”和“远时完成”，与汉语相似。更为复杂区分近时和远时的如缅甸 Rawang 语（日旺语）中，过去时有更为细致的划分：两个小时以内的过去、两个小时以上的过去、一年以内的过去和一年以上的过去四种过去形式（罗仁地、潘露莉，2002）。某种范畴内是否有细小的分类，这与不同民族对某一范畴的敏感程度有关。对不同范畴的敏感度通常与该民族的地理、气候和生活方式等相关。这类似于索马里语中有对名词的时间分类（名词有过去时和现在时的区分），英语中对“马车”“面包”细致的分类和对“稻米”的粗略分类，汉语中对“稻米”的细致分类而对“马车”“面包”的粗略分类。这取决于该语言社团不同的生产生活方式及地域文化。

如前所述，动词“时”的语法范畴所表达的是“过去”“现在”或“将来”的模糊时间点，而不是事件所发生在时轴上的精确的时间点。事件所发生在时轴上的那一个精确的时间点在我们所见到的所有语言中都是通过表达时间的词（名词或副词）来实现的。换句话说，被语法化的动词的“时”形态表达的是一个放大的时间点，而这一放大的时间点内部的某个精确的时间点要通过时间词来确定。从发生逻辑上说，“时”范畴所表达的时间应该是通过对含有时间意义的词进行泛化抽象并加以语法化形成的。例如海地和毛里求斯的克里奥尔法语中的时体标记 ap 和 pe 就来自法语的介词 après (after)（Bakker，2006）。其他一些克里奥尔语的时、体、式标记从某些语言中的语素的语法化路径的研究，可以参考 Bakker（2006）。因此，在自然语言中，有表达时间的“时”的语法范畴必然就有时间词。二者之间形成了一个蕴涵关系，即：

时范畴	表达时间意义的词	
+	+	T
+	−	F
−	+	T
−	−	T

不存在第二种有时间范畴而没有时间词的语言，而只可能存在有时间词而没有时范畴的语言。对任何语言来说，没有时间词是不可思议的，而没有动

词的时的语法范畴却是很可能的。例如汉语没有时的语法范畴，但是并不能说它无法表达时的意义。所有缺乏某一语法范畴的语言都能够通过其他手段得到弥补。因此，对一般人来说，如果知道了时间词，则必然知道它所属的时范畴，不存在知道时间词而无法推断时范畴的情况，因此，从我们对时间系统的认知上来说，时间词蕴涵了时范畴：

表达时间意义的词	时范畴	
+	+	T
+	−	F
−	+	T
−	−	T

上面的蕴涵关系表明，我们可以从时间词逻辑地推出时范畴。因此，就语言系统的经济性来说，时范畴似乎是一个比较奢侈的手段。如上面例(1)中英语例子，Alkoby(1999)认为后续句中动词的“过去时”形式，相比聋哑人的手语来说是冗余的。再如下面的例子：

(3) It is raining now.

(4) It was raining yesterday.

在上面英语的例子中，表示“时”意义的是助动词 is 和 was，而这两个助动词的表达形式可以从时间词中推导出来(例如上面的 now 和 yesterday)。既然这种语言系统具有时的动词形态表达范畴，所以即使在使用时间词的时候，动词的时形态也是必须的，这是语言的系统性决定的——只有当时间词不出现的时候，时范畴才具有实际的表达功能。当然，时间词也无法替代时的语法范畴所表达的意义。例如英语中的时范畴所表达的意义要比时间词所表达的意义模糊得多。

汉语属于通过时间词来推断时范畴的语言，这在系统上来看似乎是经济的。但是，如果不具备确定的时间点，汉语要表现这样的情状，它就要为这种经济性付出代价。例如英语中的：

(5) Yes, I was.

翻译成汉语可能的一个表达形式是：“是，我曾经是”。虽然汉语在动词的其他形态上经济了，而在这些概念的表达上却要在词汇上付出代价。人类语言共性的一个更高的原则是，在某种范畴内的经济或缺省，如果必要的话，会在其他相关范畴内得到补偿。

3. 体范畴

体(Aspect)在跨语言的研究中，应该指由动词为核心所构成的事件在客观世界中的当时的状态在人的认知图式中的反映。由于不同语言和民族对事件所呈现出来的表象的感知角度并不相同，因此，“体”在不同语言中的范畴内涵也并不完全一致。试图用某一语言的概念系统来统辖人类语言普遍意义上的体范畴很可能引起系统的混乱①。虽然各种语言的体都有各自的特点，但根据目前为止所观察到的语言样本来看，人类语言在体类型上大致可以归纳为两类，一类语言倾向于表达事件在客观时间进程中的状态，而另一类语言则倾向于表达事件行为的内在界限。下面我们分别讨论。

3.1 事件的客观时间进程体

这种语言的“体”通常表现以动词为核心所构成的事件在客观世界中所占据的时间进程的特征(很多学者表述为“情状的内部时间结构”)。最常见的便是所谓的“进行体”“完成体”等。由于这种“体”表现事件在客观世界中的时间进程，因此在这些语言中，“体”常常与“时”联系在一起，甚至会有“时体”相混的情况。根据 Dahl(1985)的资料，在完成体的表达中，有不少语言是通过“过去时”的表达方式来表现的，例如：葡萄牙语、西班牙语、库尔德语等采用简单过去时，保加利亚语采用不确定过去时，而土耳其语和 Bandjalang 语采用的是过去确定时。相反，也有不少语言的某些“时”范畴是通过“体”的表达方式来表现的，如罗马尼亚语等。

在英语教学界一个最为严重的混淆就是对英语动词分词的指称，例如将 V-ing 形式称为现在分词；将 V-ed 形式称为过去分词。而不是将 V-ing 称为进行分词，将 V-ed 称为完成分词。这实际上是用体的形式来表达时的概念。因为 V-ing 的实质是表达进行，而 V-ed 的实质是表达完成。英语的“时”是通过助动词 be 和 have(例如 is 和 was 的区别，have 和 had 的区别)来表达的。

---

① Comrie 以及国内不少学者试图将汉语的体纳入完整体和非完整体的系统，结果令相当多的学者感到迷惑。我们也曾作过类似的尝试，但始终无法形成一个逻辑系统。

时和体之间的界限确实是个问题。Comrie(1976:5)对这两个概念作过描述:

Aspect is not concerned with relating the time of the situation to any other time-point, but rather with the internal temporal constituency of the one situation; one could state the difference as one between situation-internal time(aspect) and situation-external time(tense).

Comrie 认为体表达的是一种情状的内部时间(对一个情状内部时间成分的不同看法,参见该书 P3),而时表达的是情状的外部时间。正如许多语言学家所看到的那样,从时间进程的角度看待事件表象的语言,更多关注的是事件是否发生,是否结束,是否在持续以及持续中的状态等等。因此我们把这些语言中的"体"看作是事件在时间进程上的表征①。

由于这种体一方面必然要涉及动作本身在时间进程上的状态,这种时间进程上的状态又有各种各样的阶段形态,另一方面,由于不同语言对体的这种进程状态在感知上的差异(通常由语言外部的其他因素导致),直接导致不同的语言对体在语法化的过程中所概括的对象要素也不尽一致,再由于研究者对体的研究方式的不同,所形成的理论假设也不相同,因此,不仅"体"这一概念所涵盖的内涵比较复杂,而且抽象这一对象的理论也众说纷纭。因此,对体的研究比对时的研究要复杂得多的。

对复杂对象进行研究的一个有效的方法就是回到对象的本源。如果一种体在本质上是表达客观世界中所发生(或即将发生)的事件在时间进程上的表现形式的话,那么我们可以通过逻辑方法得到最为底层的一个可能性平台(下图在竟成(2004)、金立鑫(2004)的基础上有所发挥):

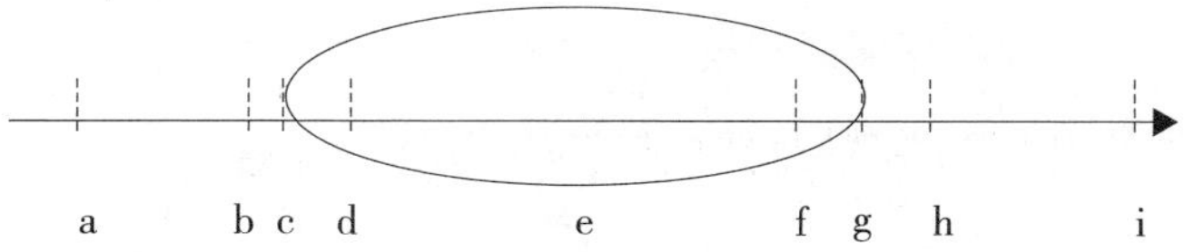

图 1

横线代表时间进程,箭头指向未来,中间的椭圆代表事件,椭圆内部表示事件在时间轴上的进程状态。不同的语言用不同的方式在上面的平台上

① 学者们由于其理论背景的不同,或者观察方式的不同,对体的表述或定义也不尽相同,例如:对一个情状内部时间成分的不同看法(Comrie,1976);表现情状在某一时刻所处的特定状态(陈平,1988)观察时间进程中的事件构成的方式(戴耀晶,1997);事件的内部时间结构(陈前瑞,2003),等等。

操作(准确地说是有不同的观察方式)。因此从理论上来说,无论何种语言,它们都只可能在有限的逻辑范围内操作,不可能超出这一范围。除非设定的逻辑框架有误,或理论本身的假设有误。

假定背景是横线表示的时间进程,前景是椭圆代表的事件,事件在时间背景上面移动,从左往右。如果设定 e(d 与 f 之间)为"事件发生的参照点",则:

1)当事件头部移动到 c 之前,为事件的"未然体";

2)当事件头部移动到 b 为事件的"即行体";

3)当事件头部移动到 c 意味着事件开始发生,为事件的"起始体";

4)当事件头部移动到 d,为事件的"初始体";

5)当事件头部移动到 f 为事件的"持续体";

6)当事件头部移动到 g,并且事件的尾部已经出现在可视范围,为事件的"完成体";

7)整个事件移动到 g 右侧的所有区域,为事件的"结束体";

8)事件尾部移动到 h 为事件的"近时结束体";

9)事件尾部移动到 i 为事件的"远时结束体";

10)如果图 1 时轴上的 c 点与 g 点基本重合,为事件的"非持续";

11)如果说话人设定时轴上的 c 点与 g 点相距很短,则为事件的"短暂体";

12)……

因此,无论有多少个逻辑上的排列组合,都不会超出这个框架。人类对这些不同的进程状态的敏感度是多样的。这种敏感的多样性造成了人类语言在体的表现上的多样性。但这种多样性只能发生在特定的逻辑系统中,这一逻辑系统是可以构建并加以验证的。

3.2 表达事件行为的内在界限体

在跨语言的时体研究中,学者们习惯用"完整体和非完整体"(perfective and imperfective)这一对范畴来统括所有具有体标记的语言或绝大部分具有体范畴的语言。在 Comrie(1976:12)的书里,perfective 和 perfect 是两个不同的概念,前者关注的是情状的整体,并不关注其内部时间成员,而后者关注的是与现在相关的过去的情状,例如 His arm has been broken(他的手臂断了)。但是后来的学者将完整体和非完整体作为两种不同的范畴类型。例如:Bybee,Perkins and Pagliuca(1994)测试了 1046 种语言,根据这些语言的体标记将所有的体大致分为两类:第一类:completive,perfect, resultative and perfective，第二类：progressive, continuative, iterative, habitual and imperfective。第一类为完整体，第二类为非完整体。

由此可见，不少学者的跨语言研究中所使用的“完整体”和“非完整体”的概念与特定语言中的完整体和非完整体的概念并不一致。在具体的语言中，完整体和非完整体的动词形态范畴广泛地存在于大部分斯拉夫语言中。例如俄语中的完整和非完整体。在俄语中，完整体集中注意行为进程中作为内在界限的某一时刻，而非完整体的基本作用则是表示不受内在界限限制的行为。（王德孝，童宪刚，1979：1）例如下面俄语的例子：

(6) **Составляйте** предложения！（请造句！）

(7) **Составьте** предложение с глаголом《изобразить》.（请用动词“изобразить”造一个句子。）

例(6)使用非完整体，(7)使用完整体。因为例(6)只是笼统地要求听话人造句子，其行为边界不清楚，所以是非完整体，而例(7)给出了一个清晰的条件，要求听话人用什么动词造多少句子，行为的边界是清晰的，因此使用完整体。

同样，如果用俄语说下面汉语的句子：

(8)我们要提高劳动生产率。

Нам ужно будет **повышать** производи тельность труда.

(9)明年我们要把劳动生产率提高百分之二十。

Вбудущем году нам нужно будет **повысить** производительность труда на 20％.

例(8)和例(9)这两个都是将来时的例子，但俄语的(8)用的是非完整体 **повышать**，例(9)用的是完整体 **повысить**。因为例(8)只是笼统地要求表示要提高劳动生产率，这个句子并没有提供清晰的时间边界，因此使用非完整体，而例(9)明确而具体地提出了“明年要提高百分之二十”，句子限定了“提高”这一行为的边界是具体的、确定的，因此俄语的(9)就要使用动词的完整体形式（王德孝，童宪刚，1979：2）。俄语中的完整体和非完整体也可以表示事件在客观世界中的时间进程，但它与时间进程之间并没有对应关系。例如俄语中的完整体可以表示下面的各种时间进程：

1)行为的完成或行为达到某结果（Я **прочту**эту книгу наследующей

неделе. 下个星期我一定把这本书看完）；

2）行为的开始（Сейчас мы **рассмотрнм** второй вопрос. 现在我们来看第二个问题）；

3）行为的瞬间性（Ктото меня **толкнул** 不知是谁推了我一下）；

4）对行为延续的界限，即行为延续一段时间后才结束（Я **проболел** почти две недели. 我病了几乎两个星期）

同样的一个命题"我父亲在这家工厂里工作了四十年"，如果动词分别采用完整体形式 проработал 和非完整体形式 работал，其语法意义有明显的差别，它们的区别在于：使用完整体形式的表明行为受到内在界限的限制，而使用非完整体的动词形式的句子则不指明行为是否达到界限。

俄语中的非完整体可以表示下面的各种时间进程：

1）行为的经常性和反复性（Со следней недели дежурные **будутубирать** класс после тренней зарядки. 从下星期起，值日生在早操后打扫教室）；

2）行为的延续和过程（Три дня и три ночи она не **приходила** сознание. 她三天三夜没有恢复知觉）；

3）行为存在的事实，不指明它是否达到界限（Над зтим вопросом я уже **думал.** 这个问题我已经考虑过了）

（王德孝，童宪刚，1979：2—7①）

以上的完整体和非完整体（perfective vs. imperfective）并不对应于一般所理解的完成体和非完成体（perfect vs. imperfect）。例如上面非完整体中的第二类和第三类在事件时间进程为体范畴的语言中可能要表现为"完成体"的形式。但斯拉夫语中却广泛存在着以事件内在界限为范畴的完整体和非完整体的对立。完整体和非完整体的对立更接近认知语言学中的"有界""无界"的解释。国内学者左思民（2004）林璋（2004）陈忠（2004）都认为完整体和非完整体与"有界""无界"相关，但林和陈都认为汉语中同样存在完整与非完整的对立。事实是否支持这一观点，还需要进一步论证。

3.3 跨语言比较研究背景下汉语的体范畴

从以上两个小节的讨论以及目前的文献来看，跨语言研究中的完整体和非完整体的对立似乎并非与上面斯拉夫语中的完整体和非完整体完全一致。概念上以及不同学者的理解上都不严格对应。这些不同概念内涵的对

① 在王以及童的论述中，"完整体"和"非完整体"表述为"完成体"和"未完成体"，但其所指实为 perfective 和 imperfective。

象却有不少语言学家试图将它们列入同一个系统之中。例如 Comrie (1976:25)的分类：

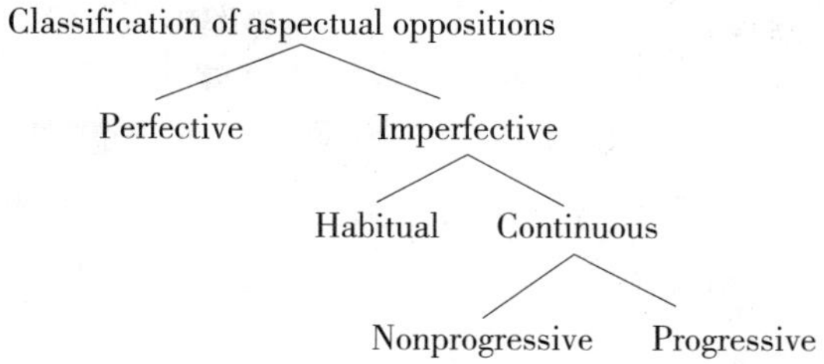

戴耀晶(1997)的“完整体”和“非完整体”更接近 Comrie 的模型，林璋(2004)、陈忠(2004)的做法也是将汉语纳入 Comrie 体系统的一种尝试。实际上这种做法要形成一个具有普遍意义是逻辑严密的系统是很困难的。

如果仅仅考虑目前看起来比较集中的两大类不同的体范畴的语言类型(时间进程体和事件界限体)，那么，在更为广阔的背景下的人类语言体类型，一个逻辑上能够接受的系统似乎应该是：

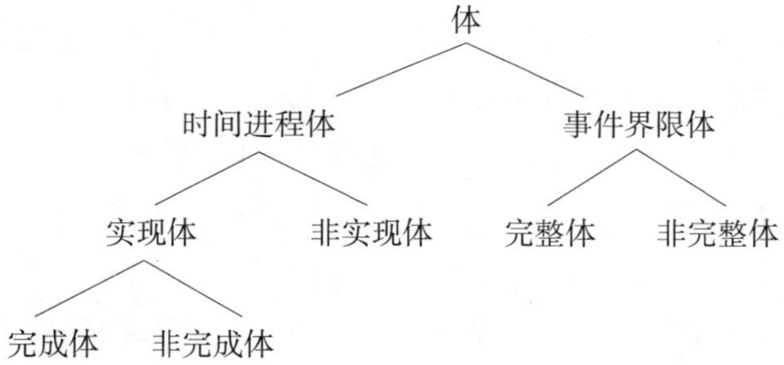

根据这一分类，对汉语普通话的研究来说，一个可能的系统是：

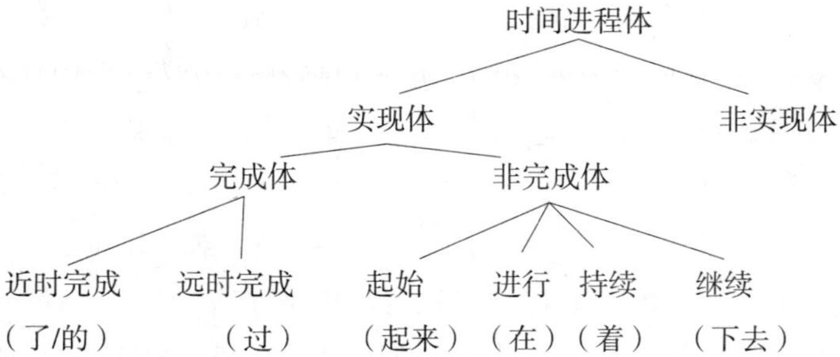

上面的系统还没有包括汉语中的反复体等其他层面上的小类。但是这也已经很充分地显示，普通话中并没有一个具体的完整体和非完整体，完整体和非完整体无论在形式上还是在内涵上都与汉语的体形式所表达的对象之间没有对应关系。

由于普通话的"时"范畴在形态上的匮缺,在许多情况下人们感觉到的是,普通话中的某种标记极有可能是一种时体复合标记。通常在没有参考时间标记的情况下,一个句子的动词后有"了"标记都默认为"过去",而句子尾部的"了"则默认为"现在"。在一般的认知经验中,"完成"和"过去"很自然地联系在一起(Lindfors,2003),这似乎是默认的配置,"完成"意味着"过去",或者"过去"意味着"完成"(而实际情况并非如此,"完成"不仅可以发生在过去,也可以发生在现在和将来)。这种表面看起来容易纠缠的情况,在其他语言中也很常见。

有意思的是,在 Dahl(1985)的调查数据中我们也可以看到,存在完成体通过过去时的形式来表达的现象,但是却很少有将来时采用体的表达方式来表现的例子。当然也很少有进行体采用"现在时"的表达形式的例子(类似"他现在图书馆工作"或许是个例外,其中的"现在"可以看作一个短语,因此其中的"在"可看作进行体标记)。

在时间进程体语言中,如果在层次上将诸如进行、完成设定为基础部分,那么在其之上可以有各种不同的附加层次,如:时量层(远近),频数层(动量),对事件的认知状态层等。这些在不少学者中称之为"貌",例如陈泽平(1996)调查报告福州方言中存在"短时""尝试""反复""随意""简捷"这些"貌";李如龙(1996)报告泉州方言中也有"短时""反复""尝试""随意""遭受"等附加层次,其中的一些成员与我们前面图示的事件的时间进程表征有关,例如"短时""反复"等。这些我们都将其看作附加层次。

由于对体的感受还取决于操这一语言的人对世界的认知方式或类型。对世界的观察可粗可细,角度也可有不同。因此体的其他附加层面除了我们前面所说的时量层,频数层等之外的其他范畴也可以进行内部分化和描写,例如认知层。比如,有些语言中存在"确定"和"非确定"的对立,如哈萨克语和保安语。在保安语中,完成体和进行体有"确定"和"非确定"的对立(如:确定进行体、确定完成体;非确定进行体、非确定完成体)。在很多印欧语中,包括乔治亚(Georgian)人的语言中,也有不确定体(在过去时中才有不确定体和非完成体的区别)(Comrie,1976:71)。如果以上的这些所谓的附加层次是一种较为普遍的现象,如果它们能够在语言中占据足够的比例,或许这些目前被看作附加层次的现象就极有可能是一种并列于时间进程和事件界限的体类型。

汉语中也有类似的确定和非确定的范畴上的对立。例如:

(10)他昨天晚上回北京了。

(11)他昨天晚上回北京的。

当说话人认为听话人并不知道“他回北京”这一事件已经发生，则使用(10)，这是非确定的，而当说话人认为听话已经知道“他回北京”这一事件已经发生，则使用(11)，这就是确定的。即，在汉语中，完成体有两个次类：确定完成和非确定完成。因此汉语在完成体的下面还应该有两个女儿：

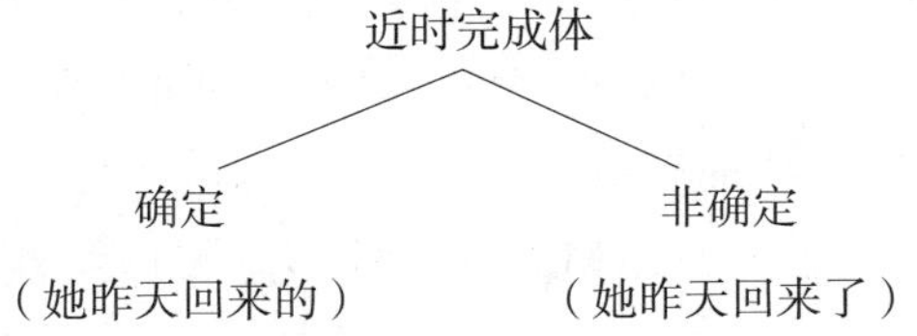

句尾“的”和句尾“了”的对立可能有不少文献已经注意到，但将这两个形式的对立归结为“确定的完成体”和“非确定的完成体”这两个范畴的对立，这是以往很多文献没有注意到的。

3.4 行为类型和时间进程体及其他附加层面的关系

与时间进程体有着天然纠缠关系的主要是“行为类型”(aktionsart 这个词上个世纪从德语中引进)，它主要指动词的内部时间结构所表现出来的行为的类型。有一种观点认为：Aktionsart is “kind of action.” Aspect is “point of view.”(aktionsart 是行为的类型，aspect 是一种视点)(参见：http://www.ntgreek.net/present.htm)。动词的内部时间结构在很大程度上制约了体的形态表现，左思民(1997)认为“aktionsart 的研究对体的研究具有重要作用，我个人认为它其实应该成为体的全面研究的一个组成部分”。动词的 aktionsart 是构成时间进程体范畴的最底层的基础。动词的内部时间结构在很大程度上制约了句法表面成分的选择，例如英语中：

(12) * Susan opened the window for five minutes

(13) * Chris reached the summit for five hours

并非所有动词都能够有时段状语，同样，汉语中也有很多动词没有进行体。

由于体内涵的多质性，因此学者们所给出的理论模型也都不一样。陈前瑞(2003)归纳认为，有 Langacker 的“单部”理论，Smith 的“双部理论”，Binnick 等的“三部”理论，Dik 的“五部”理论。陈前瑞(2003)将“体貌”(Aspectuality)作为高位概念，体貌下面涵盖三部分内容：“体(aspect)”“动作方式

(aktionsart,金注:此处为陈前瑞先生的翻译)”和“情状类型(situation type,对事件抽象的时间结构的分类,其语言形式为谓词及其主要论元成分)”。

在所有的这些理论中,都或多或少地还牵扯到了我们上面所列举的问题,并且也常常会牵扯到另一个问题:语气或者“式”(Mood),以及与之基本相容另一个概念:模态(Modality)。“语气”这一因素的掺杂使得“时体”的问题变得更为复杂起来。这是因为一方面语气或模态范畴内部相当复杂,到目前为止,在这一范畴内对人类语言中到底存在多少模态也还缺乏足够的调查报告,另一方面,语气或模态的表达在不同的语言中有着各种不同的表现,有些是通过语法化的形式表达的,而有的则是通过词汇形式或其他语音形式来表达的。它们也与动词的“体”的形态表达纠缠在一起(有些语言的体形态同时也表达了模态意义,例如上面所提到的确定与不确定等)。即使学者们要想把它们分离出来,似乎也不那么容易。这也造成了体范畴研究中的一个难题。

根据以上的讨论,我们以为,时间进程体范畴及其形态表现的构成大致如下层次(由底向上从内到外、从核心到附加逐步叠加):

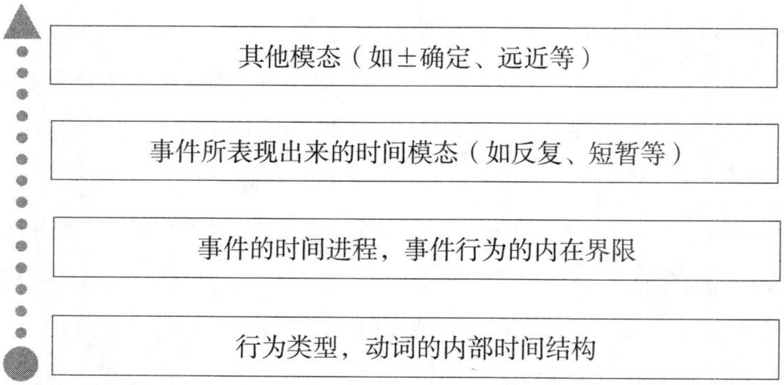

4. 时、体范畴的蕴涵共性

有语言学家将语言从TMA范畴(时、式、体)的表现形式上将语言分为“时显著的语言”“体显著的语言”和“式显著的语言”(Bhat,1999)。陈前瑞(2003),尚新(2004)认为,汉语应该属于体显著的语言。如果时、式、体三分,三者各自有着高度语法化形式并有强制性使用规则,那么试图在时体式之间建立起蕴涵共性,似乎不太可能。从目前所掌握的语言数据来看,几乎无法发现时体和式之间具有蕴涵关系,或者时和体之间存在蕴涵共性。

但是我们是否能够在时体内部建立起具有倾向性的蕴涵共性呢？

从 Dahl(1985)中“完整体”和“非完整体”的数据来看，有个很明显的倾向是，在完整体/非完整体范畴的标记表达上，绝大多数语言的完整体采用了语法形态的手段，在他的 3.1 表格中(1985:71)中，43 种语言有 29 种语言采用了形态手段，13 种语言采用的是其他手段(语音、助动词、其他语素等)。在整体上可以说是语法程度比较高的。他的表 3.7 所列举的是进行体的语法范畴数据，其中所列举的 32 种语言中，只有 1 种语言采用的是语法化形式，其他的 31 种语言所采用的都是迂回形式，如词汇形式(例如他所列举的汉语的“在”)，或者是助动词形式，或者是其他特定的标记加上动词的框架形式等。可见在人类语言中，进行体的语法化程度是比较低的。

因此可以推测，在人类语言总体上，进行体的语法化蕴涵完成体的语法化。或者说，如果一种语言的进行体范畴是通过语法形态来表现的，那么它的完成体范畴也倾向于采用语法形态的形式来表现。而相反的情况，完成体不采用语法形态来表现，而进行体却采用语法形态来表现的语言很少见(甚至在德语中没有“进行”的语法形态，但却有“完成”的语法形态)。这种蕴涵关系可以表达如下：

进行体形态	完成体形态	
+	+	T
+	−	F
−	+	T
−	−	T

上表的意思是，在人类语言中，进行体和完成体的表达形态，可能出现三种合乎逻辑的组合形式，但是不可能或很少出现第二种组合形式。例如英语中可以有所谓的“简单完成”的表达式，动词的 V-ed 形式可以直接做句子的谓语，一个“N＋V-ed”形式可以直接构成一个合格的表达，而一个“N＋V-ing”形式却不能构成一个合格的表达，在使用 V-ing 动词形式的同时必须选择必要的助动词 be 形式，由 be 和 V-ing 动词构成的结构才是合乎语法的。同样，汉语普通话中的进行体采用的是词汇形式“在”，而完成体则使用的是语法化程度较高的词缀形式。也就是说，相对完成体，进行体是有标记格式。也就是我们上面列出的逻辑蕴涵表所表明的二者之间在标记上的蕴涵关系。

我们可以根据这一蕴涵关系进一步推测，进行体范畴蕴涵完成体范畴。即，在人类语言中，如果有进行体范畴，则必有完成体范畴，而很少有相反的情况。这意味着，人类语言首先需要表达的是完成范畴，其次才是进行范畴。表达完成范畴的需要程度上高于表达进行范畴。

我们再来讨论“时”内部是否也具有相似的蕴涵关系。根据 Dahl (1985:104—116)的资料来看,一个很明显的事实是,人类语言中过去时表达形式的语法化比例远远高于将来时表达形式的语法化。在 Dahl 的资料中,有将近一半的语言在表达将来时采用的是非形态手段,而绝大多数语言表达过去时采用的是形态手段,因此,形态手段的语法化程度高于非形态手段这不言而喻。那么我可以根据这一事实推导出下面的蕴涵共性:如果一种语言的将来时采用的是形态手段,那么它的过去时也一定采用形态手段。相反的情况不存在或者很少见:过去时不采用形态手段,而将来时却采用形态手段。下面是二者之间的蕴涵逻辑表达:

将来时形态	过去时形态	
+	+	T
+	−	F
−	+	T
−	−	T

上表的意思是,在人类语言中可能存在三种将来时和过去时在形态表达上的组合形式,但不存在或者极少有第二种组合的表达形式。

从语言的交际需要上来看,说话的“现在”通常是默认的,也就意味着不需要特别的形式来指明,而将来和过去通常需要指明。正如我们前面讨论过的,过去时范畴的表达在语法化程度上高于将来时,也就意味着它的表达需求高于将来时。根据这一逻辑,我们或许可以推出一个三时在表达标记上的逻辑蕴涵关系:

现在时标记 → 将来时标记 → 过去时标记

即如果一种语言的现在时需要特别的形态标记来表达,则其将来时和过去时也应该具有特别的形态标记来表达,并且,如果将来时具有特别的形态标记,则也应该有过去时的形态标记。反过来,不存在或者极少的类型是:现在时有形态标记而将来时或过去时没有形态标记。

5. 两种不同类型的体以及汉语的体类型

如前文所说,体是由动词为核心所构成的事件进入客观世界之后在人的认知图式中的反映，它是句子平面的概念。完成体系列和完整体系列是两种不同的认知类型。一类倾向于表达事件在时间进程中的状态，而另一类则倾向于表达事件的界限。前者也可称之为时间进程体，后者也可称之为事件界限体。前者是基于类似英语这样的语言所抽象出来的 Perfect（也可以称之为：completed aspect）和 Imperfect（也可以称之为：progressive aspect）；后者是基于类似于斯拉夫语，典型的如俄语抽象出来的 Perfective 和 Imperfective。Perfect 系列在汉语学者中一般称为“完成体”和“非完成体”（或进行体），perfective 系列一般称为“完整体”和“非完整体”。以下我们结合这两种不同的体类型讨论与汉语相关的体问题。

5.1 事件界限体

前文已经说过，典型的完整体和非完整体语言多数是斯拉夫语，以俄语为代表。在斯拉夫语言中，动词本身有完整体和非完整体的词形表达（而英语这样的语言却并非如此，英语中的完成体和进行体等需要通过语法的屈折形态或语法组合形式来表达）。

当然，俄语中的完整体和非完整体也可能表达表示事件在客观世界中的事件进程，但二者在时间进程体和行为内在界限体之间并没有对应关系。完整体也可以是完成的，也可以是未完成的，非完整体也可能是完成的或未完成的意义（例如俄语中的非完整体动词加上一定的词缀可以用来表示完成，参见张家骅，2004）。

俄语中，如果表示一种行为应该发生或预知要发生，但说话时因某种原因尚未发生，这时可以用完整体动词。如下面的 приехать：

Он　обещал　приехать，но　почему-　то　не приехал.
他　答应　来　，但　不知什么原因 没有　来。

如果我们把这里的完整体理解为时间进程体语言中的完成体（例如英语）是不可想象的。

较为典型的事件界限体的语言是芬兰语。芬兰语名词格标记与体关联，当名词为宾格（ACC）标记时（有界），动词就用完整体（有界）（PRFV）形式，而当名词为部分格（无界）（PART）时，动词就用非完整体（无界）（IMPRFV）形式。参见下表：

	[+B] object	[−B] object
[+B] verb(telic)	Russian:napisal(**PRFV**)pis'ma Finnish:kirjoitti kirjeet(**ACC**) 'wrote the letters'	Russian:pisal(**IMPRFV**)pis'ma Finnish:kirjoitti kirjeitä(**PART**) 'wrote letters'
[−B] verb(atelic)	Russian:pisal(**IMPRFV.**)pis'ma Finnish:kirjoitti kirjeitä(**PART**) 'was writing the letters'	Russian:pisal(**IMPRFV.**)pis'ma Finnish:kirjoitti kirjeitä(**PART**) 'was writing letters'

Kiparsky(1998:19)

上述四分表是三个非完整体对一个完整体。由于动作和受事之间具有动态同构关系,只有当动词和宾语都是有界时([+B])才是完整体,只要动词和宾语中有一个是无界的([−B]),句子就是非完整体。

空间视点体语言体与时的匹配有限制,俄语、芬兰语、波兰语、捷克语及格鲁吉亚语中非完整体可与过去时、现在时和将来时匹配,而完整体较特殊,这些语言的传统教学语法通常认为完整体可自由地与过去时匹配,而与"现在时"匹配时一般解读为将来时。实际上,完整体与现在时匹配是缺省的,如俄语、波兰语及捷克语的完整体动词。

5.2 时间进程体

完整体着眼于事件的外部整体特征,着重于事件的完整性和非完整性。如果事件的边界是清晰的,那是完整体,如果事件的边界是不清晰的,那么这种事件是非完整的。与这种体类型相对的是着眼于事件内部进程的观点。所谓事件内部进程实际上是事件在时间轴上的不同状态,或表现形态。请见下图:

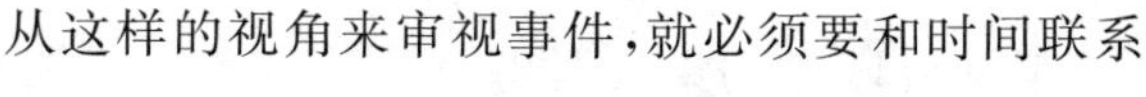

以上阴影部分(A 点到 C 点)是一个事件,而时间进程体所关注的并不是事件的头部和尾部的界限,而在于事件内部(A……B……C)的各个阶段,当然也包括开头部分和结尾部分,甚至也可以包括事件在整个时间轴上移动的位置。从这样的视角来审视事件,就必须要和时间联系起来。例如,假定我们把视点定位在 A 的右边来看事件,我们会感觉事件将要发生了;同理,如果我们把视点定位在 A 点上,我们会认为事件开始进行了;而我们把视点定位在 B 点,则会认为事件正在进行中;如果我们把视点定位在 C 点上,我们会认为事件在结束;而如果我们把视点移动到 C 的左边,我们会

认为事件已经结束了。这就是时间进程体的基本特征。我们认为,英语和汉语属于这样的体类型。请看:

(1)She will sing. (她要唱了)
(2)She is singing. (她在唱)
(3)She has sung. (她唱了)

这便是从三个不同的视点上审视事件的表现。从逻辑上看,进程体至少可以有三种类型:1)起始体,2)持续体/进行体,3)结束体/完成体。但是不同语言对事件的进程有不同的观察,有的粗疏一些,有的可能精细一些。有的两分,有的三分,也有的多分。有的语法化,有的没有语法化。有学者认为,英语语法化的体形态只有两种:进行体和完成体。事实或许没这么简单。不过,英语的将行体是通过词汇手段表现的,这一点没有疑问。

对所要表达各种可能出现的体概念而言,语言有足够的自调节功能,满足表达要求,但语法化手段却不是能够立刻形成的。因此,即使同一种语言,在表达同一类概念范畴方面,语法化程度也是不平衡的。

我们来看汉语,学界常讨论的几个体标记是:了、过、起来、在、着、下去。我们将它们分别对应于事件进程的各个阶段:

"了 2"、"起来"在事件的起点 A,"了 1"、"过"在事件的终点 C,"在""着""下去"处在事件进程的中间部分 B。请看下面的例子:

(4)a. 下雨了 / b. 下课了 / c. 开饭了 / d. 运行了
(5)a. 吃起来 / b. 做起来 / c. 写起来 / d. 动起来

以上例子(以及下面的例子)我们都可以通过删除体标记进行对比,对比后表明,这些体标记对应于我们上面所说的体特征:(4)(5)对应于事件的起点 A。"了 2"和"起来"的分工是:"起来"表示的是动作行为的开始,而"了 2"所表示的是状态的开始,包括一种动作行为结束之后的状态的开始,例如:

(6)a. 吃了一碗了
　　b. 看了三天了

(6a)的“了 2”说的是“吃了一碗”之后的状态的开始(上面示意图中“吃了一碗”处于 A 点偏右线段上),(6b)的“了 2”说的是“看了三天”之后一个新状态的开始。这就是为什么“看了三天”多可以理解为“看完了”,而“看了三天了”却没有看完的原因,也说明了为什么“了 2”的句子有表示新闻、新信息的原因。再看:

(7)a. 吃了一碗 / b. 下了课 / c. 干了半个小时

(8)a. 吃过一碗 /b. 做过工人 /c. 开过半个小时 /d. 写过书

“了 1”和“过”的分工是“了 1”表示的是“近时”结束的时间点,“过”表示的是“远时”的时间点。它们的区别在“时”的范畴上。“了 1”通常定位在一个由宾语或时间补语所提供的时间跨度的结束点上,如上例“吃了一碗”的“了”定位在“一碗”被吃后的时间点上,同理,“干了半个小时”中的“了”也定位在动作进行到“半个小时”的那一个时间点上。对任何动词而言,要从静态的“词库”中进入现实世界,就需要获得现实世界的时间,即占据现实世界的某个时间段(或者耗费现实世界的某段时间),否则动词就无法进入现实世界,只能表达静态的词汇范畴,而不是动态的事件范畴。这就是为什么如果一个动作动词句中的宾语是光杆名词就很难站住的原因,因为句子中的成分没有提供动词的时间跨度,除非句中的其他成分能够提供动词所需要的时间段(小句之间的时间排列也可以提供时间跨度,见例 20),如:

(9)a. ? 他写了文章 /b. ? 我吃了饭 / c. ? 我开了车 / d. ? 她洗了衣服

(10)a. 他写了一篇文章 /b. 我吃了两碗饭 /c. 我开了 10 公里车 / d. 她洗了你的衣服

有个问题,为什么同一个标记“了”却分别对应于事件的起点(当它处在句尾时)和终点(当它粘附在动词后),这或许跟中国传统的辨证哲学观念有关——循环异变,损益消长。起点即终点,终点即起点。一种状态的结束意味着另一种状态的开始,一种状态的开始意味着另一种状态的结束。这或许就是动词后“了”与句尾“了”之间为什么一个能表示结束而另一个能表示开始的原因。这对其他语言来说或许是个特例,而对汉语来说或许极其自然。

我们再看:

(11)a. 在下雨 /b. 在开饭 / c. 在运行 / d. 在写
(12)a. 下着雨 /b. 吃着饭 /c. 做着 /d. 写着
(13)a. 写下去 /b. 做下去 / c. 干下去 /d. 动下去

上面例句中的“在”表现的是动作的持续，“着”表示的是状态的持续，我们可以用下面两个比较典型的例子来分化：

(14)a. 在开门
b. 门开着

(14a)明显地表现为动作的进行，“门”随着动作的进行由关闭状到开启状的变化；(14b)表现为门打开之后一种静止状态的持续。这两个例子比较典型，比较容易分辨，而其他例子的差别或许没有这么明显，但它们的性质相同。

“下去”表现的是“继续”，说话人在事件发展过程中把中间的持续部分切成两段，“下去”表示在切点上继续，当然在整个事件中依旧处于中间持续状态。

5.3 从事件界限和体时间进程体看汉语的体类型

事件界限体和时间进程体是两种不同的看待事件的角度，或者是两种不同的观察事件的模式。二者之间也没有截然不同的界线。它们类似于一个对象的两个不同的切面，一个是横向切面，另一个是纵向的切面。因此，从内容上来看，二者之间完全可能交叉，我中有你，你中有我。

对同一个对象，我们可以采用不同的理论方法来观察和解释它。如果一个对象侧面的长宽高面积大于正面，那么观察它的侧面显然要比观测其正面要合理得多，反之亦然。对于体来说，我们既可以用时间进程体来解释其事件结构，也可以用事件界限体来解释其事件结构。问题是，我们采用哪一种体模型解释更好。

有不少学者认为，汉语的体应该属于界限体系统，他们用完整体来解释汉语中典型的体标记“了”，而不是完成体(戴耀晶，1997，林璋，2004，左思民，2004，张家骅，2006)。判断一种理论是否适用于某语言，其主要标准是，1)该理论是否被正确解释并应用；2)该理论系统本身是否和谐(一致)；3)该理论是否比其他理论覆盖更多的语言现象。

我们先看第一条标准。我们在前面以及第八章中已经通过俄语的例证介绍过,事件界限体主要取决于行为的“有界”与“无界”。一个主要倾向是,有界的行为倾向于完整,无界的行为倾向于非完整。汉语中的体是否也可以根据这种界限性质分为两类?答案当然是肯定的。问题是这种界限的定位对汉语的体研究是否具有更强的解释力。请看下面的例子:

(15)我看了书,写了字,打了乒乓。

(16)我看了一本书,写了一封信,打了一个小时乒乓。

如果根据界限体来区别,(15)应该是非完整体,(16)应该是完整体。虽然我们可以做这样的区别,但是很明显,这种分别在语法上有什么价值?如果我们把界限体的理论用来解释上面普通话的例子,上面的结果是无法避免的。除非我们建立另一种不同于经典“完整体”理论的另一套理论。

我们再来看第二条标准。根据多数学者认同的已经成为经典的“汉语完整体”的理论(戴耀晶,1997:33—108)的观点,完整体包括三个小类:由“了”表示的现实体;由“过”表示的经历体;由重叠动词表示的短时体。非完整体,也包括三个小类:由“着”表示的持续体;由“起来”表示的起始体;由“下去”表示的继续体。这是一个很系统的表述。在以往认为汉语普通话也有完整体与非完整体分类的学者中张家骅(2004)有自己的证明:

(17)唱了起来。

(18)讲了下去。

张家骅认为上面的例子都应该是完整体。但是根据戴耀晶的理论,上两个例子应该是非完整体。王丽欣(2002)证明“在现代汉语中‘动词+了’既可以译成(笔者按:翻译成俄语)完成体,也可以译成未完成体”(笔者按:王文中的“完成”“未完成”实际上为本章节所说的“完整”和“非完整”),她列举了“了”4种对应于俄语完整体的例证,同时也列举了“了”6种对应于俄语非完整体的例证。显然用完整体的理论来处理汉语的体系统,面对“了”是极其尴尬的,理论系统内部的矛盾或许是不可避免的。

至于第三条标准,我们一方面通过上面对第一条标准的讨论可以见到,类似的例证越多,完整体解释所给我们带来的尴尬可能越多。当然我们也可以通过统计方法来进一步证明这一理论可能造成的矛盾。

当然,时间进程体也并不完美,有许多现象是进程体所难以解释的。但其可能造成的矛盾看起来比处理为完整体在理论和实践上要少得多。

从以上两种体类型的内涵特征和外部表现形态来看，汉语的体在内涵上接近英语的时间进程体类型，在外部形态上汉语的体形态也并非俄语那样由不同的动词词形来表现，而主要是通过动词词尾（或时态助词）等句法手段来实现的（这一点也与英语接近）。

下面有关认知情态和道义情态在汉语中的测试或许能进一步证明汉语属于时间进程体的时体类型而非完整体的时体类型：

认知情态测试项目：一定	道义情态测试项目：必须
他一定做了	*他必须做了
他一定做着	*他必须做着
他一定做过	*他必须做过
他一定在做	*他必须在做

我们知道，情态功能词“一定”可以指向已经实现的事件或状态，因此它与实现体标记“着、了、过、在”兼容（实现体下位可以区分为状态（“着”）、完成（近时完成（词尾“了”）和远时完成（词尾“过”）和进行（“在”）等），对已经实现的事件进行主观强确定性认定。

但是对已经实现的事件进行道义约束是无意义的。道义约束逻辑上指向尚未发生的事件才是有意义的。因此类似“必须”这样的道义功能词只能指向将来的尚未实现的事件。因此有了下面的句法分布上的对立：

道义情态测试项目：必须	认知情态测试项目：一定
他必须做一做	*他一定做一做
他必须做下去	*他一定做下去

“必须”只能指向未实现的事件，因此它与普通话中表示未实现的尝试体形式（“V-V”）或后续体功能词（“下去”）兼容。“一定”如果没有其他条件，通常指向已经实现的事件。因此无法与未实现的尝试体形式和后续体形式兼容。除非在尝试体和后续体上添加表主观认知情态的功能词“要”：

他一定要做一做

他一定要做下去

这里的"一定"是"要"的直接成分,"一定要"与后面的 VP 再行组合。那已经是另一个问题了。以上证据表明,汉语普通话在时体类型上更接近时间进程体,而不是事件界限体。在时间进程体中,汉语高位范畴应该是"实现体"与"非实现体"的对立。

6. 小结

时和体是人类语言普遍存在的语义范畴。这种范畴在表达形式上各种语言各有不同的形式。可以有词汇形式,可以有屈折形态形式,可以有语缀形式,甚至可以有超音段形式。有些语言在这些表达时体范畴的形式上语法化程度高一些,有些语言的语法化程度低一些。以往的时体研究中,依据语法形式标准将某些语言划分为"有时范畴的语言"或"无时范畴的语言","有体范畴的语言"或"无体范畴的语言",如果以这种单纯的形态的眼光来研究语言中的时体范畴,很可能将这一领域内的研究引向歧途。

我们假设,时和体是人类普遍存在的语义范畴,只有在从范畴到形式的研究范式下,才可能弄清人类语言在时体范畴和表达形式之间的对应关系和类型学规律。

体是一个相对时而言更为复杂的范畴。根据我们的观察,人类语言的体至少可以划分为两大类型,一类是以事件边界(有界与无界)或空间界限为敏感观察对象的体类型,另一类是以事件在时间轴上的进程状态为敏感观察对象的体类型。前者我们称其为边界体,主要是"完整体"和"非完整体"的区别。后者我们称其为进程体,主要是"完成体"和"未完成体"(或实现体和未实现体)的区别。俄语、波兰语以及芬兰语这样的语言倾向于前者,而英语和汉语则倾向于后者。

第十一章　界限体和进程体的类型学分析*

1. 引言

Comrie(1976:25)对人类语言时体系统的假设在时体研究领域影响深远。但这一假设并未将人类语言普遍存在的时间进程体(如完成体和未完成体(perfect vs. imperfect)和事件的空间界限体(完整体和非完整体(perfective vs. imperfective))做出区分。无法描写和解释语言的时体类型。

如上一章讨论的,不同语言在对事件进行观察的视点上(viewpoint)各有侧重,因此对其进行的语法化形式上也有侧重。人类语言在事件的情状类型的形态上大致分为事件界限视点体(主要表现为完整体/非完整体的区别(perfective / imperfective))和时间进程视点体(主要表现为完成体/未完成体的区别(perfect / imperfect))两种类型(金立鑫,2009a,2009b)。于秀金(2013)对这两大时体类型进行了更具体细致的证明。

"体"属于人类表达事件状态的范畴,在本质上属于功能语义范畴。事件界限和时间进程是最基本的两种不同的语义范畴。它们在不同语言中的语法化程度并不相当。某些语言在语法形态上侧重表达时间进程,而另一些语言在语法形态上侧重表达事件界限。逻辑上任何语言的句子都可能从这两个角度做出事件界限的分析和时间进程的分析。一种语言在语法形态上敏感于时间进程,但它并不排除对事件界限范畴的表达,只不过该语言的语法形态更多地表现了时间进程。反之一样。事件界限和时间进程在同一个句子中可能重叠,也可能错开。例如:

* 本章的撰写是在李思旭和于秀金的帮助下完成的,写作过程中也得到陕西师范大学外国语学院俄语王翠老师的帮助,特此致谢!

(1)I wrote a letter last night. (* but I didn't finish it).

(2)我昨天晚上写了一封信(,但是没写完)。

例句(1)不仅是进程体中的完成体,同时也是界限体中的完整体。时间进程上的完成性与事件界限上的完整性在例子(1)中正好重叠,由于句子表达了完整体意义,因此后续句无法添加 but I didn't finish it。例句(2)则为时间进程上的完成体,但事件界限是否完整,该例句并未表达,需要根据上下文来判断是否具有完整性。在默认语境下,可以理解为完整体,但这并不绝对,正因为它并不绝对表达完整体(根据语境判断),因此后续句可以通过添加“但是没写完”来补充说明事件的非完整性。因此,逻辑上一种语言在事件界限与时间进程的表达上很可能不完全一致。

从理论上,两种体意义范畴在每种语言中至少可能存在以下逻辑配置:

完整	完成
+	+
+	−
−	+
−	−

也就是说至少在逻辑上存在如下可能,在事件界限体语言中观察:(1)完整+完成/未完成;(2)非完整+完成/未完成。当然也可以在时间进程体语言中观察;(3)完成+完整/非完整;(4)未完成+完整/非完整。如果“完整/非完整、完成/未完成”之下不同语言还有更细致的分类,这个逻辑配置还会更复杂。但一个总体倾向可能是,完整体可以涵盖时间进程中的完成和未完成体,但非完整体不容易涵盖完成体。因此,**如果一种语言以事件界限为语法敏感语言,并且其非完整体可以表达完成体,则其完整体也一定能表达完成体。**

国外有很多学者关注到语言中有表达“完全受影响”和“部分受影响”的语义对立(参见李思旭,2012),这些对立在形态上,尤其是表现在动词形态上,绝大多数都是本文所讨论的完整体和未完整体的对立。当然也有一些语言在宾语的格标记上也有体现,如芬兰语。本章主要讨论事件界限体和时间进程体这两大语言时体类型的概念及其句法表现,同时就上面例(1)和(2)何至于如此做出解释,最后也给出汉语的完整体的形式证据。

2. 界限体概念及句法表现

界限体凸显的语言在观察世界运动方面，更敏感于运动的完整性与否。这种完整性的形式体现主要落实在动词形态上，也有一部分落实在宾语形态上。在以芬兰语为代表的一类语言中，事件的界限主要由宾语的界限形态来表达。宾语如果是有界的，则为完整体，使用宾格标记；宾语如果是无界的，则为非完整体，使用部分格。例如(Harris and Campell 1995：55，390)：

(3) a. Soin　　omena-a
　　吃$_{1单}$　　苹果$_{部分格—单数}$
　　我吃了那个苹果$_{(部分)}$。
　b. Soin　　omena-n
　　吃$_{1单}$　　苹果$_{宾格—单数}$
　　我吃了那个苹果$_{(完整)}$。

上面芬兰语的两个例子，都是"完成体"，但它们与动作对象的整体性无关，因此 a 例是非完整体(也是完成体)，b 例是完整体(也是完成体)。同样的情况也存在于匈牙利语中(Moravcsik 1978：261)：

(4) a. Olvastott　a　könyvöt.
　　读$_{3单}$　　那　书$_{部分格}$
　　他读了那本书的一部分。
　b. Olvasta　a　könyvet.
　　读$_{3单}$　　那　书$_{宾格}$
　　他读了那本书。

这两个例子也是前一个例子是"完成—非完整体"，后一个例子是"完成—完整体"。与芬兰语和匈牙利语相似的还有爱沙尼亚语(Hopper and Thompson 1980)：

(5) a. Poiss　　luges　　raamatu　labi.
　　男孩$_{主格}$　　读$_{过去时—3单}$　　书$_{宾格}$　through
　　那个男孩把那本书读完了。

b. Poiss 　luges 　raamatut.
男孩$_{主格}$ 　读$_{过去时—3单}$ 　书$_{部分格}$
那个男孩正在读一本书。

这都是通过宾语的完整性或非完整性标记来表达事件或行为的完整性或非完整性的。此外，在另一些语言中，宾语不一定直接采用宾语的部分格或宾格形式，可能采用其他迂回形式来表达，例如在拉丁语（Latin）中，属格宾语也可以用来表达非完整性，如（Harris and Campbell 1995:55）。

(6) a. bibo 　de 　aqua.
喝$_{1单}$ 　从 　水$_{属格}$
我喝了一些水。
b. bibo 　aquam.
喝$_{1单}$ 　水$_{宾格}$
我喝了那些水。

上古高地德语中也有一个（Old High German）部分属格（partitive genitive）形式，它也用来表达事件的非完整性的，如（Harris and Camplell 1995:55—56）：

(7) ich 　will 　im 　mines 　brotes 　geben.
我 　想 　他$_{与格}$ 　我的$_{属格}$ 　面包$_{属格}$ 　给
我想给他一些面包。

韩语中动词形态表达的是行为本身的实现与未实现的对立，至于事件的完整性与非完整性也是通过宾语的形态标记来表达的。Yang（1998:245）认为（8a）的直接宾语使用与格，可以有完全被灌溉和部分被灌溉两种意思；但是（8b）用宾格，只有完全灌溉一种意思：

(8) a. nae-ka 　path-ey 　mwul-ul 　cwu-ess-ta.
我$_{主格}$ 　田地$_{与格}$ 　水$_{宾格}$ 　给$_{过去时—陈述句}$
我浇了那块田地。
b. nae-ka 　path-ul 　mwul-ul 　cwu-ess-ta.
我$_{主格}$ 　田地$_{宾格}$ 　水$_{宾格}$ 　给$_{过去时—陈述句}$
我浇完了那块田地。

俄语是完整体凸显的语言，根据最小对立对原则，在下面两两相对的两组例句中，一组用完整体动词，另一组用非完整体动词，8 名俄罗斯被试[①]的语感可以表达为下面的描写，没有例外：

(9)　Вчера　он　писал　письмо，　но　не
昨天　他　非完整 写 过去阳　信 宾格，　但　没
дописал　его　до　конца.
完整 结束写 过去阳　它 阳宾　to　完
昨天他写了一封信，但是没写完。

(10)　Вчера　он　написал　письмо，　*но　не
昨天　他　完整 写 过去.阳　信 宾，　但　没
дописал　его　до　конца.
完整 结束写 过去阳　它 阳宾　to　完
昨天他写好了一封信，*但是没写完。

(11)　Вчера　он　рисовал　картину，　но　не
昨天　他　非完整 画 过去阳　图 阴宾，　但　没
дорисовал　Eё　до　конца.
完整 结束画 过去阳　它 阴宾　to　完
他昨天画了一幅画，但是没画完。

(12)　Вчера　он　нарисовал　картину，　*но　не
昨天　他　完整 画 过去阳　图 阴宾，　但　没
дорисовал　eё　до　конца.
完整 结束画 过去阳　它 阴宾　to　完.
昨天他画好了一幅画，*但是没画完。

另外两组测试例句，一句是“昨天他读了一本小说，但是没读完”和“昨

① 2015 年 3 月我们委托在俄罗斯访学的陕西师范大学外国语学院俄语老师王翠用四组(共 8 句)其他成分完全相同仅仅动词的完整体和非完整体不同的例句调查了 8 名俄罗斯人，得到完全一致的结果。

天他看了一部电影，但是没看完”。前句凡是用非完整体动词形式的，后续句接“但是没V完”都能接受，凡是前句用完整体动词形式的，所有被试都无法接受后续句用“但是没V完”。

3. 进程体概念及句法表现

时间进程体凸显的语言在观察世界运动方面，更敏感于运动在物理时间轴上的进程状态。理论上首先可以区分为可以在物理时间轴上进行刻画的事件（现实体）和无法在物理时间轴上进行刻画的事件（非现实体）。现实体和非现实体内部逻辑上至少有进行体（行为还在持续）和完成体（行为已经结束）。如下：

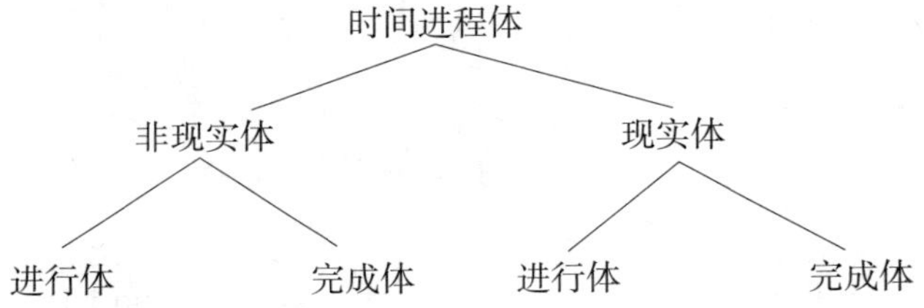

非现实体内部的进行和完成实际上是一种虚拟时体，在客观时间轴上只能假设其存在。而现实体内部的进行体和完成体才是实际物理时间轴上已经占据时间的事件。

理论上物理时间轴可以根据参照时间（为坐标）进行多种切分。例如完成体事件的结束总是出现在参照时间之前，但各种完成体事件与参照时间的距离并不相同。有的距离参照时间点比较近，而有的则比较远。有些语言敏感于这种距离的远近，在语言形式上就会有所表达，甚至有语法化的形式表达。如缅甸境内的日望语（罗仁地 & 潘露莉，2002①）和普通话中的“V过”与“V了”。下面两个例句的差别主要是时间进程上的远近：

(13)张三买了一台苹果机。

(14)张三买过一台苹果机。

① 据罗潘二位的报道，日望语中有两个小时以内的过去、两小时以上的过去、几天（一年以内）的过去以及一年以上的过去的形态表达。

在所有以普通话为母语者的语感中，(13)是新近发生的事(买这一行为也已经结束)，而(14)是距离参照时间较远发生并结束的行为。

但是，在普通话中，“了”并不一定与行为结束完全对应。行为是否结束与动词的行为类型(aktionsart)有关。如下面的(15)虽然用了“了”，但行为并未结束：

(15)张三去了北京。

(16)下雨了。

这是这两个例句中的动词的行为类型决定的。句子所表达的事件是否结束也可能与构式有关，例如：

(17)张三画了一个圈儿。

(18)墙上画了一个圈儿。

例(17)作为一个具体的行为，已经结束。例(18)作为一个“存在事件”并未结束(虽然动词所表达的行为本身已经结束)。句子所表达的事件是否完整也可能与论元的属性有关，例如：

(19)I wrote a letter yesterday(? but I didn't finish it.)

(20)I wrote the letter yesterday(but I didn't finish it).

例(19)一般会理解为事件结束并完整，用后续句表示未完整有点怪。但例(20)所表达的事件尚不完整，可以后接表示未完整的后续句。英语动词的V-en 形式实际上更多表达的是“体”意义，“时”通常是由助动词表达的，如be…V-ing 以及 have…V-en 中的助动词。助动词 is/was 和 has/had 的形态变化表达现在还是过去。V-en 形式主要表达事件的实现。助动词缺省传统上解释为“一般”，实际上是由动词的完成体形式推导出来的 R>S(说话之前的所有时间)，因为若无特别标记，逻辑上完成的行为一般总是指向过去。例子(19)和(20)的动词形式只表达已经实现，至于事件是否完整则由其他成分决定。例如(19)和(20)的完整性与否取决于充当这两个句子宾语的 DP 的内部差别。这种由宾语的属性决定事件的完整性与否，如本章第 1 节中所述，普遍存在。

4. 界限体与进程体的相互交错

由于界限体和进程体是两个不同视角所观察到的状态，因此理论上它们可以相互交错，任何一种语言的事件句都可能从这两个视角做出分析。以俄语这种事件界限敏感的语言为例：

(21) a. Он запел. (完整体—起始点)
他 完整.开始. 唱.过去.阳性
He began to sing.
b. Она полежала. (完整体—状态持续)
她 完整. 躺.过去.阴性
She had been lying(for a while).
c. Он попел. (完整体—动作进行)
他 完整. 唱.过去.阳性
He had been singing.
d. Он допел. (完整体—终止点)
他 完整.结束. 唱.过去.阳性
He finished singing.

以上完整体同时涵盖完成(例 d)和未完成(例 a—c)。但是非完整体通常表达两种状态：

(22) a. Он дописывал. (非完整—状态持续)
他 非完整.结束. 写.过去.阳性
He finished writing. (He didn't write after that.)
b. Он писал. (非完整—动作进行)
他 非完整. 写.过去.阳性
He was writing.

下面是捷克语的两个例子，这两个例子都是现实体，但有完整和非完整的区分(Gillian 1997:162)：

(23) a. Pil kávu.
喝—3单 咖啡—宾格

他喝着咖啡。

b. Vypil　　　　　kávu.

完整体前缀 喝$_{3单}$　　咖啡$_{宾格}$

他把咖啡喝完了。

捷克语与俄语类似，完整体和非完整体主要由动词的前缀来标记。通常情况下，完整体用标记，非完整体不用标记。例(22)表达的是现实—未完成—非完整体，例(23)表达的是现实—完成—完整体。

实际上大部分斯拉夫语言都用类似的动词形态变化表达完整体和非完整体，如波兰语，塞尔维亚—克罗地亚语(Serbo-Croatian)也同样如此，如(Dezsö 1982:32,52)：

(24) a. Ja sam　pio　vode.

I drank some water.

b. Ja sam　popio vodu.

I drank all the water

在上面两个克罗地亚语的例子中，a 例是完成非完整体，b 例是完成完整体。动词 pio 是非完整体形式，popio 是完整体形式(加前缀 po)，宾语也有相应的对应形式(词尾变化)。英语中的实现体和完整体也可以错开，如上例(19)(20)：

(25) John wrote a letter, *but he didn't finish it.

(26) John wrote the letter, but he didn't finish it.

(25)前句是现实＋完整体，(26)的前句是现实＋非完整体。可见，这里的完整性与非完整性同样也受到论元属性的影响，甚至取决于论元的属性。

5. 汉语中的进程体与界限体

在界限体敏感的语言中，可以根据动词和宾语是否有界来判定该句子是采用完整体形式还是非完整体形式。但这一原则在进程体敏感的语言中是无法贯彻的。如下列汉语中的例子：

(27)a. 喝口水(吧!)。(非现实)
b. 喝了口水(*吧!)。(现实)

这个例子告诉我们,用不用“了”与“现实”和“非现实”(完成或未完成)相对应。那么“了”是否跟完整与未完整之间有对应关系①?看例子:

(28)张三喝了口水(*但是没喝完)。
(29)张三喝了一瓶水(但是没喝完)。

这两个例子中,动词都带标记“了”,宾语也同样有明确的有界性明确的限定数量词。但一个例子是非完整体,另一个例子是完整体。这里的界限性或完整性并不是通过句法形式来表达的,而是通过对论元的属性或语义分析得到的。从两个句子动词的形态都使用“了”标记、但却分属不同的界限体范畴来看,显然汉语不属于界限体敏感的语言,而属于进程体中对现实和非现实敏感的语言。动词后缀形式“了”(“过”“着”)明显对应的是现实体内的不同状态,与界限体没有对应关系。

如果说汉语表达事件的进程是通过语法化的形式标记来表达,那么汉语事件的界限的表达,一部分是通过对动词的时间特征与宾语之间的认知解读来完成(如上例 28),更多的主要是通过下面几种形式来表达。

1)VR 动词:

看下例:

(30)a. 我昨天写了一封推荐信(但是没写完)。
b. 我昨天写好一封推荐信(*但是没写完)。
(31)a. 张三洗了一堆衣服(但是到现在还没洗完)。
b. 张三洗干净了一堆衣服(*但是到现在还没洗完)。

上面例子中,用简单动词的都是“完成+非完整体”,而用 VR 复合动词或带结果“补语”的都是“完成+完整体”。上面两组句子的后续句已经给出了证明。一个完成并完整的事件,后续句不能接受非完整的否定。这与例(9)—(12)中俄语的例子一致,也是人类语言时体表达的共性。

2)把字句。例如:

① 国内有不少学者将“了”看作是完整体的标记,这是术语上的误用。

(32)张三把李四杀了(*但是没杀死)。
(33)张三把李四骗了(*但是李四没上当)。

这个与句式有关，而与动词的行为类型无关。同样的动词如果采用不同的句式，界限体的性质就有差别。例如：

(34)张三杀了李四好几次，李四都没死。
(35)张三骗了李四好几次，李四都没上当。

3)被动句。例如：

(36)李四被张三杀了(*但是没杀死)。
(37)李四被张三骗了(*但李四没上当)

这一组被动句与前面的“把”字句在事件的体的现实性和完整性上无差别。属于同一类的事件体范畴。

除了以上 VR 动词结构以及把字句和被动句，动词的行为类型和宾语的语义性质也会影响到事件的界限。几乎所有的达成动词(achievement)都具有完整性(实际上几乎所有 VR 动词短语都是达成行为类型)。例如：

(38)中国队赢了日本队。
(39)张三到车站了。

以上例句都是现实体＋完整体。下面的例子是宾语的语义性质影响事件界限体：

(40)张三说了一个字(*但是没说完)。
(41)张三说了一个故事(但是没说完)。

6. 小结

事件的时间进程和事件的界限是人类语言所要表达的两大功能语义范畴。但人类不同语言在这两大范畴方面的敏感性或语法化程度并不相同。

由此形成了不同的语言时体类型。一类是时间进程凸显的语言，另一类是事件界限凸显的语言。

时间进程凸显的语言，动词的时体形态主要用来标记事件在客观时间轴上的位置或状态，主要是现实体和非现实体的对立，一般所说的完成体逻辑上应该有现实完成体和虚拟完成体之分。当然不同语言在完成的时间点的远近距离上还有差别。

事件界限凸显的语言，动词的时体形态主要用来标记事件在空间上的界限。如果是及物动词，完整体主要表达对受事的完全影响，即完整性。非完整体主要表达对受事的部分影响或不完整性。如果是不及物动词，完整体主要表达一次完整的行为，而非完整体主要表达经常性的多次的行为。

逻辑上，时间进程和事件界限是两个不同角度的视点，它们可以在同一个语言中同时得到表现。因此，我们也可以同时对某一语言的某一事件进行界限体分析和进程体分析，通过分析准确把握句子所表达的事件的时体意义。

第十二章　行为类型、情状类型及其与体的关系*

1. 引言

时间和空间不仅是物质世界的基本属性，也是人类认知世界的两大范畴。人类语言中的许多现象都与这两大范畴相关。既然时间是运动存在的方式，那么人类语言要表达运动对象，时间的表达是必然的。语言是如何表达行为的时间属性的？它都有哪些手段或方法？使用这些形式都有哪些基础和条件？诸如此类的问题构成了语言中与动词相关的时间问题的研究。本章要讨论的是与动词的时间范畴相关的一组概念：行为类型（Aktionsart）、体（Aspect）和情状类型（situation type）。这些概念关系密切，甚至有时纠缠在一起，在某些文献和研究中它们之间的关系甚至是混乱的。

当然，这些问题本身也比较复杂。国外很多学者做过这方面的研究，专门的著作也有不少，国内近 20 年来有一些理论的介绍和探索，如邓守信（1985），陈平（1988），龚千炎（1995），陈前瑞（2003），左思民（2006）等。但这些概念的内涵和外延以及相互关系并不见得就已经很清楚了。本章要讨论的便是行为类型、情状类型的内涵和外延，也涉及一些它们之间的关系，并对汉语动词的行为类型研究提出一些参考意见。希望本章能对此类问题的研究有所帮助。

2. 行为类型及其理论背景

不同的动词表达不同的行为，如果对这些行为进行分类，就可以得到行

* 感谢韩国釜山庆星大学图书馆提供的外文资料！感谢邵菁老师为本章提供的修改意见。

为类型。由此，动词也就可以分为不同的行为类型。例如，句法研究中的及物动词和不及物动词；言说动词和动作动词；心理动词和行为动词；自主动词和非自主动词；一价、二价、三价动词等等。如果从动词所表达的行为的时间特征角度来对动词进行分类，那么我们就能得到一种特别的动词类型：Aktionsart。这是一个德语词，其构词结构可以分析为三个部分：aktion-s-art，中间的 s 是一个形态中缀，前面的相当于英语中的 action，即行为，最后的 art 的意思是类型，字面意思就是行为类型（kinds of action）。左思明（2006）将其翻译为“动相”，我觉得“动相”还是不容易理解，不如直接从构词含义上翻译为“行为类型”更易明白。

有关 Aktionsart 的研究最早见于希腊语和德语这类通过动词本身的词汇形式表现行为时间特征的语言，在这些语言中，Aktionsart 也被看作是词汇体（lexical aspect）。一般认为 aspect 是用语法形式表达的体，属于句子平面的语法范畴，而 Aktionsart 则是词汇平面的，是词汇内在的语义类型，它表达不同时间特征的行为类型，属于词汇范畴（Schenner，2005）。“在日耳曼语中 Aktionsart 同 Aspect 是不一样的。在英语和法语中这两个概念常常混用”（郑振贤，2007，与笔者的通讯交流）。

在希腊语、德语和一些斯拉夫语中，动词本身就具有不同的语义类型，例如 19 世纪末，希腊语语法学家把希腊语的动词分为三种类型，1）在特定时刻（punctual）或一瞬间（momentary）发生而圆满结束（completed）的动作或事件；2）持续不断或恒常性的动作或事件；3）过去某时刻发生并维持了一段时间才告终的动作或事件。可以用下表来表示：

第一类动作或事件的特性是：　●

第二类动作或事件的特性是：-----------

第三类动作或事件的特性是　●------●

这种以动作或事件的状态来解释希腊语动词语义功能的观点，得到广泛认同，成为 19 世纪末及 20 世纪大部分时间中有关希腊经文动词的语义功能研究的主导理论（岑绍麟，1981）。

同样，德语也没有系统的屈折形态特征表现每个动词的体类别，德语主要依赖动词本身的语义来划分不同的体类别，因此，德语动词按时间可划分为两类（贾慧蝶，1981）：

一、非完整体/进行体动词（die imperfektive/ durative Verben）

表示没有时间界限的行为（如：blühen 开花，schlafen 睡觉）等。

二、完整体动词（die perfektive/ terminative Verben）

表示有时间界限的行为，表示行为的开始、转变或结束等意义，其中又可分为3小类：

1）开始体动词（die ingressiven/ inchoativen Verben）表示行为动作的开端（如 entflammen 着火，erblicken 瞥见）

2）转变体动词（die mutativen Verben）表示行为动作从一个状态过渡到另一个状态（如 altern 变老，erkranken 得病）

3）结束体动词（die egressiven/ resultativen Verben）表示行为动作的结束（如 verklingen 声音消失，preisgeben 放弃）

同样的情况也存在于俄语中，俄语中的时体类型也是通过动词本身的词汇形式来表现的（Dahl，1985：27）。"俄语动词体是一种'原型'（prototype）体范畴，这个范畴从界限性/非界限性、整体性/非整体性的角度反映行为在时间中的延伸特征或分布特征"。（A. Пешковский，1935：95，转引自张家骅，2001。笔者按：如上一章所说，俄语的体是界限型的：完整体和非完整体，体与动词原型范畴一致）。其实不仅仅是希腊语，德语，俄语，甚至汉语和英语，动词都有自己的行为类型，它们的基本属性（即时间属性或时间特征）决定了句子可能表现的时体类型。有些行为类型的动词能够选择某些特定的语法体标记，而有些不能。有些还和时量成分之间有选择关系。因此动词的行为类型与句子能够表现哪些时体类型有着直接的关系，是句子时体类型的基础部分。例如下面的例子：

(1) a. John is building a house
　　b. * John is knowing the answer
(2) a. Build a house!
　　b. * Know the answer!

（Schenner 2005）在上面的例子中，build 和 know 在时间属性上不同，know 具有"终点"（详下）的时间特征，过程被忽略；而 build 具有"续段"的时间特征，所以它可以表达现在进行的时体概念，甚至可以用来表达祈使意义。而 know 却不能用来表达这些意义。再如，现代汉语中某些动词不能使用"了"这个体标记：

(3) 省得、值得、认为、期望、据说、同情　（*同情了他）

还有些动词不能使用"着"这个体标记：

(4)死、加入、成为、举办　　　　　　　(*加入着)

有些动词不能使用时量补语：

(5)缺乏、在、需要、把握、像　　　　　　(*缺乏了一个小时)

动词的时间特征是人类语言普遍存在的。但是不同语言的动词在表现这些时间特征的形式上并不相同。有些语言多数动词的时间特征是内建的，甚至在形式上也可能有所表现。而有些语言动词的时间特征多数需要其他成分的配合。英语等语言中也有部分动词的时间特征是内建的。可以把它们区分为不同的行为类型，例如活动动词和完成动词等(Chu，1976)。例如下面的例子：

(6)a. He has studied Chinese for five years/* in five years.
　b. He has learned Chinese in five years/* for five years.
(7)a. He studied Chinese but still didn't know it.
　b. * He learned Chinese but he still didn't know it.

(Tai 1984:290)

(6a)中的 studies 不能和 in five years 组合，而(6b)中的 learned 不能和 for five years 组合，而(7a)可以接着说 but still didn't know it，而(7)b 却不可以。

因此，动词的时间特征是句子时体表达的基础部分。时体是建立在动词的时间特征的基础上的。某些动词通常只能选择使用某一类时体形态，而不能选用另一类时体形态，或者选用某类时体形态时需要某些附加条件或其他限制等。而语言学在这方面要研究的恰恰是动词和时体形态类型之间的对应关系以及它们之间的条件关系。在这方面，计算机翻译学界甚至比语言学界看得更清楚。有关计算机应用方面的研究，具体的操作可参见 Dorr(1991:251)。

3. 情状类型是由动词及其体标记、补语和配价成分所构成的

前面我们讨论过，Aktionsart 在希腊语、德语、俄语等语言中是通过动词本身的形式来表现的，不同的动词表现了不同的行为类型，并不太依赖其

他成分的配合。当它们进入句子以后，相关的成分要求与其一致，否则就会造成句法或语义错误。但是如果把 Aktionsart 的研究直接移植到英语等语言中，情况就会发生变化。

英语中很多动词要表现不同的行为类型，需要依赖动词的组合成分，通常是配价成分等具有数量或时间特征的其他成分，它们组成一个短语来表现行为类型。因此，在英语等语言中所谓的 Aktionsart 已经不同于德语等语言中只需要由动词就能确定的行为类型了。这种通过动词以及动词的配价成分或相关的数量或时间性成分组成的短语来对一个事件的时间类型进行考察的，我们称之为情状类型(situation type)，也可以称之为情状体(situation aspect)，这个词也有人称其为 situationsart(参见 Chemnitz，2005)，以区别于德语等语言中的 Aktionsart。

对情状类型的研究最为经典的便是 Vendler(1967)的分类研究，学术界常称为 Vendler 范畴(Vendler categories)，即他最早提出的四概念理论(四概念毫无疑问也可以应用于行为类型，而非独用于情状类型，行为类型和情状类型的区分主要在于它们的表现形式：动词还是动词短语或小句)：状态(States)、活动(Activities)、完成(Accomplishment)、成就(Achievement)，虽然 Vendler 本人称自己的理论是"时间图式"(time schemata，1967：106)。国内最早引进这个理论的大概是邓守信先生(1985)。后来的学者在此基础上有所修补。例如 Steedman(1997)，de Swart(1998)，Rothstein(2004)，等。有关 Vendler 的理论，国内有不少论文介绍过，兹不赘述。但是我们想指出的是，Vendler 的时间图式理论并不是对动词的时间类型的理论研究，而是对根据动词与一定的成分所构成的短语所表现的事件的时间类型的理论研究。因此在他的模型中，同一个动词，由于其所搭配的成分不同，这个动词(更准确地说，应该是这个短语)就可能分属于不同的情状。例如，Are you smoking? 所问的是 activity，而在 Do you smoke? 中问的是 state(Vendler，1967：108)，因此，这种情状类型并不是根据动词本身来确定的。

例如 Vendler 一方面认为 running 有持续的属性，而另一方面，他又认为 running 与 a mile 组合的时候却属于完成，具有终点的属性(Vendler，1967：100，102)。Chemnitz(2005：15—6)也有相同的批评。

因此，Vendler 的时间图式理论中动词的时间类型要取决于句子的其他成分甚至上下文语境，如果一个未完成的动词与一个数量确定的成分组合，它就变成了完成性的，而当它与一个数量不确定的成分组合，这个动词就成了未完成的。因此，行为的完成与否(telic or atelic)便取决于它的配价成分。(Chemnitz,2005:15—6)我们认为,如果一种语言大部分动词不必依赖其他任何成分就能确定其时间类型,这种语言的动词具有 Aktionsart,这种语言属于行为类型凸显的语言,而如果一种语言的动词主要依赖其他成分的配合,通过完整的短语来体现时间类型,这种短语的时间类型就是情状类型,这种语言也就是情状类型凸显的语言。

此外,Vendler 的理论中除了"状态"和"活动"之外,"完成"和"成就"在汉语中也难于区别,虽然学者们用一组区别性特征来区分它们,例如"动态"(Dynamic)和持续(Durative),但是一般人要理解"完成"有持续性而"成就"没有持续性,并非易事。屈承熹先生说,"其实,achievement 和 accomplishment 已远远超出了汉语动词本身的语义范围,而必须用补语或宾语的语义来'包括'(accommodate)。当然,英语(或其他印欧语言)的动词,会或多或少地包含某些语义,为汉语动词本身所无法表达的,如:I wrote a letter last night(* but I didn't finish it)之无法为本族人所接受,便是一例"(2007 年 1 月与笔者的通讯交流),类似的问题在 30 年前屈先生就讨论过(Chu,1976)。

因此,我们认为,Vendler 的情状类型理论是针对英语这一类动词行为类型特征并不典型的语言而建立的,这一理论确实能够在语义学上解释某些短语的时间属性,对词汇体特征并不明显的语言来说,在语义上具有相当的解释力。但是在对汉语的时体问题的研究中,Vendler 等的情状类型理论提供给研究者的帮助并不太显著。这一理论引进至今已有 20 余年历史,除了语义学意义上的研究之外,目前还没有见到建立在这一理论模型基础上对汉语时体问题完整系统的解释。

我们认为,德语、希腊语这样的语言中动词有着明显的时间类型分别,由于动词是用来表现不同的动作行为的,因此,动词在行为类型上,具有普遍性。而在汉语中,动词虽然没有像德语和希腊语那样十分明显的分别,但是也有相当多的动词存在行为类型上的差别。因此,我们完全可以通过语义分析的途径来揭示它们在行为类型上的差别。在汉语语法学界,马庆株(1981)、郭锐(1993,1997)等已经取得了相当突出的成就。

但是,汉语中仅仅通过动词的行为类型似乎也很难全面解释所有的行为时间问题。那么我们在动词行为类型和体之间插入一个情状类型的中间环节,或许能给研究带来更多的方便。那么我们不妨通过这个中间环节来补充一下,在动词的时间结构、动词短语的情状结构、句子的时体结构之间找到一个对应链条。请看下面的例子:

(8)我昨天写了一封信,可是没写完。(Chu,1976,Tai,1984)

这样的例子引起了很多争议。假定上面的例子"一封信"限定了"写"不具有"达成"的特征，勉强可以说的话，下面的例子如何解释：

(9)*我昨天写了两封信，可是没写完。

"两封信"却又使"写"具有达成的特征了，同时：

(10)我昨天写了那封信，可是没写完。

"那封信"又使"写"失去了达成属性了。

上面的例子也可以说明，同一个行为类型的动词，在搭配了不同的配价成分之后，就会形成不同的情状类型。因此，情状类型和动词的行为类型之间并没有严格的对应关系，相反，情状类型实际上与动词及其体标记、补语(汉语，我们在下面讨论)和配价成分的搭配有关。

在行为的时间属性上，汉语动词形式"V"和有补语标记的"V 完"是对立的，上面例子中的"写"换成"写完"全部不成立。单独的一个"写"就是一个活动动词，配合"了"只表示动作的结束。而在汉语中，"V 完"也包括了行为的结束(V 了)。

在动词的行为类型研究方面，动词的时间结构是构成动词行为类型的主体(理由我们下面还要谈到)，实际上郭锐先生的尝试、马庆株等先生的一些研究正是基于动词的时间结构所做出的探索，事实也证明这些探索都是较为成功的。当然我们也可以在此基础上通过考察动词的体标记、补语和配价成分对事件时间属性的影响建立起情态类型研究的模式，考察哪些成分在什么条件下影响了句子的情状类型。类似于金立鑫(2002，2003)所做的"了"与其他成分配合所构成不同体态的研究。

4. 一个研究汉语动词行为类型的思路

孟琮(2002)认为汉语是一个非常重视结果的语言，动词后的补语成分占据了很高的比例。补语成为现代汉语语法的一大"特色"。大量的补语已经词汇化，并且有相当数量的动结式正在词汇化。汉语中有一类非常值得重视的动结式动词，这一类动词几乎都具有"终点"的性质，例如：看见、听见、看到、知道、打倒、砸碎……以及郭锐(1995)对汉语动结式动词在配价上的分类：一价 V1(a)：累病、洗累、住久、学坏、跑快、走远，二价 V21(a,p)：打死、愁白、写错、坐塌、哭瞎、想出，二价 V22(a,s)走进、跑回、走出、走到、写到，三价 V3(a,s,p)：送给、扔进、踢回、捡满、改编成、送到。含语种有大量的可用作结果补语的动、形语素(最常见的有：坏、好、快、慢、进、出、满、完、掉等一大批)，它们随时可以附加在活动动词的后面构成"完成动词"。

台湾中央研究院信息科学研究所词库小组的邱智铭①等统计了 5 百万词(平衡语料库)的结果令人吃惊，在 VV 结构中，动补结构占 58.76%，在 AV 结构中动补结构占 50.00%，在 VR 结构中，动补结构占 60.64%。以上所有研究告诉我们，至少在现代汉语中，动词在 Aktionsart 上可以根据"持续"特征分为完成动词和活动动词两大类。

Tai(1984)讨论过，类似本章例(6)英语例子中的 study 和 learn，在结构上我们无法区分它们的时间特征，但是在汉语中，前者相当于"学"，后者相当于"学会"，因此我们可以说"学了 5 年"而不能说"*学会了 5 年"；可以说"5 年内学会"而不能说"*5 年内学了"。类似汉语的"学"和"学会"无论是在语义还是在形式上的区别都决定了这些动词选择体标记的基本倾向。例如下面 VR 结构动词均不可能有下面的组合：*看见着、*听见着、*知道着、*打倒着、*砸碎着……

对汉语动词来说，我们至少可以从动词本身的行为类型上区分出下列动词家族：关系动词(非行为"是"类)、状态动词("躺"类)、活动动词("写"类)、成就动词("认识"类)。汉语动词的这种特点很接近德语和希腊语(请参考前面所列举的汉语动词的形式特征)。至于汉语中有没有"完成"动词，我们可以研究。

因此，对现代汉语动词的时间语义分析更有助于汉语时体语法的研究。国内学者马庆株对汉语动词的"±持续"属性做过具体的研究，在学界很有影响，但是在理论框架上取得令人瞩目的成就的是郭锐(1993,1997)。

郭锐(1993)对现代汉语动词的时间特征做了迄今为止最好的考察。他根据动作行为在客观世界的时间轴上的表现，设立了下面的参考项，以此来考察动词的时间特征：起点(I)、终点(F)、续段(D)，通过这些组合，得出了无限结构、前限结构、双限结构、后限结构和点结构五大类。毫无疑问，根据时间的属性，设定这三个参数是最为简洁、不能再少了。然而，郭锐在利用这三个参数的时候并没有在逻辑上贯彻到底。实际上，这三个参数的逻辑

---

① 《现代汉语复合动词之词首词尾研究》：http:// godel. iis. sinica. edu. tw/CKIP/paper/Affix_of_Verb. pdf(2007-1-30 页面)。

排列，应该能够得到8个组合形式：1)———；2)I——；3)—D—；4)——F；5)ID—；6)—DF；7)I—F；8)IDF。

我们在郭锐的基础上对这三个参数给出一组描述：

I：无任何特殊标记，默认为起始状态。可以采用的形式参考项目：一、起来、开始

D：无任何特殊标记，默认为持续状态。可以采用的形式参考项目：永远、VP呢、在……中、正在

F：无任何特殊标记、默认为终点状态。可以采用的形式参考项目：*开始*起来*着*在

根据这些描述并通过逻辑推导可以得出下列8种动词行为类型（—和+为对立状态）：

IDF	汉语例词	汉语举例	汉语外部参考项
———	给予、加以、进行	给予批评	*开始、*起来、*着、*在
+——	惊、出生、出现	心头一惊	一、起来、开始————、*在、*着、*好、*掉、*到
—+—	等于、是、存在	等于三	永远、VP呢、*————中、*正在、*开始*完*好*掉
——+	终止、结束	交易终止	*起来、*着、*在、*中
—+—	昏迷	昏迷中	开始、中、在
—++	提高、灭亡	提高了三倍	*起来、正在、在、开始
+—+	死、闪	死了	*着、*正在
+++	病、休息	病了三天	起来、开始、着/正在、完了、中

语言对世界的反映经过了说话人的加工。因此上表所反映的实际上是说话人对世界的理解。具体说明如下：

1)———(IDF)：没有起点、续段和终点。以形式动词“加以”等为例，这一类动词缺乏动作性，在独立状态下它在时间轴上的跨度很难确定，也无法通过其他成分来判定其时间跨度。使用这一类动词的句子的时间主要在虚拟世界而非现实世界。也就是说，在现实世界的物理时间轴上观察不到它们。少部分出现在现实世界的（例如“进行$_2$”，已经是实意动词，可以单独使用，如：进行中），也仅仅局限于“实现—完成”状态的表达（进行了研究、进行了爆破、给予了肯定），其时间跨度实际上取决于主要动词的时间特征。它自己无所谓时间性。

2)(I——)：感觉有起点，没有续段和终点。这主要是说这种语言的人并不关注行为的续段和终点，感觉的焦点在于起点，起点之后的续段和终点被忽略。以“惊”为例，“心头一惊”感觉的焦点在起点。这种动词不能使用

“在”“着”“完”“好”“掉”“到”等标记。

3)(－D－):心理上无法知道起点和终点,只感觉到续段。以动词“等于”为例,不能与“开始”和“完”“好”“掉”等组配。由于“等于”本身已经是一种持续的状态,再添加持续性标记则为多余。语言中成分间不兼容的原因至少有两个,一个是语义冲突,一个是羡余。虽然它们形式相同,但原因却不一样。检验“－D－”是否为持续的一个手段是采用能表示持续的语气词“呢”。羡余可能兼容这种语气词,而冲突则绝不能。例如:1 加 2 等于 3 呢。但不能说“*我毕业呢”、“*我惊呢”、“*笔套碎呢”、“*碉堡炸呢”。

4)(－－F):与“I－－”相反,说话人只感觉到终点,但不注意起点和续段。以动词“碎”为例,它本身表达的就是一种行为的结果,它本身就是一个终点,终点之后只有状态而没有行为。它不关注起点和续段,因此与“起来”“着”“在”冲突。与“I－－”“－D－”相同的是,“I－－”“－D－”自身就代表着起点和续段,而“碎”自身表达的是行为的终点,而不是行为本身,因此,“完”“好”等这种过分的羡余对它来说是没有意义的。

5)(ID－):有起点有续段,没有终点,或者终点在自然状态下无法预料,因此在心理上没有一个明确的终点界限。以“昏迷”为例,由于它具备两个时间属性,因此说话人可以选择其中的一个属性进行表达,而不像“I－－”“－D－”“－－F”那样只有一个属性,没有选择的可能性。因此,说话人可以选择“开始”或者“在……中”来突显其中的某个属性。因为它没有终点,所以与表示终点的标记冲突,例如“昏迷完”。而“昏迷了”只能是保持昏迷的状态,而不像“吃了”可以表示行为的结束。

6)(－DF):有续段,有终点,没有起点。或者起点的界线无法明确。以“灭亡”为例,因为它有“续段”和“终点”两个属性,因此说话人可以凸显其中的某个属性,例如:敌人正在灭亡;离开上海/离开了。“离开上海”中“上海”的出现意味着“离开”行为的终止,“离开了”中的“了”意味着行为后的状态。但是它却与“起来”冲突,表明它没有起点的属性:*离开起来。

7)(I－F):有起点,有终点,没有续段。这在物理学上是不可解释的。但在说话人的心目中,认识为起点和终点重合,中间的续段被忽略了。也就是一般人所感觉的瞬间动作,这种续段被忽略的动作在语言中不能使用持续性的标记,以“死”为例,例如不能说:*死着/*正在死。由于“死”是个非自主动词(马庆株),因此,“死”不能使用具有自主性质的“起来”。不能使用“起来”标记的至少有两种动词,一是没有起点的动词,另一个是非自主动词。个别的非自主动词可以,例如“明白”,不能说*明白着/*正在明白,但似乎可以说“开始明白”。

8)(IDF):起点、续段、终点都有。因此,这类动词可以选取其中的任何一个属性来凸显。以"吃"为例,可以有以下形式:吃起来、吃着/正在吃、吃完了。"吃了"有两种解释:一是"吃过了",突出终点,二是"开始吃",突出起点,这是动词出现在句尾的位置上造成的。一种分布上的句尾"了"是突出起点,另一种分布上的动词后"了"却突出终点,因此如果句尾正好是动词加"了",这就有了语义上的二解。

我们注意到,郭锐(1993,1997)都强调,这三个参数除了"有无"的属性,还有"强弱"的区分。认为不同动词在时间属性上并非截然的二元对立,而是有着强度差别的。根据它们的强弱特点,郭锐在上面"ID－"中细分了6个小类,在"－DF"结构中细分了2个小类。我们赞成这一观点。这一观点的来源实际上是以上IDF三个参数的进一步细化。如果我们设定的不是三个参数,而是5个参数,或者7个参数,这种强弱属性就会得到突显。比如,I有两个参数(远I,近I:最靠近起点的一段时间),F有两个参数(远F,近F:最靠近F的一段时间),或者在D里面再设定两个或者三个参数(前D,中D,后D)等。研究工作总是从简单到复杂,我们不妨先从简单的三个参数做起,其他的非典型状态均归结为"强度差别"。

汉语复合动词在形态上已经为我们指明了它们在时间上的基本属性,这完全可以看作汉语动词的Aktionsart的基本分类。但是对单音节动词和一些非VC结构的复合动词,它们的行为类型是动词的内部时间语义属性,并没有稳定的外部形态标志,我们无法从形态角度对其进行分类,因此,对这些动词进行时间语义分析是必要的,因为我们把动词的时间属性看作是这一语言中时体类型最为核心的部分,或最为底层的部分。

5. 汉语行为类型、情状类型和体的关系

事实上,几乎所有的语言都有动词行为的时间类型,其差别在于这种行为类型是否足够突出,以至于形成一种普遍明确的语感范畴,是否在很大程度上制约了相关的语法范畴。有些语言在这一点上比较明显、突出,而有些语言却不是,这些语言在更多场合是通过动词及其相应的搭配成分所构成的情状类型来体现行为的时间属性的。前者如德语和希腊语等,英语是否属于后者还需要更大范围的调查才能确定。

"体"是在句子层面上所表现出来的事件的时间类型。在行为类型凸显的语言中,动词构成了事件的核心,也是句子体类型的基础,句子所表现出

来的事件体是建立在动词行为类型的基础上的。而在情状类型凸显的语言中，句子的体是建立在动词短语以及体标记所构成的情状类型的基础上的，情状类型构成了句子体类型的基础。

虽然从语言基本单位的层级上，行为类型、情状类型和体分别对应于动词、动词短语和句子，它们构成了一个三层级系统：

1)动词 & 行为类型

2)动词短语 & 情状类型

3)句子 & 体

如前所述，几乎所有的语言都可以在这三个层面上做出分析。但是由于各种语言在选择动词还是动词短语作为体基础的取向上并不相同，因此这个三层级系统并不是普遍的语言类型系统——行为类型凸显的语言是动词类型直接对应于(或决定了)句子体，而情状类型凸显的语言则是动词短语以及体标记等共同构成句子体。行为类型和情状类型均势的语言，则是兼而有之，并且比例相当或接近。尽管这些语言都可以在这三个层级上做出分析。汉语大致上属于行为类型和情状类型均势的语言，不过这一结论还需要进一步的调查和统计才能确定。

对于行为类型凸显的语言，对句子的体分析，自然依赖于对动词的行为类型的分析，绝大多数情况下，动词的行为类型清楚了，句子的体类型也就基本清楚了。例如德语、俄语和芬兰语这样的语言。而对于情状类型凸显的语言，确定句子的体类型，则依赖于对句子中的动词短语、体标记等做出的分析。而行为类型和情状类型均势的语言，如果分析句子的体类型，则对某些动词作来说，只要做出行为类型判断就可以，而对另一些动词则需要结合体标记、配价成分或补语等来分析。汉语基本上如此，这是因为一方面动词可以单独构成事件体类型，另一方面也可以在动词行为类型的基础上配合以不同的体标记、补语和配价成分即在情状类型的基础上构成事件的体类型。请看下面的例子：

(11)加以(研究)

(12)进行(研讨)

这些所谓的形式动词默认为“未实现”，它们倾向于选择表示将来的标记词“要、会”等来组合。另一类动词默认为“已实现”，不需要实现标记词就能表达实现的体意义：

(13)我知道那件事。

(14)我认为可以。

(15)我们还缺少一些资料。

(16)他看见那个人,(什么也没说转身走了。)

(17)张三得到一万块奖金。

这部分动词可以单独构成体的基础,或者它们直接决定了句子的体类型。如果把动结式动词(一些学者所谓的 VR 动词)算进动词而不算作词组,那么更多的动结式动词(行为类型多为"达成")直接决定了句子的体类型,而不需要体标记或其他成分的帮助,例如:

(18)他打死一条狗,心里很害怕。

(19)我写错三个字。

(20)他们撕破一件衣服。

(21)老张摔断一条腿。

动词达成类型在句子的体类型上归入为完成,因此这些例子中加不加体标记"了"都一样。这是一类,这一类动词具有比较显著的"行为类型",跟德语一样,这种行为类型也是从语义上分出来的。

以上动词基本上决定了句子的体类型。下面我们以行为类型并不凸显的动词为例,通过行为类型、情状类型和句子体类型的例证,说明一部分动词是如何通过哪些形式表达不同的情状类型的,而这些情状类型又是如何表达句子体类型的。

例词 1:写

行为类型:活动动词,持续

情状类型:

1)活动:写了一个字

2)达成:写完一篇文章

3)活动:在写字

4)状态:黑板上写了(/着)一个字

5)活动:写起来了

如果把上面的例子转换成句子形式,则,1)和 2)在句子的体类型上归入完成体;3)属于进行体;4)属于持续体;5)属于起始体。

例词 2:躺

行为类型:状态动词,持续

情状类型:

1)状态:躺着

2)状态:床上躺了/着一个人

3)活动:正在往下躺

4)完成:这儿躺过一个人

5)状态:躺下去了

如果把上面的例子转换成句子形式,则,1)和 2)在句子的体类型上归入持续体;3)属于进行体;4)属于经验体;5)属于起始体(状态的开始)。

6. 小结

本章主要讨论分析了行为类型、情状类型这两个基础性的概念。行为类型是指基于动词时间语义特征而区分出来的类,在俄语、德语、希腊语、芬兰语等语言中,动词的行为类型决定了句子的体类型。情状类型是指基于动词以及相应的体标记、配价成分和补语等成分所形成的动词短语所具有的时间语义类型。在俄语等语言以外的语言中,情状类型构成了句子的体类型的基础,因此分析这种语言中的情状类型不仅是语义分析的需要,同时也是语法分析的需要。

本章提出了一个对应于动词、动词短语和句子三个语法单位的三层级时体系统:

动词的行为类型

短语的情状类型

句子的体类型

大部分语言可以分别在这三个层面对时间类型做出分析。某些语言(如俄语和芬兰语)动词的行为类型可以直接投射到句子的体范畴上,而英语则大部分由动词短语的情状类型投射到句子的体范畴上(也有不少动词的行为类型直接投射到句子体范畴上),汉语动词的行为类型和短语的情状类型都可能投射到句子的体范畴上。但在体类型上,如前一章所讨论的,德语和俄语这样的语言主要是完整体非完整体这样的事件界限体类型显著的语言,而英语和汉语则主要是完成体和未完成体(实现体和未实现体)的时间进程上体上显著的语言。

本章在体及其构成基础方面将语言分为三类：动词行为类型凸显的语言、情状类型凸显的语言、行为类型和情状类型均势的语言。第一种语言类型已经得到证实和认可，而另两种语言很可能就是汉语和英语，这还需要更广泛的调查和统计才能确定。

第十三章　时体统一解释模型及类型

1. 引言　Reichenbach[①] 的时体理论

或许出于对研究精细化的需要，在绝大多数研究时体问题的文献中，几乎都倾向于将时和体（本章以下所有“体”均指“时间进程体”，不再一一注明。）严格区分开来，分别定义。这样做当然有其道理。此外，在对概念的定义上，如果说对时的定义还能具有一定程度上的操作性（例如通过确定某一参照时间来定义过去时和将来时），但是对体的定义几乎都是性质性的，而非操作性的。本章试图将时和体统一起来，并且试图通过三个不同的时间点的位置关系来定义体，使体获得一种操作上的定义。这一点我们首先受到 Reichenbach（1947）的启发。我们应该感谢这位德国前辈著名哲学家给我们的启示。

首先要说明的是，本章所讨论的时和体首先是概念意义上的，而不是语法范畴上的。这里所讨论的是说话人对发生在客观世界中的某一事件在时间轴上的定位以及他对事件发生进程的认识，这种定位和认识的语言表达并不一定要语法化。我们先讨论概念，从概念再到语法范畴。

我们先看 Reichenbach（1947）的理论模型。虽然 Reichenbach 在该书的第 5.1 节中使用的是 The Tenses of Verbs 小标题，后来不少学者也沿用了这一表述，但是他所讨论的问题实际上并不仅仅是时的问题。Reichenbach（1947：288）在 5.1 节中首先定义了三个“时间点”（time point）：1）说话的时间点（point of speech，S）；2）事件的时间点（point of event，E）；3）参照

---

① Reichenbach：德国哲学家，1891 年 10 月 26 日生于德国汉堡，逻辑实证主义者，研究过物理学（师从爱因斯坦）、数学、哲学，1926 年任柏林大学教授，1933 年希特勒当政，他移居土耳其并任土耳其伊斯坦布尔大学哲学系主任，1938 年任美国洛杉矶加利福尼亚大学教授，1947 年发表《符号逻辑原理》（*Elements of symbolic logic*），奠定了语言学中 ERS 的理论基础，其主要研究贡献是空间和时间哲学，符号逻辑等，在西方哲学界、逻辑学界、计算语言学界、语义学界很有影响。

时间点(point of reference,R)。其中参照时间点决定了时的先后,也决定了体的类型。R 相对于说话时间 S 有三个位置,在 S 前的是过去时(操作性定义为:R < S),和 S 在同一位置的是现在时(操作性定义为:R = S),在 S 之后的是将来时(操作性定义为:S < R)。事件的时间相对 R 也有三个位置,在 R 之前(E < R),与 R 在同一位置(E = R),在 R 之后(R < E),它们对应于不同的体。请看表 1。

表 1

Structure	New Name	Traditional Name
E<R<S	Anterior past	Past perfect
E=R<S	Simple past	Simple past
R<E<S		
R<S=E	Posterior past	
R<S<E		
E<S=R	Anterior present	Present perfect
S=R=E	Simple present	Simple present
S=R<E	Posterior present	Simple future
S<E<R		
S=E<R	Anterior future	Future perfect
E<S<R		
S<R=E	Simple future	Simple future
S<R<E	Posterior future	

注:本表仅将原表中的"—"和","改写为"<"和"="(Reichenbach,1947:297)

陈平(1988)首次将上表中的 Anterior 翻译为"先事",将 Posterior 翻译为"后事",并由此得到了以"先事""后事"等为参数的和由"现在""将来"为参数组合而成的"先事过去时、简单过去时、后事过去时、先事现在时、简单现在时、后事现在时、先事将来时、简单将来时、后事将来时"9 个范畴,在陈平之后,龚千炎(1995)根据陈平的介绍也建立了"先事—过去时、先事—现在时、先事—将来时、当事—过去时、当事—现在时、当事—将来时、后事—过去时、后事—现在时、后事—将来时"这一组范畴。陈平和龚千炎的术语影响了不少后续的研究。其负面影响是,将"时"和"体"分裂开来而不是结合起来作统一性解释。

虽然 Reichenbach 在书中并没有说明他的 Anterior 和 Posterior 是不是 aspect,但是根据其阐述的内容以及他对照的传统英语语法的叫法,我们理解他所指称的对象属于事件的 aspect。因此我们依旧将这些概念定位在体的范畴内,经过多次调试,我们将 Anterior 定位于事件发生于参照时间之前的“已行”，把 Posterior 定位于事件发生于参照时间之后的“将行”。这样不仅可以使系统变得更为简洁，而且还能得到更为合理的解释，也更符合 Reichenbach 之后大多数学者的理解（参见：Gelderen，1997）。这样 Reichenbach 的 13 种组合就能得到更为合理的解释。

所以下面的“体”类型依旧可以用 Reichenbach 模型中的 E 和 R 的关系来确定：E 在 R 之前，是已行体；E 与 R 在同一点上，是在行体；E 在 R 之后是将行体。因此这个“时体”理论模型便为表 2：

表 2

	过去(R < S)	现在(R = S)	将来(S < R)
已行 (E < R)	(过去已行) E < R < S	(现在已行) E < R= S	(将来已行) E < S < R S < E < R S= E < R
在行 (E = R)	(过去行) E= R < S	(现在行) E= R= S	(将来行) S < E= R
将行 (R < E)	(过去将行) R < E < S R < E= S R < S < E	(现在将行) S= R < E	(将来将行) S < R < E

比较两种理论之间的优劣，其中一个标准就是简单还是繁复。显然，以上的描述和理解要比“先事”“当事”“后事”的表述简单易懂得多。

2. Reichenbach 理论的缺憾

研究者会发现，在上面表 2 中，右下角的三个原本不同类型的时体组合（S < E，R；S < R < E；S，R < E）在其他一些研究者的研究中所举的是同样的例子（Zeijlstra，2001[iii]）。并且，在 Posterior past（过去将行）和 Anterior future（将来已行）两个小类中各自包含了三种时体组合。它们有一个共同之处，即：E 和 S 紧邻或重叠。也就是说，在上面的模型中，E 和 S 之间的差别可以忽略不计。或者说，这些语言对这些小类之间的差别并不敏感，或者这种理论认为它们之间没有什么差别。当然，也有学者指出，上面的模型中一共有 3×3 共 9 种时体，而更多的语言却是 2×2×2 共 8 种时体（Zeijlstra，2001）。这种批评倒无所谓，一个好的理论模型应该能够提供足够的

可能性，对一种理论的覆盖面来说，无法覆盖已观察到的对象比大于已观察到的对象更不可原谅。

但是我们也很容易发现，这个模型本身没有标示“现在简单体”（传统英语语法的“简单现在时”）和“现在进行体”（传统英语语法的“现在进行时”）的差别。此外，像英语中的 she has been singing，She had been singing，She will have been singing ，She will have sung 在前面的模型中需要通过额外的附加条件来说明事件不是处在一个时点上，而是处在一个时段上，需要将事件的时点扩展成一个时段（在某一时段内的反复进行）例如：

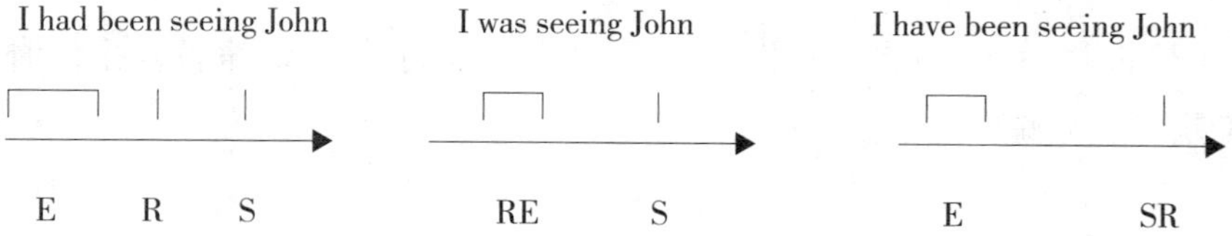

（Reichenbach，1947：290）

这种方法确实能够解释这一类语法现象，但这在他的理论模型中却很难标示出来，它们需要通过附加说明和推导得出。

另外，汉语中具有的“起始”体以及不少语言中所存在的“完成”中的“远时”和“近时”也没有得到反映。此外，在上面的模型中，研究者还可以发现：R < E < S、R < E=S、R < S < E 都是“过去时将行体”，而 E < S < R、S < E < R、S=E < R 都是将来时已行体。或许在很多语言中它们之间的差别确实很难区分，这些差别被忽略了。但是我们却很难保证在其他语言中这些差别不被表现出来。下面我们举汉语的例子说明这种时体情景的表达是可能存在的。虽然汉语中的这种差别还没有导致时体语法范畴上的明显分别，但我们却很难保证在我们观察范围之外的语言不存在时体语法范畴上的明显分别。

因此，可以说，Reichenbach 的模型在“时”的定义上是成功的，但是在“体”的定义上，却是简单的，很多语言中实际存在的体类型远远超出了它的解释力，因此它需要扩大解释范围，提高解释力。

Reichenbach 理论中没有进一步区分的“过去时将行体”指的是参照时间点总是在说话时间之前（过去时），而事件总是发生在参照时间之后（将行体），但事件发生的时间相对于说话的时间却有先后关系，共有三种可能的情景，例如：

1）R < E=S：设想这样一个情景，参照时间是昨天，而事件发生的时间是说话的现在。例如：

(1)她哪知道，当她昨天飞往匹兹堡的时候，她姐姐却在今天到达北京呢？

2)R < E < S：设想这样一个情景，参照时间是前天，事件发生的时间是昨天。例如：

(2)她哪知道，当她前天晚上还在飞往匹兹堡的飞机上时，她姐姐却在昨天早上飞往北京了呢？

3)R < S < E：设想这样一个情景，参照时间是昨天，事件发生的时间是明天。例如：

(3)她哪知道，当她昨天还在飞往匹兹堡的飞机上的时候，她姐姐却要在明天飞往北京呢？

将来时已行体，说的是参照时间总是在说话时间之后(将来时)，而事件总是发生在参照时间之前(已行体)，而事件发生的时间相对S时间而言有先后关系，也有三种可能的情景，例如：

1)S=E < R：设想这样一个情景，参照时间是明天，事件发生的时间是说话的现在。例如：

(4)她哪知道，她明天到达匹兹堡的时候，她妹妹却在今天飞往纽约了。

2)S < E < R：设想这样一个情景，参照时间是后天，而事件发生的时间是明天。例如：

(5)她哪知道，她后天到达匹兹堡的时候，她妹妹却在她到达匹兹堡的前一天飞往纽约了。

3)E < S < R：设想这样一个情景，参照时间是明天，而事件发生的时间是昨天。例如：

(6)她哪知道，她明天在飞往巴黎的飞机上的时候，她妹妹却已经在昨天飞往纽约了。

或许上面的例子有些牵强，但是我们不知道世界上是否会有什么语言可能会表达这些语义差别，或者这种语言对以上 E 和 S 之间的先后关系比较敏感，以至于很自然地表达出这种差别，甚至将这种差别语法化。但无论如何，无视这种差别，将其归为一类的处理方法在理论上是比较冒险的。

3. 修补 Reichenbach 理论

3.1　R 的时长以及与 E 的关系

S 作为说话的时间，由于客观条件的限制只能是一个相当有限的时间段，不可能无限延长。而 R 却不同，它可以由说话人任意设定，长短由之。例如：

(7)a. 你打电话来的时候，我已经写完了 / b. 我正在写 / c. 我正要写呢。

(8)2005 年她在北京工作。

(9)从明天开始我写小说。

(10)在此之前，我一直在工作。

(11)老张是个聪明人 / 老张修车 / 老张卖票。

(7)中的 R 是“你打电话来”的那一刻，时间很短；(8)中的 R 是整个 2005 年这一段时间；(9)中的 R 是从说话之后开始向后无限伸延的时间；(10)中的 R 是从说话开始向前无限伸延的时间；(11)中的 R 则是没有起点和终点两头无限伸延的时间。(8)—(10)都有明确的参照时间标记，而(11)则没有任何参照时间标记，这种两端没有起点和终点的时体配置，不少语言采取时间标记缺省配置的方式来表示。

(7a)中的 E 发生在 R 之前，是已行体；(7b)中的 E 发生在 R 之前并延续到 R，是进行体(或持续体)；(7c)中的 E 发生在 R 之后，是将行体；(8)—(11)中的 E 与 R 同步，或者说 E 与 R 相等、重叠。

可以这么认为，在参照时间为有限时点的时体类型中，事件时间与参照时间可能有三种匹配情况：E<R，或者 E=R，或者 E>R。但是在参照时间为一个较长的时间段的时体类型中，事件时间与参照时间只有一种匹配类型：E＝R。

3.2 事件的不同表现状态

Reichenbach模型之所以无法显示“现在进行体”以及起始体等，原因在于他模型中的E是事件的外部时间(或曰静态时间)，而不是事件的内部时间(或曰动态时间)。从事件静态的外部时间角度来看，它相对参照时间，在逻辑上也只能得到三种排列，这在逻辑上已经穷尽了。

如果我们把视线转移到事件动态的进程状态中去，即事件运动的各种状态，事件的时体结构将会得到比较细致的刻画。请看下图，图中的En、Ed、Ec为事件的三种状态，三种状态各占据一定的时间段，中间的横轴(E)代表事件以及事件行进的方向：

图1

左边En段是“未行体”(未然体)，中间和右边的Ed以及Ec段是“已行体”(阴影部分，或曰已然体)。Reichenbach在他的时间模型中并没有对事件的内部时间进程做出上面的细分，在他的系统中，事件只作为一个未作分析的整体出现在R的前中后三个位置上。而在我们看来，一个已然的事件E既可能处于Ed的状态(进行中，进行体)，也可能处于Ec的状态(完成，完成体)。我们可以将已行的事件中的进行的Ed和完成的Ec两种典型状态植入参照时间轴上：

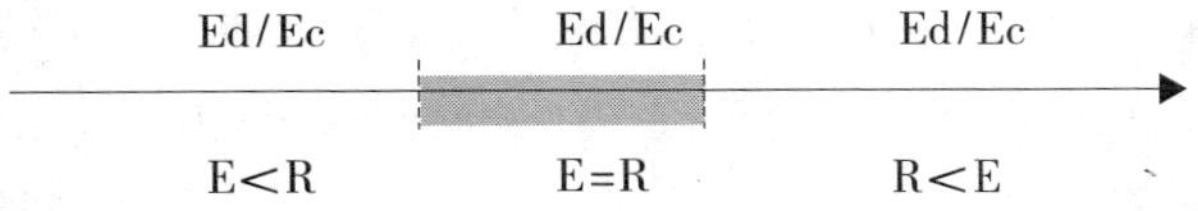

图2

这样，我们就可以将E与R的3种组合改写为下面的6种：

1. Ed＜R：将进行

2. Ec＜R：将完成

3. Ed ＝ R：正进行

4. Ec ＝ R：正完成

5. Ed＞R：已进行

6. Ec＞R：已完成

以上我们讨论的都是在 R 处于限定参照时间的状态下 E 和 R 之间的配合问题。但是我们在 3.1 中还讨论过一个重要的问题：R 的时长也可能没有限定(非限定参照时间)。主要有三种，一种是向前的无限延长，一种是向后的无限延长，最后是向两端的无限延长。这种至少有一端无限延长的参照时间只有与事件的“进行”状态配合才有意义(与完成配合没有意义)，我们用加标记 i 的 R 加以区别，将其与事件的进行 Ed 配合，我们可以得到：

1. Ed＝Ri＜S：简单过去进行

2. Ed＝Ri＝S：简单现在进行

3. Ed＝Ri＞S：简单将来进行

如果我们将 S 和 R 的关系加进来，那么 Reichenbach 的时体模型就要重写。

3.3　事件的不同进程与 R 和 S 的关系

前面我们说过，如果从 E 的外部时间来观察，相对 R 而言，我们只能得到三种逻辑排列。在上一小节的讨论中，我们把 E 分解为三种状态，我们从中选取典型的“进行”和“完成”与三个 R 位置进行组配可以得到事件的 6 种时间进程状态。这 6 种时间进程可以出现在三种 S 时间中(图 3)：

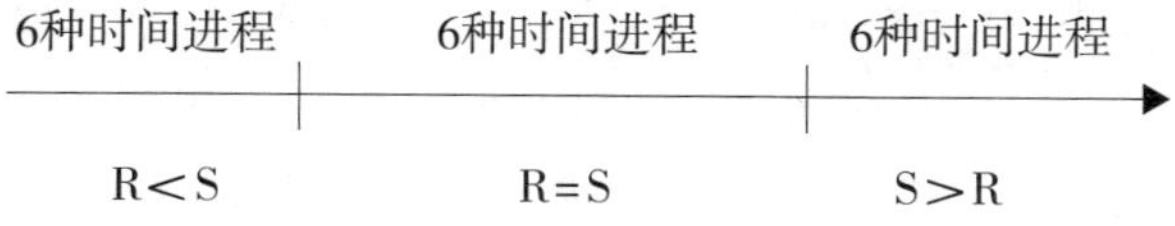

图 3

加上 3 种非限定 Ri 时间的事件状态，再把它们配合起来便可得到下面的时体模型(表 3)：

表 3

体＼时		A	B	C
		R＜S	R＝S	S＜R
1	Ed＜R(将进行)	过去将进行	现在将进行	将来将进行
2	Ec＜R(将完成)	过去将完成	现在将完成	将来将完成
3	Ed＝R(正进行)	过去正进行	现在正进行	将来正进行
4	Ed＝Ri(在进行)	过去在进行	现在在进行	将来在进行
5	Ec＝R(正完成)	过去正完成	现在正完成	将来正完成
6	Ed＞R(已进行)	过去已进行	现在已进行	将来已进行
7	Ec＞R(已完成)	过去已完成	现在已完成	将来已完成

传统英语教学语法中，把类似 have been doing 叫作“现在完成进行”，

把类似 had been doing 叫作“过去完成进行”，把 shall/will have been doing 叫作“将来完成进行”，这些所谓的“完成进行”(perfect progressive)等叫法存在逻辑上的矛盾(“完成”和“进行”不应该同时存在，二者必居其一)，令人费解。一般中国学生要从字面上理解这些概念，非常困难。多数学生都通过长期的训练才能把握它们的含义。而在我们的系统中，它们则分别为：“现在已进行”(Ed<R=S)，“过去已进行”(Ed<R<S)和“将来已进行”(S<Ed<S)，been 基本上对应于“已”，这种处理要比英语教学语法中的说法简单得多。我们用上面的时体模型解释下面的句子：

(12)I had been doing the work for two hours before he came.

(他来时我已做了两小时了。——工作尚未完成，所以他来了我还在做)

在例子(12)中，before he came 表达了一个参照时间，这个参照时间在说话时间之前，因此是“过去时”(had)。在这个时间点上已经实施了某种行为(been)，并且该事件还在进行之中(doing)。因此，这个句子所表达的是“过去已进行”的时体类型。

(13)I shall/will have been doing it for two hours when you come to see me at 10:00 tomorrow morning.

(明天早上十点你来看我时，那件工作我已经做了两个小时了——尚未做完，还要继续做)

在这个例子中，shall 或者 will 定位事件发生在说话之后的将来的某个时刻，因此在时上定位于“将来”，在将来的这个时间点上，某个事件已经得到实施(been)并在继续(doing)。因此这个句子所表达的是“将来已进行”的意义。而以往语法书中的“过去完成进行”和“将来完成进行”实在令人不得要领。

4. 进一步扩展

无论是本章的表 1 还是表 2 都把逻辑上存在的另外 6 种时体合并处理为两种。而正如我们在本章第 2 节所讨论的那样，这种合并可能是冒险的。

它排除了人类语言有表现这些被合并前的时体类型的现实性和可能性。因此，可靠的处理依旧是恢复逻辑组合表，并且区分事件内部的不同状态，至少是“进行”和“完成”这两种典型的状态值得区分。如果加上我们前面讨论过的三种“非限定参照时间”的进行体，这样我们便可以得到下面的逻辑组合（表 4），包括英语的 12 种时体组合：

表 4

类型		时	体	例证
ERS 三者重叠（3 种）：				
	R＝Ed＝S	现在	正进行	She is singing.
	Ri＝Ed＝S	现在	在进行	She sings.
	R＝Ec＝S	现在	正完成	这就完了
E 不同位置的现在时（4 种）：				
	R＝S＜Ed	现在	将进行	要做了
	R＝S＜Ec	现在	将完成	要好了
	Ed＜S＝R	现在	已进行	She has been singing.
	Ec＜S＝R	现在	已完成	She has sung.
E 重叠 R 或 S 的过去时（5 种）：				
	Ed＝R＜S	过去	正进行	She was singing.
	Ed＝Ri＜S	过去	在进行	他以前做买卖。
	Ec＝R＜S	过去	正完成	昨天你来的时候，我正好做完
	R＜Ed＝S	过去	将进行	（注：自然语言中较难找到合适的表达）
	R＜Ec＝S	过去	将完成	你刚才打电话来的时候，我就快做完了
E 重叠 R 或先于 R 的将来时（5 种）：				
	S＜R＝Ed	将来	正进行	She will be singing.
	S＜R＝Ec	将来	正完成	明天这时候就快做完了
	S＝Ed＜Ri	将来	在进行	She will sing.
	S＝Ed＜R	将来	已进行	他明天回来时我已经做了一天了
	S＝Ec＜R	将来	已完成	She will have sung.
E 先于或后于 R 的过去时（6 种）：				
	R＜Ed＜S	过去	将进行	他去年就要做研究。（结果到现在还没做）
	R＜Ec＜S	过去	将完成	他哪知道，他昨天早上登机回美国时，他太太却将在一个小时后完成那份起诉书。
	R＜S＜Ed	过去	将进行	她哪知道，当她昨天还在飞往匹兹堡的飞机上的时候，她姐姐却要在明天飞往北京呢？
	R＜S＜Ec	过去	将完成	他哪知道，他昨天在回美国的飞机上时，他太太却在明天到达巴黎。
	Ed＜R＜S	过去	已进行	She had been singing.
	Ec＜R＜S	过去	已完成	She had sung.

（续表）

类型		时	体	例证
E 先于或后于 R 的将来时(6 种)：				
	S<R<Ed	将来	将进行	你明天到上海时，节目就要公演了
	S<R<Ec	将来	将完成	你明天到上海时，运动会就要闭幕了
	S<Ed<R	将来	已进行	She will have been singing.
	S<Ec<R	将来	已完成	你明天到上海时，他早已到苏州了
	Ed<S<R	将来	已进行	她哪知道，她明天在飞往巴黎的飞机上的时候，她妹妹却已经在昨天飞往纽约了。
	Ec<S<R	将来	已完成	等你明天到上海时，她已比你提前两天到了

我们认为，语言之间的差别主要体现在某些范畴内部的敏感度，比如对某些客观对象的差别的敏感性，人类由于生活环境和生产方式、生活方式的差异，造成他们在对客观对象观察上的敏感差异。同样，人类对事件的不同进程状态的敏感度也是多样的。这种敏感的多样性造成了人类语言在体的表现上的多样性。一组简单的事件 E、说话时间 S、参照时间 R 所构成的事件时体模型不足以反映人类所有语言表述主客观世界对事件在时间轴上的各种状态。我们区分了两种参照时间(限定参照时间段、非限定参照时间段)，还区分了事件内部的两种典型状态(进行和完成)，虽然大大拓宽了 ERS 时间模型的解释力，但这还是不够的。因为对事件内部运行的状态，人类语言可能还有更为细致的分类。这需要我们的理论模型有足够的弹性，对我们所研究的对象而言，这种弹性主要体现在参照时间 R 内部以及事件 E 内部的划分上。目前 E 事件的“进行”和“完成”可以作为两个基本范畴；R 若有需要也可以细分为“远时”和“近时”。当然若有进一步的需要，还可以在这些范畴内再作细分，以适应研究对象的需要。

5. 小结

Reichenbach 的事件时间(E)、参照时间(R)和说话时间(S)以及他利用这三者之间的先后关系来给时间定位以及给事件的时间进程“体”进行定位的方法可以说具有时体研究中划时代的意义。通过这三个工具性的概念，我们可以较为准确地定位和描述时间世界中所发生或未发生的任何事件或可能发生的事件的时间状态。为语言学家统一解释时和体提供了强大的描写工具。我们以上在 Reichenbach 的基础上仅仅提出了一些部分的改进，这方面的工作还远远不够，还有许多问题需要解决。有幸的是，在本书编写完工之际，已经有对 Reichenbach 理论进行较为系统的梳理和研究的博士论文问世，我们期待这方面的研究有更深入的挖掘和发现，我们期待语言学家们能在对时体研究的工作中建立更具有可操作性的工具和逻辑系统，使这一语言学界普遍感觉最为艰难的研究课题变得更容易刻画、更清晰可见。

第十四章　研究时体类型的逻辑框架

1. 引言

我们前面两章中所讨论的时体问题仅仅是人类语言中时体问题的冰山一角，我们所涉及的语言样本也少得相当可怜。有太多的语言和太多的问题都没有涉及。毫无疑问，语言中的时体问题是人类语言研究中最为复杂的问题之一。要真正认识清楚人类语言时体的真面貌，我们还有太多的工作要做，还有太多的语言要去调查和分析。面对无数语言的无数表现形态，语言学家必须有一套有效的分析工具和有效的逻辑框架。本章试图就语言类型的调查分析的逻辑框架做一尝试性的探讨。

2. 三个前提假设、两个基本概念和形式—意义基本对应的部分语言事实

假设 1)时体意义的表达是语言的普遍现象，并且是语言表达形式中的必要因素。推翻这一假设必须证明，世界上存在没有时体表达要求的语言；

假设 2)时体意义[1]的表达形式并非唯一地和语法化形式相联系。推翻这一假设必须证明，所有语言时体意义的表达必须通过语法化形式来表达；

[1] 关于“语法意义”和“语法形式”的不对应关系我们曾经用一个系列的论文作过证明(金立鑫,1993a,1993b,1993c)。根据我们对语法意义的定义，英语中的“时”和“体”以及汉语、日语、韩语中的“时”和“体”都不是语法意义，因为它们并不起表示语法关系的作用，并没有表示单位之间的语法关系。但是，这些语言中表示“体”意义的形式却是语法形式。语法形式表现的内容并不一定就是语法意义，例(5)中的 *wondered* 如果提换成 *wonder* 两个句子的差别不在于体而在于委婉和不委婉。我们把“语法形式”看作是“较少词汇概念意义的、具有较强的可操作性的单位形式”。

假设3)时体意义的非语法化表达手段可能是语言中的其他任何一种形式。推翻这一假设必须证明,时体意义的表达必然是某一特定的形式。

有必要定义两个基本概念:"时"和"体"(这里主要指时间进程体),前者是指事件在时间轴上的位置;后者是指事件本身从发生到结束过程中的阶段状态。二者关系如图:

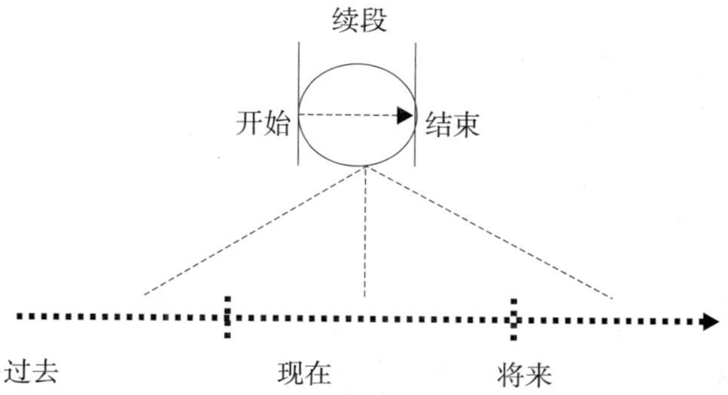

不同的语言在观察以上世界的角度并不完全相同。不同语言中常用来表现的时和体的类别和数量也不一定相同。哈萨克语中不是我们理解的"三时",仅仅"过去"就有四个:确定过去时、完成过去时、传闻过去时、曾经过去时。而达斡尔语却只有"过去时"和"现在或将来时"的"二时"语法形式(仲素纯,1982:55)

形式 粘附成分 时	单纯形式 经常使用的	单纯形式 有条件使用的	复合形式
过去时	səŋ	Iaa	dʒaa-səŋ
现在将来时	bəi	ŋ/əŋ	dʒaa-bəi

要确切地了解到底是"现在"还是"将来"需要通过语境等因素来考察。

不同的语言也可以使用不同的形式来表现时体意义。甚至在时体内部,某些语言也可能使用不同层次的形式来表现(语法的或词汇的)。

有相当多的语言,特别是屈折形态或粘着形态比较丰富的语言,"语法范畴"和语法形式之间的对应关系是比较严格的。就英语的情况来看,"过去时"和"现在时"主要是通过零形式、to be (is/ was 等)以及 have(had)助动词的屈折变化来实现的("将来时"不是屈折形式而是词汇和句法形式),"完成体"和"进行体"主要是通过实义动词的屈折形态来表现的。英语中绝大部分的情况如此。

当然也有少数的情况,"一般现在"可以有条件地表现"一般将来",如表现在时间上已经确定的或安排好了的事件：

(1) He *leaves* for Shanghai next week.

(2) When *does* the bus start? It *starts* in ten minutes.

(3) When he *comes* ,ask him to wait for me.

"一般过去"的形式也可以用来表现"一般现在"，但目的是表示委婉，例如：

(4) *Did you want* any help from me?

(5) I *wondered* if you'd look after my child while I go shopping.

例(4)更为委婉，例(5)如果将 wondered 改为 wonder 就不够委婉。

"现在进行"也可以有条件地表现"将来"，例如：

(6) He is coming next week.

(7) He is leaving for Beijing tomorrow.

仅限于少数几个动词。

日语通过词汇变形，即词干和词尾助动词变化表示时体。时的主要对立是"～るvs. ～た"和"だ vs. たった"，体的主要助动词是"～ている"。

塔吉克语在时的范畴上是过去时和非过去时两分系统，在体范畴上是完成体和未完成体两分系统。

3. 形式—意义不严格对应的部分语言事实

另外一方面，在有的语言中，语法形式和词汇形式是可以互相转换的。表现某种意义的不一定只限于某些特殊的形式。珞巴语(崩尼—博嘎尔语)中可以用表示"进行/持续"的副词状语来替换"进行/持续"的语法形式 dəna。例如：

(8) ko：ake：do：dəna

他 饭 吃(正在) (他正在吃饭)

这个例子中的语法形式可以替换为副词 dɯmɯmɯ，如：

(9)ko：ake：do：dɯmɯmɯda
他 饭 吃 (副词状语)他正在吃饭

(欧阳觉亚，1985：37)

例(8)使用的是动词词尾的屈折变化形式，例(9)使用的是词汇形式，二者可以互相替换。

即使在同一语言中，某一语法的形式化手段也并非一以贯之。例如：保安语中的"时"和"±确定""情态"合在一起，无法分开。例如：

确定过去时：-o

非确定过去时：-tɕ

确定现在时：-m

非确定现在时：-nə

但是体和情态却可以分开，例如：

进行体：

确定进行体：-dʑi i/gi

非确定进行体：-dʑi o/ginə

现代汉语表现"结束体"意义的语言形式不仅仅是"了"。还可能有其他形式，请看下面的例子：

(10)他坐飞机来上海。

(11)他坐飞机来上海了。

(12)他坐飞机来上海的。

(13)他坐飞机来的上海。

例(10)没有实现，也谈不上结束；例(11)用的是"了"表示结束；例(12)和例(13)用的是"的"，并且两个"的"的位置也不一样，但都表示确定的结束。

(14)他进步了。

(15)他有进步。

例(15)用的是"有"，表达的意义跟例(14)基本相同。

(16)我带一本书去。

(17)我带去一本书。

例(16)和例(17)用的是典型的语法形式(语序),前者是未实现的,后者是结束的。

(18)他开门。

(19)他打开门。

例(19)表示的是“结束”,例(18)不表示“结束”,但是二者的差别仅仅在于动词结构。

(20)喝了啤酒喝白酒。

(21)喝罢啤酒喝白酒。

例(21)用的不是“了”而是“罢”,但它表示的时体意义完全与“了”相同。

(22)她就追到我屋里来,(要我证明她不是破鞋。)(例句见王小波《黄金时代》,下同)

例(22)用的是“来”表示体意义。

(23)陈清扬又从山上跑下来找我。

例(23)用的是“又”(相对立的是“再”和“还”)

(24)我当医生。(我要当医生、我想当医生)

(25)我当了医生。

(26)我在插队的地方当医生。(我在插队的地方当(上)了医生)

例(26)用的是介词短语“在插队的地方”。

(27)有一天她从山上下来,和我讨论她不是破鞋的问题。

例(27)用的是“有一天”,删除“有一天”体的意义就有所不同。

(28)(她)披散的长发用(个)手绢束(住)。

例(28)中的体意义跟“她”“个”“住”都有关系。

(29)我们队医务室那一把针头镀层剥落,而且都有倒钩,经常把我腰上的肉钩下来。

例(29)中共有三个分句,都没有“了”,但是全部表示“实现”或“结束”。

(30)认识我的人都知道,我的腰上有旧伤。

例(30)也都没有使用“了”,但是它们的体意义也都是“实现”或“结束”(外国学生常常错为:认识我的人都知道了,……)。

以上列举了 13 种在汉语中不同的能够表达“结束体”意义的形式(例(11)(12)(13)(15)(17)(19)(21)(23)(26)(27)(28)(29)(30)),有的是语法化了的,有的不是。以上列举还不是穷尽性的。它们构成了下面的充分条件关系:

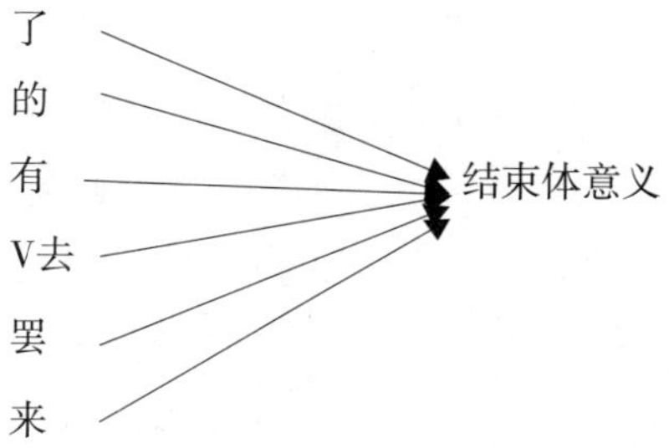

(以下 7 项省略)

4. 一个类型学假设和相应的研究策略

从上面两节的讨论中,我们可以从(语法)意义和语法形式的对应关系严格度上,把不同的语言大致分配到下面的一个连续线上:

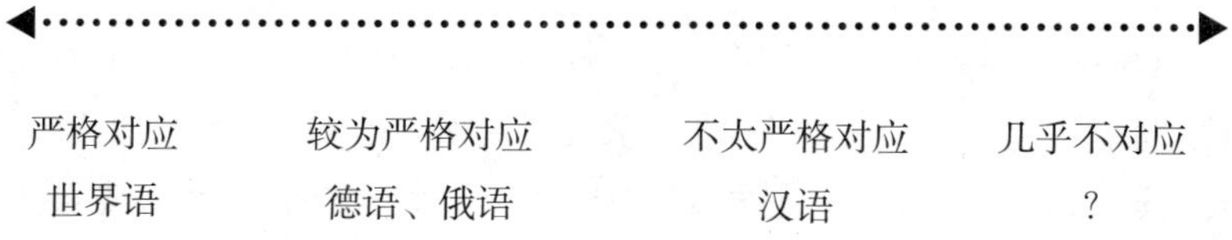

世界语不是自然语言，可以做到语法形式和其所表现的意义之间具有充要条件关系。这是一种理想状态的语言。但是除了人工语言，世界上可能根本没有类似具备形式和意义之间具有充要条件关系的自然语言。

我们把上面几种语言的内部语法形式和意义之间的对应关系用下面的条件关系来分类表达：

A 语言：

若语法形式 X，则意义 Y；并且，若意义 Y，则语法形式 X

B 语言：

若语法形式 X，则意义 Y；并且，若意义 Y，则语法形式多为 X

C 语言：

若语法形式 X，则意义 Y；并且，若意义 Y，则形式不必为语法形式 X

D 语言：

若语法形式 X，则意义不必 Y；并且，若意义 Y，则语法形式不必为 X

对 B 语言的语法理论来说，主要在于描写语法形式和其意义之间的充分条件以及多数必要条件关系，说明某一语法形式一般总是对应于某一意义。除此之外，给出足够的为数不多的例外，并给予条件限制。例外条件加上前面的充分条件和必要条件关系，大致上可以接近形式和意义之间的充要条件。

对 C 语言的语法理论来说，主要在于描写任一语法形式在什么条件下与其表达的意义之间有充分条件关系，以及某一意义与其表现形式之间的条件关系。在形式和意义之间的所有充分条件的数量和使用限制条件得到充分描写的基础上，建立形式和意义之间的充要条件关系。

汉语属于我们上面划分的 C 语言，目前我们能够做的工作应该是：寻找所有能够表达某一特定意义的表现形式的成员（种类及其数量），描写各个成员的使用条件，统计该成员的使用频率，根据使用的频率和使用条件的严格度确定成员之间的主次关系，最后建立汉语形式和意义之间的条件关系。

5. 方法和程序

举例来说，汉语中的“了”加上一定条件就成为表达“结束”体的充分条件，但是它也可以与另一条件结合表达“持续”体的充分条件（金立鑫，2002）。换句话说，“了”并不必然对应于“结束”体。鉴于这种形式和意义之间的错综关系，避免不必要的纠缠，建立一套可以操作的研究方法和研究程序是至关重要的。

面对复杂的对象，最为简单的方法和程序或许是最为有效的。

语言学中最为有效的、也是最为简单的一个方法就是通过"最小对立对"(minimal pair)对研究对象进行比较。我们将这一方法扩展为一套"实验室原则"。该原则的具体内容是：

在最简结构中，确定并认证某个常量，在此基础上逐一加入或改变或删除不同的变量，每加入或改变或删除一个变量必须观察：加入或改变或删除变量前后是否有变化，假定加入或改变或删除的变量不改变原结构的功能或性质，可以认为该变量与原结构和谐，该变量基本不起本质性作用（或许会有辅助作用）；假定加入或改变或删除的变量引起整体结构发生变异，那有两种可能，(1)该变异是由所加入或改变或删除的变量引起的；(2)该变异是所加入的变量或改变或删除的变量与原有的常量共同引起的。确定是否为(1)的条件是：该变量跟任一其他不同常量产生相同的变异（从研究的简便性考虑，可以确定该变异是所加入的或改变或删除的变量的功能）；确定是否为(2)的条件是：该变量仅仅跟某一特定的常量产生变异，而不跟其他任何常量产生变异。

1)没有任何标记性成分的对象：

测试动词，例如：

(31)a. 老王相信老张　？b. 老王控制老张　c. 老王控制着老张
(32)a. 老王欺负老张　？b. 老王制约老张　c. 老王制约了老张
(33)a. 老王认识老张　？b. 老王介绍老张　c. 老王介绍过老张
(34)a. 老王了解老张　？b. 老王写老张　c. 老王正在写老张
(35)a. 老王糊弄老张　？b. 老王对付老张　c. 老王准备对付老张

以上实验中的常项是"老王、老张"，变项是动词。实验证明，b 类例句如果没有语境限制，无法断定其体意义，可能已经实现，也可能未曾实现，甚至大多数场合或自然场合它们都是未实现的。但是 a 类例句的体意义是确定的，都属于"实现"(甚至"结束")。可以看出，汉语普通话中有一类动词不需要任何其他标记性成分就能够自足地表达"实现并持续"的体意义。这类动词具有"实现—持续"的语义特征，即在不需要任何体标记的情况下它们自足地表示实现或持续的体意义。这类动词到底有多少，都是哪些动词，值得进一步研究。另一类动词却较为明显地需要时体助词的帮助来表达事件的实现(例如上面的 C 类)。换句话说,汉语普通话中的动词本身应该有时体的基本类型。否则无法解释上面的现象。

2)有体标记的对象:

测试体标记,将体标记作为变量加入到同一类常量中。例如:

(36)a. 老王控制老张　　b. 老王控制了老张
(37)a. 老王制约老张　　b. 老王制约了老张
(38)a. 老王介绍老张　　b. 老王介绍了老张
(39)a. 老王写老张　　b. 老王写了老张
(40)a. 老王对付老张　　b. 老王对付了老张

以上通过例(36)—(40)的最小对立对的对比可以发现,a 类中的例句是否实现是不确定的,一般理解为未实现,而 b 类例子都是已经实现的,最小差别就在于功能标记"了",因此 b 类例子中的"了"具有表示"实现"体的功能。

继续测试,将(36b)和(37b)中的体标记进行替换,对比:

(41)a. 老王控制了老张　　b. 老王控制着老张
(42)a. 老王制约了老张　　b. 老王制约着老张

很有意思,为什么这两个例句中使用的功能标记不同,但是这两例中的 a 和 b 例句的体意义基本接近?难道这里的"了""着"不起作用了?如果不起作用的话,背后的原因是什么?我们曾经考虑该原因可能与动词有关。这部分动词有学者归入"强持续性"动词。在这样的动词上面,添加"了"和"着"并不能改变动词的情状类型。它无论如何都很顽强地表现出持续义。

如果要使语言学研究成为一门更接近实验科学的科学,语言学家就应该或可以用这种方法逐一测试自己母语中的所有动词以及动词所能携带的各个体标记,并对这些动词及其体标记进行对比测试。一直到所有的动词以及它们所能携带的体标记的所有分布全部被测试完毕。

3)对象中的其他成分

事实上,除了动词以及公认的体标记之外,对象中的其他成分也可能在体的表达方面起作用。我们同样应该通过实验将它们显示出来。例如:

(43)a. 老王写了老张　　b. 黑板上写了老张

上面 a 和 b 两类例子的意义并不相同,这是"老王"被替换为"黑板上"造成的。在这里,主语成分也在体的表达上起了作用。我们说时体问题复杂,其中还有一个因素就是上面例句中所看到的,影响时体变化的不仅仅是动词以及动词所携带的时体语素(或动词的形态),它甚至还可以通过动词以外的成分,甚至主语的变化来体现。或者换句话说,汉语中句子所表达的时体类型不仅与动词及其形态相关,还与句子中的其他成分相关,甚至与主语相关。例句(43)便是因为主语的变换造成句子时体变化的例子。

我们再看一个补语的例子:

(44)a. 老王控制了老张　　b. 老王控制了老张一个月

(45)a. 老王制约了老张　　b. 老王制约了老张好长时间

一个句子的情状可能涉及句子中的所有成分。在上面的例句中,我们看到a类例句中都是持续中的情状,而在b类例子中,句子的情状变为已经结束的状态。b类例子可以理解为到说话的时间,动词所表达的行为已经结束。因此,我们至少可以把"动词"的类别、主语的类别、补语的类别等都看作时体或情状变化的限制条件。

6. 小结

人类语言的时体类型研究,从可操作性角度来看,一个可行性较高的方案是由下而上,自底向上的描写。一如我们在前面章节中提倡的,每一种语言的母语语言学工作者如果都能对自己的母语的时体现象做出深入细致的描写和分析,详细刻画自己母语中的各种动词的时体意义和类型,详细刻画自己母语中各种时体表达的手段和形态,以及这些形态所对应的时体范畴或时体意义(或情状意义)。只有做到了这一点,整个人类语言的时体全貌才能完整并清晰地呈现在我们面前,也只有做到了这一点,语言类型学意义上的时体类型研究才有可能实现,才有可能建立一个逻辑清晰的全人类语言的时体类型图谱或时体类型系统。而要准确描写每个具体语言的时体表现,迄今为止,我们觉得最为可靠的还是分布分析以及本章前面所呈现的"实验室原则"。

当然,很多学者都不可避免地具有建立理论的冲动,我们也鼓励小本钱做大买卖。在有限的一定的语言样本描写的基础上不断构拟不断修正理论,最终逼近人类语言的真相。这类工作在此之前其实已经有很多,迄今为止几乎大部分有关时体研究的理论探讨本质上都是在做小本钱大买卖的生意。即使在很多已经被认为研究得相当成熟的语言中，时体领域也还是有很多问题悬而未决，有很多问题还没得到更有力更系统的解释。

因此，与其他语言学问题相似，研究方法或研究方式以及研究思路不妨多元化，不同兴趣不同方法的学者在各个层面各个角度做出不同的努力，最后所有的工作都可能在某一天某一点上汇合，从而真正揭开人类语言之谜。

参考文献

岑绍麟　1981　希腊文动词研究的突破《读经与译经》(12)汉语圣经协会

陈　平　1988　论现代汉语时间系统的三元结构《中国语文》(2)

陈前瑞　2003　汉语体貌系统研究，华中师大博士论文

陈前瑞　2002　汉语句末“了”将来时间用法的发展及其类型学意义，第七届国际汉语教学讨论会论文，上海

陈前瑞　2003　汉语体貌系统研究，华中师范大学博士论文

陈　平　1988　论现代汉语时间系统的三元结构《中国语文》1988(6)

陈　忠　2004　“了”的分布、隐现条件及其理据《汉语时体系统国际研讨会论文集》百家出版社

陈泽平　1996　福州方言动词的“体”和“貌”《中国东南部方言比较研究丛书》第二辑，香港中文大学出版社

池善姬　2010　能愿动词，“能”和可能补语，“V得/不C”的情态比较，台湾华语文教学年会论文，台北，2010—12

崔希亮　2002　事件情态和汉语的表态系统，第十二次现代汉语语法学术讨论会论文，长沙

戴浩一　1988　时间顺序和汉语的语序《国外语言学》(1)

戴曼纯　2004　句法推导中的语序确定机制《语言教学与研究》(4)

戴庆厦　徐悉艰　1992　《景颇语语法》中央民族学院出版社

戴耀晶　1997　《现代汉语的时间系统研究》浙江教育出版社

邓守信　1985　汉语动词的时间结构《语言教学与研究》(4)

龚千炎　1995　《汉语的时相　时制　时态》北京：商务印书馆

郭　锐　1993　汉语动词的过程结构《中国语文》(6)

郭　锐　1995　述结式的配价结构和成分的整合《现代汉语配价语法研究》北京大学出版社

郭　锐　1997　过程与非过程——汉语谓词性成分的两种外在时间类型《中国语文》(3)

邓思颖　(Tang，Sze-Wing)2004　Ergativity and Chinese passives，*Chinese Language*(4)

邓思颖　2000　自然语言的词序和短语结构理论《当代语言学》(3)

董成如　2011　汉语存现句中动词非宾格性的压制解释《现代外语》(1)

冯志伟　1995　论歧义结构的潜在性《中文信息学报》(4)

冯志伟　2011　汉语中的26种结构歧义，http://blog.sina.com.cn/s/blog_72d083c70 100p3qj.html

龚千炎　1994　现代汉语的时间系统《世界汉语教学》(1)
龚千炎　1995　《汉语的时相时制时态》商务印书馆
顾阳　戴庆厦　2003　对景颇语'名词+形容词'成分的结构分析,《中国少数民族语言研究》民族出版社,
郭　印　2011　汉英致使交替现象的认知功能研究,上海外国语大学博士论文
郭　锐　1993　汉语动词的过程结构《中国语文》(6)
郭　锐　1997　过程和非过程——汉语谓词性成分的两种外在时间类型《中国语文》1997(3)162—175
黄国营　1981　准定语和伪定语《语言教学与研究》(4)
黄国营　1985　现代汉语的歧义短语《语言研究》(1)
黄金城　1984　汉语语序研究,华东师大硕士论文
黄锦章　1994　现代汉语格系统研究,上海外国语大学博士论文
黄长著　林书武　卫志强等　1981　《语言与语言学词典》R,R,K,哈特曼、F,C,斯托克,上海辞书出版社,(p.118)
黄正德　2007　汉语动词的题元结构与其句法表现《语言科学》(4)
贾慧蝶　1981　德语动词的体《外国语》(4)
马庆株　1981　时量宾语和动词的类《中国语文》(2)
江　荻　2007　藏语动词的及物性、自主性与施格语言类型《第九届全国计算语言学学术会议论文集》
金立鑫　1993a　形式、意义和"三个平面"问题刍议《语文研究》(1)
金立鑫　1993b　语法形式和语法意义简论《汉语学习》1993(2)
金立鑫　1993c　论语法形式和语法意义的表现形式《外国语》1993(6)
金立鑫　1996　关于疑问句中的"呢"《语言教学与研究》(4)
金立鑫　1999　对一些普遍语序现象的功能解释《当代语言学》(4)
金立鑫　2002　词尾"了"的时体意义及其句法条件《世界汉语教学》(1)
金立鑫　2003　"S了"的时体意义及其句法条件《语言教学与研究》(2)
金立鑫　2004　"着""了""过"时体意义的对立及其句法条件《第七届国际汉语教学讨论会论文选》北京大学出版社出版
金立鑫　2007　《语言研究方法导论》上海,上海外语教育出版社
金立鑫　2009　解决汉语补语问题的一个可行性方案《中国语文》(5)
金立鑫　2011　从普通语言学和语言类型角度看汉语补语问题《世界汉语教学》(4)
金立鑫　2009a　"时""体"范畴的本质特征及其蕴涵共性。程工、刘丹青(编),《汉语的形式与功能研究》。北京:商务印书馆,322—345
金立鑫　2009b　关于"时"的定位和"体"的类型的一点意见《东方语言学》(5)
金立鑫　陆丙甫　2010　语法描写的逻辑形式《语言科学》(1)
竟　成　1993　关于动态助词"了"的语法意义问题《语文研究》1993,(1)
竟　成　1996　汉语的成句过程和时间概念的表述《语文研究》(1)
竟　成　2004　汉语时间原理论纲《汉语时体系统国际研讨会论文集》百家出版社
柯　航　2007　现代汉语单双音节搭配研究,中国社会科学院研究生院语言系博士学位论文

孟　琮　2002　在第二次对外汉语教学语法研讨会上的发言(上外)
李如龙　1996　泉州方言的"体"《中国东南部方言比较研究丛书第二辑》香港中文大学出版社
李思旭　2012　"完全受影响"和"部分受影响"编码方式的类型学研究《外国语》(4)
李素枝　2010　二语中的非宾格动词被动泛化及其发生机制《当代语言学》(1)
李云兵　2008　《中国南方民族语言语序类型研究》北京大学出版社，2008，
林　璋　2004　"了1"，从完整体标记到时标记《汉语时体系统国际研讨会论文集》百家出版社
刘　蓉　2009　《现代汉语作格交替现象研究》吉林大学出版社
刘丹青　2003　《语序类型学与介词理论》(商务印书馆)
刘丹青　1999　语序共性与歧义结构《中国语言学的新拓展——庆祝王士元教授六十五岁华诞》香港城市大学出版社 1999
刘丹青　2001　汉语方言语序类型的比较《现代中国语研究》(日)(2)
刘丹青　2003　《语序类型学与介词理论》北京，商务印书馆
刘丹青　2005　从所谓"补语"谈古代汉语语法学体系的参照系《汉语史学报》(5)，上海教育出版社
刘丹青　2014　论语言库藏的物尽其用原则《中国语文》(5)
刘探宙　2009　一元非施格动词带宾语现象《中国语文》(2)
刘勋宁　1985　现代汉语句尾"了"的来源《方言》(1)
刘勋宁　1989　现代汉语动词后"了"的语法意义《中国语文》(5)
刘勋宁　1999　现代汉语的句子构造和句尾"了"的语法意义《语言教学与研究》(3)
刘勋宁　2000　答友人《世界汉语教学》2000(3)
陆丙甫　1987　语法研究的新视角及其方法论意义《语文导报》(7)
陆丙甫　1993　《核心推导语法》上海教育出版社
陆丙甫　1998　从语义、语用看语法形式的实质《中国语文》(5)
陆丙甫　2004a　汉语语序的总体特点及其功能解释：从话题突出到焦点突出庆祝《〈中国语文〉创刊50周年学术论文集》北京：商务印书馆，2004
陆丙甫　2004b　作为一条语言共性的"距离——标记对应律"《中国语文》(1)
陆丙甫　2005　语序优势的认知解释(上)，论可别度对语序的普遍影响《当代语言学》(1)
陆丙甫　2006　不同学派的"核心"概念之比较《当代语言学》(4)
陆丙甫　2006　蕴涵共性的逻辑意义及语序优势的功能解释《山高水长：丁邦新先生七秩寿庆论文集》中研院
陆丙甫　2009　从某些语言学术语的翻译谈起《外国语》(2)
陆丙甫　2011　重度—标志对应律——兼论功能动因的语用性落实和语法性落实《中国语文》(4)
陆丙甫　2013　补语是汉语中的显赫范畴，(首届语言类型学国际学术研讨会暨第二届汉语方言语音与语法论坛)江苏常熟理工学院
陆丙甫　金立鑫　2010　论蕴涵关系的两种解释模式《中国语文》(4)
陆丙甫　屈正林　2008　《语言类型学》导读，(in*Linguistic Typology*：*Morphology and*

Syntax)
陆丙甫　1998　从语义、语用看语法形式的实质,《中国语文》(5)
陆丙甫　2011　语言类型及其功能基础,北京,北京大学出版社
罗仁地　潘露莉　2002　信息传达的性质与语言的本质和语言的发展《中国语文》(3)
罗天华　2011　施格语言的形态—句法关联,(华东师范大学博士论文)
吕叔湘　1984　歧义类例《中国语文》(5)
吕云生　2005　有关"施事后置"及"非宾格假说"的几个问题《语言科学》(5)
吕叔湘　1987　说"胜"和"败"《中国语文》(1)
马庆株　1992　《汉语动词和动词性结构》北京语言学院出版社 1996 重印
马志刚　2009　题元准则,非宾格假设与领主属宾句《汉语学报》(1)
梅德明　韩巍峰　2010　显性非宾格结构的主题化分析《外语教学与研究》(5)
木村英树　1983　关于补语性词尾"着/zhe/"和"了/le"《语文研究》(2)
聂仁发　2003　关于现代汉语时间研究的几个问题《广播电视大学学报》哲学社会科学版(2)
潘海华　韩景泉　2005　显性非宾格动词结构的句法研究《语言研究》(3)
桥本万太郎　(余志鸿译)　1985[2008]　《语言地理类型学》北京,北京大学出版社
尚　新　2004　突显理论与汉英时体范畴的类型学差异《语言教学与研究》(6)
沈家煊　1995　"有界"与"无界"《中国语文》(5)
沈　阳　Rint Sybesma　2012　施格动词的性质和施格结构的构造《世界汉语教学》(3)
石毓智　1992　论现代汉语的"体"范畴《中国社会科学》(6)
隋　娜　王广成　2009　汉语存现句中动词的非宾格性《现代外语》(3)
孙宏开　2013　再论汉藏语系语言历史类型学中的语言演变链问题,首届语言类型学国际学术研讨会大会报告,常熟理工学院
王德孝　童宪刚　1979　《俄语动词体的用法》上海译文出版社
王丽欣　2002　现代汉语助词"了、着、过"与俄语动词体的比较研究《北方论丛》(6)
王文斌　罗思明　刘晓林　于善志　2009　英汉施格动词语义、句法及其界面比较《外语教学与研究》(3)
王晓华　2011　《现代日汉情态对比研究》上海外国语大学博士论文
吴福祥　2005　汉语体标记"了、着"为什么不能强制性使用《当代语言学》(3)
吴福祥　2008　南方语言正反问句的来源《民族语文》(1)
吴为善　1986　现代汉语三音节组合规律初探《汉语学习》(5)
吴为善　1989　论汉语后置单音节的粘附性《汉语学习》(1)
夏晓蓉　2001　英汉 V-R 结构与非宾格现象《外语教学与研究》(3)
熊仲儒　2002　自然语言的语序《现代外语》(4)
杨素英　1999　从非宾格动词现象看语义与句法结构之间的关系《当代语言学》(1)
尹世超　2002　动词直接做定语与动词的类《语法探索和研究》(11),北京,商务印书馆
于秀金　2013　类型学视野下的英汉时体研究——时体共性与 ERS 时体结构,上海外国语大学博士论文
袁毓林　1999　定语顺序的认知解释及其理论蕴涵《中国社会科学》(2)
曾立英　2007　作格研究述评《现代外语》(4)

张　黎　1991　论句子分析的三个平面,复旦大学博士毕业生论文

张　黎　2003　“有意”和“无意”——普通话“镜像”表达中的意合范畴《世界汉语教学》(1)

张家骅　2001　俄汉语动词完成体语法意义的对比研究《俄语学报》(5)

张家骅　2004　通过汉俄对比看“了 1”的常体意义《当代语言学》(2)

张家骅　2006　俄语棱镜下的汉语体范畴《外语学刊》(2)

张　敏　2001　汉语方言重叠式语义模式的研究《中国语文研究》(1)

张　敏　2008　自然句法理论与汉语语法象似性研究,沈阳、冯胜利(编)《当代语言学理论和汉语研究》北京,商务印书馆

赵　杨　2009　汉语非宾格动词和心理动词的习得研究——兼论“超集—子集”关系与可学习性《世界汉语教学》(1)

仲素纯　1982　《达斡尔语简志》民族出版社

赵彦春　2002　施格动词与存现结构症结《外语学刊》(2)

朱德熙　1980　汉语句法里的歧义现象《中国语文》(2)

朱德熙　2002　语法讲义,北京,商务印书馆

朱晓农　1987　科学主义,中国语言学的必由之路《语文导报》(11)

朱晓农　2003　谈谈调查太平洋岛施格语的学习体会,《汉语方言语法研究和探索——首届国际汉语方言语法学术研讨会论文集》,戴昭铭主编,黑龙江人民出版社,37—42,

左思民　1997　《现代汉语“体”的再认识》,上海师范大学博士论文

左思民　2004　动词重叠和时量《现代汉语时体系统国际研讨会论文集》百家出版社

左思民　2006　普通话动词的“动相”结构与体标记的焦点选择,第十四次现代汉语语法学术讨论会论文

语料来源:

程适良等　1987　《乌兹别克语简志》民族出版社

高尔锵　1985　《塔吉克语简志》民族出版社

耿世民等　1985　《哈萨克语简志》民族出版社

罗国梁等　1992　《当代实用英语精华》华东工学院出版社

欧阳觉亚　1985　《珞巴族语言简志》民族出版社

王小波　《黄金时代》新语丝网络文库,http://xys,org/xys/ebooks/literature/novels/Wang-XB/golden_time,txt

钟素纯　1982　《达斡尔语简志》民族出版社

Alice C. Harris, Lyle Campbell.　1995　*Historical Syntax in cross-linguistic perspective*. Cambridge: Cam bridge University Press.

Alkoby, K.　1999　*A Survey of ASL Tenses*. Proceedings of the 2nd Annual CTI Research Symposium. Chicago, Illinois, November .

Anderson, Stephen　1976　On the notion of subject in ergative languages. In C. Li, ed. *Subject and Topic*. Academic Press. New York: 1—23.

Bakker, P. 2006 *The development of tense, mood and aspect in creole languages and the typology of affix order*(未发表,与笔者的通讯交流,作者联系:linpb@hum.au.dk)

Bhat, D. N. Shankara 1999 *The prominence of Tense, Aspect and Mood*. Amsterdam: John Benjamins.

Bolinger, Dwight 1967 Adjectives in English: Attribution and Predication, *Lingua*, Vol(18).

Bonnie, J. Dorr. 1991 A Two-Level Knowledge Representation for Machine Translation: Lexical Semantics and Tense/Aspect, In *Lecture Notes in Computer Science* (p. *269—287*) Springer. New York City.

Bybee, J. L. 1985 *Morphology: a study of the relation between meaning and form*. Amsterdam: John Benjamins.

Bybee, J., Perkins, R., and Pagliuca, W. 1994 *The Evolution of Grammar: Tense, Aspect, and Modality in the Languages of the World*. Chicago: The University of Chicago Press.

Chao-Fen Sun and Talmy Givón 1985 On the So-Called Sov Word Order in Mandarin Chinese: A Quantified Text Study and ItsImplications. *Language*, Vol. 61, No. 2, pp. 329—351.

Chemnitz, K. D. 2005 *The Acquisition of the English Tense and Aspect System by German Adult Learners*, Technische Universita Chemnit, Ph. D, dissertation.

Chomsky, N. & H. Lasnik 1993 The theory of principles and parameters. In J. Jacobs et al., A. von Stechow, W. Sternefeld & T. Vennemann (eds.), *Syntax: An International Handbook of Contemporary Research* (Vol. 1). Berlin: de Gruyter. 506—569.

Chomsky, N. 1991 Some Notes on Economy of Derivation and Representation[A]. In R. Freidin (ed.), *Principles and Parameters in Comparative Syntax*. Cambridge, Mass: The MIT Press. 417—453.

Chomsky, N. 1993 A Minimalist Program for Linguistic Theory. In K. Hale & S. J. Keyser (eds.), *The View form Building 20: Essays in Linguistics in honor of Sylvain Bromberger*. Cambridge, Mass: The MIT Press. 1—52.

Chomsky, N. 1994 Bare Phrase Structure. In H. Campos & P. Kempchinsky (eds.), *Evolution and Revolution in Linguistic Theory: Essays in Honor of Carlos Otero*. Washington, D. C.: Georgetown University Press. 51—109.

Chomsky, N. 1995 *The Minimalist Program*. Cambridge, Mass: The MIT Press.

Chu, Chauncey C. 1976 Some semantic aspects of action verbs. *Lingua* 40: 43—54.

Comrie, B. 1976 *Aspect*. Cambridge: Cambridge University Press.

Comrie, B. 1981 *Language Universals and Linguistic Typolog*. Oxford: Blackwell; Chidcago: University of Chicago Press.

Comrie, B. 1985 *Tense*. Cambridge: Cambridge University Press.

Comrie, B. 1989 *Language universals and linguistic typology*. 2nd edition. Chicago: University of Chicago.

Comrie, B. 2009 *Language Universals and Linguistic Typology: Syntax and Morphology* (2nd edn.). Beijing: Peking University Press.

Croft, W. & K. T. Poole. 2008 Inferring universals from grammatical variation: Multidimensional scaling for typological analysis. *Theoretical Linguistics* 34:1—38.

Croft, W. 2008 *Typology and Universals* (2nd edn.). Beijing: Foreign Language Teaching and Research Press.

Croft, W. 2009 *Radical Construction Grammar: syntactic theory in typological perspective*. Beijing: World Publishing Corporation.

Cysouw, M. 2007 Building semantic maps: the case of person marking. In B. Wälchli & M. Miestamo (eds.), *New Challenges in Typology*. Berlin: Mouton, 225—248.

Dahl, O. 1985 *Tense and Aspect Systems*, Basil Blackwell Led.

Dezsö, L. 1982 *Studies in Syntactic Typology and Contrastive Grammar*. The Hague: Mouton.

Dik, Simon C. 1997 *The Theory of Functional Grammar*. Berlin & New York: Mouton de Gruyter.

Dixon, R. M. W. 1979 Ergativity. *Language* 55.1:59—138.

Dixon, R. M. W. 1994 *Ergativity*. Cambridge University Press.

Dryer, M. S. 1992a The Greenbergian Word Order Corrections. *Language* 68:81—138.

Dryer, M. S. 1992b Modifying Hawkins' Prepositional Noun Modifier Hierarchy, Paper presented to the Word Order Theme Group, EUROTYP Plenary Meeting, San Sebastian, Spain.

Dryer, M. S. 1993 Modifying Hawkins' Prepositional Noun Modifier Hier-archy. Paper Presented at the Annual Meeting of the Linguistic Society of America, Los Angeles.

Dryer, M. S. 2005 Position of Tense-Aspect Affixes. In *The World Atlas of Language Structures*, edited by Martin Haspelmath, Matthew S. Dryer, David Gil, and Bernard Comrie. Oxford University Press.

Dryer, M. S. 2008 The branching direction theory of word order, correlations revisited. http://linguistics. buffalo. edu/people/faculty/dryer/dryer/DryerBDTrevisited. pdf (accessed 15/3/2011).

Ellen, Woolford 1997 Four-Way Case Systems: Ergative, Nominative, Objective and Accusative. In *Natural Language & Linguistic Theory* Volume 15, Issue 1, p. 181—227

Epstein, S. D., E. M. Groat, R. Kawashima & H. Kitahara 1998 *A Derivational Approach to Syntactic Relations*. New York, Oxford: Oxford University Press.

Fukui, N. & Y. Takano 1998 Symmetry in syntax: merge and demerge. *Journal of East Asian Linguistics* 7:27—86.

Gelderen, E. 1997 Structures of Tense and Aspect, *Linguistic Analysis*, 27 (1997): 138—165.

Gillian, C. R. 1997 *Aspect and Predication*. Ox ford: Clarendon Press.

Givón, T. 1991 Isomorphism in the grammatical code: cognitive and biological considerations. *Studies in Language* 15:85—114.

Givón, T. 2001 *Syntax*. Volume I. John Benjamins Publishing Co.

Greenberg, J. H. 1966 [1963]Some universals of grammar with particular reference to the order of meaningful elements. In J. H. Greenberg (ed.), *Universals of Language. Cambridge*, Mass: The MIT Press: 73—113. 陆丙甫、陆致极译，1984，某些主要跟语序有关的语法普遍现象，《国外语言学》第 2 期，45—60 页。

Hale, Ken. 1970 The passive and ergative in language change: the Australian case. In S A Wurm & D C Laycock, eds. *Pacific Linguistic Studies in honour of Arthur Capell.*, Pacific Linguistics Series C, No. 13:757—781.

Halliday, M. A. K., M. 1994 *An Introduction to Functional Grammar*. London: Edward. Arnold.

Haspelmath, M. 2003 The geometry of grammatical meaning: semantic maps and cross-linguistic comparison. In M. Tomasello (ed.), *The new psychology of language* (Vol. 2). New York: Erlbaum, 211—243.

Haspelmath, M. 2006 Universals of word order. http://email. eva. mpg. de/~haspelmt/6. WordOrder. pdf(accessed 18/3/2011).

Haspelmath, M. 2008 Object marking, definiteness and animacy. https://www. eva. mpg. de/lingua/conference/08_springschool/pdf/course_materials/Haspelmath_Objects. pdf

Hawkins, J. A. 1983 *Word Order Universals*. New York: Academic Press.

Hawkins, J. A. 1994 [2006] *A Performance Theory of Order and Constituency*. Cambridge: Cambridge University Press.

Hawkins, J. A. 2004 *Efficiency and Complexity in Grammars*. Oxford: Oxford University Press.

Hengeveld, K. 1992 *Non-Verbal Predication: Theory, typology, diachrony*. Berlin: Mouton de Gruyter.

Hopper, p. J. and S. A. Thompson 1980 Transitivity in grammar and discourse. *Language* 56:251—299.

Huang, C. T. J. 1982 *Logical Relations in Chinese and the Theory of Grammar*. Doctoral dissertation. Cambridge, MA: The MIT.

Huang C. T. J. 2005 *Aktionsart and aspect in QIANG*. The 2005 International Course and Conference on RRG, Academia Sinica, Taipei, June 26—30.

Kayne, R. S. 1994 *The Antisymmetry of Syntax*. Cambridge, Mass: The MIT Press.

Keenan. E and Comrie. B. 1977 Noun Phrase Accessibility and Universal Grammar, *Linguistic Inquiry Volume 8 Number 1*.

Koopman, H. & D. Sportiche. 1991 The position of subjects. *Lingua* 85:211—258.

Lehmann, W. P. 1978 *Syntactic Typology*. Austin: University of Texas Press.

Li, C. N. and S. A. Thompson. 1974 Historical change of word order: A case study in

Chinese and its implications. In J. M. Anderson & C. Jones(eds.), *Historical linguistics*. Amsterdam: North-Holland, 199—217.

Li, C. N. and S. A. Thompson 1975 The semantic function of word order in Chinese. In C. N. Li(ed.), *Word order and word order change*. Austin: University of Texas Press, 163—195.

Light, T. 1979 Word order and word order change in Mandarin Chinese. *Journal of Chinese Linguistics* 7: 149—180.

Lindfors, A. 2003 *Tense and aspect in Swahili*, http://www2. lingfil. uu. se/ling/semfiler/Swa_TAM. pdf.

LU, Bingfu 1998 *Left-right Asymmetries of Word Order Variation: A Functional Explanation*. Los Angeles: University of Southern California.

LU, Bingfu 2009 The parallelism between NPs and clauses in terms of pragmatic effects on word order, *Cahiers Linguistique-Asie Orientale* [法国,东亚语言学] 38. 2: 177—219.

Lyons, J. 1968 *Introduction to Theoretical Linguistics*. Cambridge: CU P.

Moravcsik, E. 1978 On the case marking of object. In Greenberg(ed), Universales of human language, vol. 4: *Syntax*. 249—90. Stanford University Press.

Newman, S. 1965 *Zuni Grammar*. Albuquerque: University of New Mexico Press.

Paul, Kiparsky 1998 Partitive Case and Aspect. In Miriam Butt and Wilhelm Geuder (eds.) *The Projection of Arguments*. CSLI.

Perlmutter. David. 1978 *Impersonal passives and the unaccusative hypothesis*, Proceedings of BLSDoctoral dissertation, 4: 157—189

Reichenbach, H. 1947 *Elements of Symbolic Logic*. Free Press, New York.

Schenner, M. 2005 Aktionsarten, *Logic and Cognition: From Time to Tense*, http://member. schule. at/schenner/papers/2005-schenner-Aktionsarten-slides. pdf.

Silverstein, Michael. 1976 Hierarchy of features and Ergativity. In R M W Dixon, ed. *Grammatical Categories in Australian languages*. Humanities Press. New Jersey: 112—171.

Song, J. J. 2008 *Linguistic Typology: Morphology and Syntax*, 北京大学出版社(引进版).

Song, J. J. 1996 *Causatives and Causation*. Longman.

Tai, J. H. Y. 1973 Chinese as an SOV Language. Papers from the 9th Chicago Linguistic Society 9: 659—671.

Tai, J. H. Y. 1976 On the Change from SVO to SOV in Chinese, in S. B. Steever et al. (eds.), *Papers from the Parasession on Diachronic Syntax*, CLS, pp. 291—304.

Tai, J., H-Y. 1984 Verbs and times in Chinese: Vendler's four categories. In *Papers from the parasession on lexical semantics*, ed. David Testen, Veena Mishra, and Joseph Drogo. Chicago, Illinois: Chicago Linguistic Society.

Talmy, L. 1983 How language structures space. In H. Pick & L. Acredolo(eds.),

Spatial Orientation: Theory, Research, and Application. New York: Plenum Press.

Tomlin, R. 1986 *Basic word order: functional principals*. Croom Helm: London.

Vendler, Z. 1967 Verbs and Times, In *The Philosophical Review*. Cornell University Press.

Whaley L. J. 1997 [2009] *Introduction to Typology: The Unity and Diversity of Language*, Sage, California.

Wittgenstein, L. J. J. 1958 *Philosophical Investigations*. Blackwell Publishers.

Woodbury, Anthony C. 1975 *Ergativity of grammatical processes: a study of Greenlandic Eskimo*. MS Thesis. University of Chicago.

Xu, Dan 2006 *Typological Change in Chinese Synta*x, Oxford: Oxford University Press.

Yang, I. 1998 Object Marker in Korean. The Twenty Fourth LACUS Forum, 238—250.

Yau, Shun-Chiu 1979 Natural word order in child language, *International Journal of Psycholinguistics*, Vol. 6(2): 21—43.

Zeijlstra, H. 1999 *Temporal and Aspectual Representations: A Proposal for a Three Track Structure of Temporal Representations, Based on Tense and Aspectuality in an Algebraic Context*. M. A. Dissertation, University of Utrecht.